Non-Profit Organization

Internal Control

Fraud Cases

非営利組織の内部統制と不正事例

濱本 明
［編著］

藤沼亜起・八田進二・小俣光文・紺野　卓・田中智徳・水野泰武
［著］

同文舘出版

はしがき

　我が国における非営利事業のニーズが高まるとともに非営利組織への関心も増大している。そこでは、非営利組織の設立要件などで法定されているガバナンス、会計制度への関心だけでなく、同組織における不祥事が増加および大規模化するにつれて監査や内部統制への関心も増大している。

　株式会社における内部統制については、2002年における米国のいわゆる企業改革法（SOX法）を端緒に、我が国においても2006年に成立した財務報告に係る内部統制の評価及び監査制度などが構築されてから久しく、今日においては、さらなる充実が求められる段階にあると考えられる。他方、非営利組織における内部統制の構築や運用は株式会社におけるそれと比較して大きく遅れており、現在は、非営利組織の理念や準拠する法規制なども踏まえた形で、あるいは株式会社における内部統制との異同などとの比較も射程に入れながら、様々な議論を行うべき段階にあると考えられる。

　また、株式会社における不正の実態および不正調査の実施状況については、2010年4月に日本公認会計士協会から経営研究調査会研究報告第40号「上場会社の不正調査に関する公表事例の分析」が公表されている。他方、非営利組織においても不適切な会計処理が数多く発生していることにも鑑み、同年8月に経営研究調査会研究報告第43号「非営利組織の不正調査に関する公表事例の分析」が公表され、非営利組織についての不正の実態と不正調査の実施状況について分析・検討がなされている。

　上記研究報告から、非営利組織においては、利益目標等のプレッシャーが想定される株式会社とは異なる不正の類型が示されており、非営利組織の理念や準拠法なども踏まえた形で様々な議論がなされる必要があると考える。

　さらに、2019年7月に日本公認会計士における非営利組織会計検討会から「非営利組織における財務報告の検討―財務報告の基礎概念・モデル会計基準の提案―」が公表された。同報告では非営利組織に対する期待が高まり活躍の場が広がる可能性が示されるとともに、会計実務について、「法人根拠法ごと

に社会規範が形成され、法人形態間の違いが大きく…」と指摘されており、株式会社が会社法に準拠して設立されるのとは異なり、非営利組織については、当該組織それぞれによって法人の準拠法が異なることもあり、外部報告目的の財務会計においても統一性を欠く内容であった事実が指摘されている。同内容を前提とするなら、非営利組織の監査およびガバナンスについても当該組織の準拠法や所轄官庁の監督等の影響を多分に受けることが推量できる上、内部統制のあり様についても差異が存在する可能性が指摘できる。

そこで、本書は、日本内部統制研究学会（現・日本ガバナンス研究学会）における2つの課題別研究部会での研究成果をベースに、2部構成によって非営利組織の内部統制と不正に関する現状を明らかにするとともに、不正を未然に防止するための内部統制の在り方と課題について明らかにするものである。

まず、第Ⅰ部は、日本内部統制研究学会において2018年から2019年にかけて進められてきた課題別研究部会「非営利組織の内部統制に関する現状と課題」（部会長・紺野卓氏）での研究成果をベースとしている。本研究では、非営利組織における内部統制総論および公的組織（地方公共団体）、公益法人、医療法人、社会福祉法人、学校法人等における内部統制の現状について多面的に検討し、今後の課題について考察している。特に研究を進めていく上では、以下を分析の視点として、各組織が準拠する法規制や立法趣旨を検討し、当該組織に必要とされる内部統制を検討し、監査との関係での内部統制の考察、株式会社の内部統制の応用可能性の可否等も研究内容として含めている。

① 非営利組織等の準拠法等

② ステークホルダー

③ 求められる内部統制（業務の有効性・効率性、資産の保全、財務情報の信頼性、コンプライアンス、経済性、合規性等）

④ 内部統制の現状

⑤ 監査の現状（法定監査か任意監査か、外部監査か内部監査のみか）

⑥ 先行する株式会社における内部統制に関する議論の応用可能性

⑦ 今後望まれる内部統制の在り方

次に、第Ⅱ部は、日本内部統制研究学会において2020年から2021年にかけ

て進められてきた課題別研究部会「非営利組織の不正に関する研究」（部会長・濱本明）での研究成果をベースとしている。本研究では、公的組織（入札談合、政務活動費）、公益法人（日本相撲協会、日本レスリング協会、全日本柔道連盟）、学校法人（明浄学院）、社会福祉法人（龍峯会、夢工房）、協同組合（JA おおいた）、国立研究開発法人（京都大学霊長類研究所）、独立行政法人（JAXA）における不正について多面的に検討し、今後の課題について考察している。特に研究を進めていく上で、各組織が準拠する法規制や立法趣旨を検討し、不正を未然に防ぐための内部統制について検討しており、検討にあたっては、前述の経営研究調査会研究報告第43号、日本内部統制研究学会課題別研究部会報告（紺野卓部会長）「非営利組織の内部統制に関する現状と課題」における先行研究の成果を踏まえて、主に以下の視点によって多方面からの分析を試みている。

① 不正の関与者（単独か共謀か）と不正の内容（資産の流用、会計不正等）
② 不正を行った要因（動機、機会、正当化）
③ 不正が発覚した経緯と発覚後の対応
④ 内部統制上の問題点（統制環境、リスクの評価と対応、統制活動、情報と伝達、モニタリング（監視活動）および IT（情報技術）への対応）、非営利法人特有の問題
⑤ 監査の現状と必要性（法定監査か任意監査か、外部監査か内部監査のみか）
⑥ 先行する株式会社の内部統制の議論の応用可能性
⑦ 今後望まれる内部統制

　上記②の不正の要因分析においては、2013年3月に金融庁企業会計審議会から公表された「監査における不正リスク対応基準」に示されている典型的な不正リスク要因としての (a) 動機・プレッシャー、(b) 機会、(c) 姿勢・正当化といった、いわゆる不正のトライアングルを分析の視点としている。

　また、2007年2月に同審議会から公表された「財務報告に係る内部統制の評価及び監査の基準」（最終改正2019年12月）では、内部統制が次のように定義されている。

　「内部統制とは、基本的に、業務の有効性及び効率性、財務報告の信頼性、事業活動に関わる法令等の遵守並びに資産の保全の4つの目的が達成されてい

るとの合理的な保証を得るために、業務に組み込まれ、組織内の全ての者によって遂行されるプロセスをいい、統制環境、リスクの評価と対応、統制活動、情報と伝達、モニタリング（監視活動）及びIT（情報技術）への対応の6つの基本的要素から構成される。」

　上記④の内部統制上の問題分析においては、これらの内部統制の6つの基本的要素を分析の視点としている。

　各事例の選定にあたっては、なるべく最新かつ今後の研究及び実務において有用であろうものを優先している。そのため、第Ⅱ部で選定した非営利組織の類型と第Ⅰ部において取り扱った非営利組織のそれらのすべてが合致することは叶わなかった。これについては、今後の研究課題としたい。

　本書の刊行にあたっては、日本大学商学部出版助成Bの交付を受けている。ここに記して感謝する次第である。

　最後に、本書の出版に際して特段のご配慮といろいろお世話いただいた同文舘出版株式会社取締役の青柳裕之氏、同社専門書編集部の高清水純氏に感謝し、御礼を申し上げる。

　　令和5年1月

濱本　明

目　次

第 **II** 部　**非営利組織における不正事例の分析**

第 I 部

非営利組織の内部統制に関する現状と課題

第 1 章
非営利組織の内部統制

1. はじめに

　我が国における非営利組織の存在感の高まりとともに、同組織の内部統制に対する関心も増大してきている。

　内部統制を議論する際の前提ともいえる「会計」について、日本公認会計士協会非営利組織会計検討会は、2019年7月に、「非営利組織における財務報告の検討─財務報告の基礎概念・モデル会計基準の提案─」[1] を公表した（以下、非営利組織の財務報告（2019））。

　同報告の最初で、「日本公認会計士協会は、これまで、民間非営利セクター全体に共通する一般に分かりやすい会計の枠組みを構築すべきことを提唱してきた。これは、我が国においても非営利組織に対する期待が高まり活躍の場が広がる一方で、財務諸表及びそれを作成するための会計実務について法人根拠法ごとに社会規範が形成され、法人形態間の違いが大きく、情報利用者の利便性を損ねているという問題意識に基づくものであった」[2] としている。

　ここでは、会計実務について、「法人根拠法ごとに社会規範が形成され、法人形態間の違いが大きく…」と指摘しており、株式会社が会社法に準拠して設立されるのとは異なり、非営利組織については、当該組織それぞれによって法

---

[1] 非営利組織会計検討会報告「非営利組織における財務報告の検討─財務報告の基礎概念・モデル会計基準の提案─」日本公認会計士協会、2019年7月18日。https://jicpa.or.jp/specialized_field/files/0-0-0-2a-20190718_2.pdf

[2] 非営利組織の財務報告（2019）1頁。

人が準拠する法律が異なることもあり、外部報告目的の財務会計においても統一性を欠く内容であった事実が指摘されている。同内容を前提とするなら、非営利組織の監査及びガバナンスについても、同様に、当該組織の根拠法や所轄官庁の監督等の影響を大きく受けることが予想できるため、内部統制の整備・運用等においても差異が存在する可能性が指摘できる。

　本章では、非営利組織に必要とされる会計、監査、そしてガバナンスの中核とも捉えることもできる「非営利組織の内部統制」について取り扱う。特に最近は、先行する株式会社の内部統制の整備・運用を参考にしつつ、非営利組織の内部統制の適正な整備・運用を検討し、場合によっては法律が整備されるケースが多く見られる。しかしながら、株式会社と非営利組織の法人設立の趣旨や目的には多くの差異があるため、本章では、株式会社に求められる内部統制を所与としつつ、改めて非営利組織に求められる内部統制について取り扱う。

　さらに、本章では、次章以降で取り扱う、非営利組織ごとの内部統制の検討に資する目的で、まずは「非営利組織とは何か」について改めての検討を加えるとともに、内部統制を検討する上で前提となる「非営利組織の特徴」の把握を試みる。

2. 非営利組織の内部統制

(1) 非営利組織の対象範囲

　非営利組織の財務報告（2019）では、同組織の目的を説明するに当たり、「非営利組織は、組織の活動を通じて公益又は共益に資することを目的とする。非営利組織は、資源提供者が資源提供行為に対する組織からの見返りとして経済的利益を期待せず、組織自身も資源提供者に対して、そのような見返りとなる経済的利益を生み出し、還元することを予定していない点で、営利組織である企業と異なる」[3]としている。

　合わせて、上記の「経済的利益を提供することを目的としない」ことについ

て、「組織が経済的利益を稼得することを否定するものではない。非営利組織においても、公益又は共益に関する組織目的を追求した活動の結果として、経済的利益が稼得され、剰余金が蓄積されることはある。この場合、稼得された経済的利益は、当該組織の目的の下に実施される将来の活動に使用される」[4]とも説明しており、「非営利組織」とは称するものの、活動の結果として、経済的利益が稼得されること自体は否定していない。

ところで非営利組織の財務報告（2019）で取り扱う法人について、同報告は、「…民間非営利組織を対象としている。したがって、営利企業及び公共部門に属する経済主体（政府、自治体、独立行政法人その他の政府機関等）は対象組織に含まれない」[5]としており、行政機関や地方公共団体等のパブリックセクターを対象としていないことを明らかにしている。

(2) ▌非営利組織（広義）

① 概念の整理の必要性

本章を含む本書の全体として、民間非営利組織に加えて、パブリックセクターである地方公共団体の内部統制も取り扱っている。同法人はそもそも経済的利益の稼得を目的としていない組織であるため、非営利組織の財務報告（2019）で取り扱う内容とはまた異なった解釈が必要と考える。

つまり非営利組織の財務報告（2019）が示す民間非営利組織の特徴は1つのベンチマークになると考えるが、本書で取り扱う「非営利組織の内部統制」について、ここでの非営利組織の対象範囲はそれよりも広いこともあり、内部統制の検討の前に、改めて「非営利組織」とは何かについて、特に「非営利」が何を意味するのかについての検討が必要になると考える。

合わせて本書で取り扱う「非営利組織」とは別に、「公益法人」、「公益法人等」、「非営利型法人」、「NPO法人」などの類似した用語も多く存在するため、改めて、非営利組織の概念の整理は欠かせない。

---

3) 非営利組織の財務報告（2019）11頁。
4) 非営利組織の財務報告（2019）11頁。
5) 非営利組織の財務報告（2019）10頁。

公益法人（公益法人認定法）、公益法人等（法人税法別表第二に掲げる法人）、非営利型法人（法人税法）、NPO法人（特定非営利活動促進法）については、付記したようにそれぞれの法人が準拠する法律に基づき設立される法人のため、法律上の定義も明確といえる。

他方、非営利組織は法律上の用語ではないため、文字通り「営利を目的としない組織」との一般的な解釈（あるいは基本的な理解）がある以外は、各文献での取扱い方等に応じても多様な解釈が存在するものと推察できる。

しかしながら、非営利組織における「非営利」について、すなわち「営利に非ず」とする文言の意味についても、改めての検討が必要となろう。なぜなら公法人と私法人でも異なるであろうが、もしも当該法人の公益性（ないし共益性）[6] が社会にとって極めて有益かつ有用であり、法人としての継続の必要性が広く認められている場合、特に、民間非営利組織の場合、利益を上げることは事業を継続するに際して必要不可欠な要素と推量できる。また翻って、利益を上げることにより質の高い公益性（ないし共益性）を発揮することができるとの仮定も十分に成り立つであろう。

さはさりながら、副次的な利益の稼得は別として、本質的に、非営利組織の目的が利益追求を中心とするのは本末転倒であり、あくまで公益目的を達成する範囲での利益の稼得は許容されるとする見解が現時点では妥当性を持つように思われる。

② 非営利性の再検討

(i) 非営利性と公益性

本書で扱う地方公共団体は公法人であり、営利を目的とした組織でないことは明らかである。またこれら組織には、株式会社等に見られるような、出資者による設立の「意思」は必要なく、憲法上、既にその地位が確立している点で、他法人とは異なっている。また、国の行政機関や地方公共団体の運営は完全に租税により運営されていると観念できるため、当該組織の公益性、あるいはそ

---

6) 公益性とは別に共益性の概念があることは承知しているものの、例えば、共益性を持つ法人の会員が相当数に及ぶ場合には、公益的性格を強く帯びると考えるため、本章では便宜的に、共益性≒公益性、と理解することとする（JAなどのケースがこれに該当すると思われる）。

こで必要とされる内部統制については、国民ないし住民のすべてが関心を持つべき対象と考えることができる。

　他方、例えば、医療法人、学校法人等については、ある特定人（法人含む）等の設立の「意思」が最初にあった上で組織がスタートしている、ないしは、現時点においても設立者や出資者がいる、あるいはガバナンスが特定人に占有されている等の場合、法人自体は営利を目的としないとしつつも、結果的にはある特定の者等に「支出の権限等」が集中するケースもあるため、一般的に認識される非営利組織の目的観とは別に、概観上、非営利組織と呼ぶには適当とはいえないケースもあると思われる。

　ここで、本書で対象とする非営利組織全般にいえることとして、利益を上げることを目的としていないとする「非営利性」という概念とは別に、その前提として、当該事業目的の中心に「公益性」という概念が置かれている可能性を指摘できる（つまり多くの場合「非営利性」と「公益性」という概念や用語の使用が混在している）。

　しかしながら、本来は「非営利性」と「公益性」の意味は重なる部分があるにしても別の用語のため（非営利性≠公益性）、パラレルに並べてその意味の差異を比較するよりも、1つの見解として、次のように非営利組織の非営利性と公益性の関係を整理することも可能と考える。

〈非営利性と公益性の関係〉

　非営利組織の公益性が重視される場合、すなわち、当該組織の公益性が強くなれば強くなるほど適正な範囲を超えた利益の稼得は妥当性を失うため、その場合、公益目的の強調と利益の稼得は、いわゆるトレードオフに近い関係にあると観念できる。つまり公益性との関係において、非営利組織は公益目的に資するため利益の稼得が適正な範囲に制限される可能性を有する組織との仮定を置くことができる（他方で、公益性を維持するには利益は不可欠との論も成り立つ。これについては後述する）。

　他方で、さらに詳細に検討を加えるなら、本書で扱う非営利組織は非営利性と公益性との関係から、地方公共団体のように、a.そもそも利益を上げること

を全く想定していない法人、b. 公益性の観点から過度に利益を追求することが適当とはいえない法人（例：医療法人による必要以上に高額で過度な診療行為や薬の処方等）、との2つに大別できると考える。

前者 a. については、そもそも利益の追求が想定されているわけではないため、公益性の追求（例：地方公共団体であるなら住民の福祉の増進）が果たされているのかが問題になる。特に、その場合には、企業努力により収益（売上）が急激に変化する株式会社等とは異なり、ステークホルダーはとりわけパブリックマネーの「支出面の適正」に強い関心を持つであろう。その場合、公益目的に資する有効かつ効率的な適正支出が担保されるような内部統制が求められると考える。

後者の b. 公益性の観点から過度に利益を追求することが適当でない法人には、民間非営利組織が該当すると思われるが、これら組織では、ガバナンスが特定人等に支配されているようなケースも想定できる。またこれら組織に租税からなる補助金等が投入される、あるいは税制上の優遇措置が与えられているケースも想定できる。その場合にも前者 a. と同様に、当該組織においては組織内の適正な内部統制の整備・運用が求められる上、加えて、主に準拠法を通じた公的かつ他律的なコントロールも必要になると考える。

内部統制と他律的なコントロールについては、例えば、多額の補助金を受け取る私立学校などを想定するに、もしも当該組織のガバナンスが特定人等に支配されている場合には、公益目的を適正に果たすべく他律的なコントロールを可能とする内部統制が求められる可能性が指摘できる。

このように公法人なのか私法人なのか、あるいは利益追求が全く想定されていない組織なのか、あるいは一定程度許容されているのか、また当該組織の設立が何らかの「意思」を伴っているのか否か、ガバナンスが特定人等に支配されているのか否か、そして何よりも当該組織の公益性の追求についてどの程度のレベルが求められているのかによっても、求められる内部統制の水準は変容する可能性があることが指摘できる。

(ii) 非営利組織と継続性の関係

公益目的に資するために、ないしは社会福祉の増進の観点から、当該組織を

継続させた方がより社会的効用が高いと判断されるケースもあると思われる（例：地域医療などが該当するであろう。しかしながらその場合には、社会全体を見た上での全体最適ではなく部分最適が優先されるリスクは残る）。

つまり継続的な公益性の発揮のためには、利益を上げないと当該継続性に問題が生じたり、あるいはサービスの質が低下したりするなど、結果として、目的としていた公益性が失われてしまうことにもなりかねない。

前記した非営利性と公益性で言及した内容とも関係するが、その場合には「利益の追求を目的としない」ことと「公益性」の重視は並び立たない可能性も生じるため、その場合には継続性の観点から、「非営利性」と「公益性」についての前提に矛盾が生じてしまう（今後整理すべき課題として残ると考える）。

また継続性との関係では、完全に租税からなる歳入により事業運営が確実に担保され、当該継続性の前提に疑義が生じない公法人である地方公共団体と、私法人である民間非営利組織でもまた異なることになる。

そもそも非営利組織の目的は、非営利であることではなく「公益目的」に資することと観念できるため、繰り返しになるが、同継続性の問題は、前記した非営利組織の非営利性と公益性の議論とも密接に関連することになる。すなわち公益目的を達成するためには、公益性に反しない範囲での利益の稼得は許容されるべきとも仮定できる。また十分な利益の稼得がない場合には、公益目的のための継続的なサービス提供にも問題が生じる、敷衍して、法人自体の「継続性」にも疑義が生じる結果も容易に想定できる。特に民間非営利組織については、組織の継続性が担保されている公法人とは異なり同継続性に着目した内部統制が求められると考えるため、その場合には先行する株式会社の内部統制は大いに参考になると考える。

(iii) 非営利性と税金の関係

非営利組織の中でも、例えば私立学校は、創立者が示す建学の精神に則り、本来、組織の事業運営は自律的に行われるべきともいえる。しかしながら、国の示す学校教育の方針にも従いながら、財政面でも完全に自立できる私立学校は想定し難く、実際には国や自治体からの補助金等を受け取りながら事業運営を行うケースがほとんどといえる。その場合、私立ではあっても、組織の事業

運営が完全に自立的とはいえないため、国や自治体等からの他律的な関与は避けられない（その場合、必要とされる内部統制も一定程度他律的にならざるを得ない。当該法人の準拠法が 1 つのベンチマークになると思われる）。

また私立学校のように国民や住民等が投じた租税を、直接的に補助金などの形で受け取るケースとは別に、例えば公益法人のように公益活動の収入は非課税となるような場合には、こちらも税金を通じたベネフィットが認められるため公益認定が必要になる等のいわば他律的関与の必要性が発生すると考える。

したがって、非営利組織は税金との関係で、1. 当該組織の事業活動について、その一部あるいは全部について税金が使用されている、あるいは、当該組織の公益的活動に鑑みてその一部あるいは全部の収入が非課税となっている法人、2. 事業活動に税金は使用されておらず、また非課税の措置もないため収支の点で自立的であるとともに、当該活動が公益性を伴っている法人、とに分けることができる。

前者の税金との関係でベネフィットがあると認められる非営利組織については、より重厚な内部統制が他律的に求められると推量できる（前記の通り準拠法がベンチマークになると思われる）。他方、後者の税金のベネフィットが認められない非営利組織の場合には、自律的な判断の下で、当該公益目的を達成するような内部統制の構築、運用が求められることとなろう。

しかしながら非営利組織は専ら前者を指すケースがほとんどと思われるため、その場合には、当該組織の公益目的を達成することに主眼を置いた内部統制を組織内に整備し運用することが「制度」の視点から求められると考える。

3. 非営利組織に求められる内部統制

非営利組織の内部統制を検討する上では、先行する株式会社の内部統制との比較が便宜と考える。株式会社の場合、ステークホルダーである株主の視点での内部統制の整備・運用が欠かせない。

ところで株式会社の目的は利益を上げること、また当該事業を継続することであり、そこで得られた利益については株主に還元されることになる。この目

的を達成するために必要とされる内部統制を整備・運用することが求められることとなろう。ここでよく引用される内部統制の目的は、以下の4つである[7]。

① 業務の有効性及び効率性
② 財務報告の信頼性
③ 事業活動に関わる法令等の遵守
④ 資産の保全

　上記で示す内部統制の目的は多くの示唆を与えてくれるが、営利組織と非営利組織はそれぞれの目的を異としていることもあり、同フレームワークを応用した別の解釈が必要なケースもあるように思われる。

　例えば、前記したように、非営利組織における継続性との関係では、そもそも当該組織が利益を上げていない場合には組織の継続性に問題が生ずるため、当該公益目的を適正かつ継続的に発揮できないのではないかという課題が見えてきた。地方公共団体のように公金でその継続性が担保されている法人は別として、公益目的を果たすことを目的に設立された民間非営利組織においては、同目的を果たすためにも一定程度の利益の確保は許容されると推量できるため、その場合には、株式会社と類似した内部統制が求められるとの仮定は十分に成り立つ。

　他方、当該組織の事業運営にかかる収入が、その全部あるいは一部について公金が充てられている場合には、準拠法や公的ガバナンスの視点からも、求められる内部統制の水準や重点が置かれるべきポイントが株式会社と異なる可能性はある。

　非営利性と税金との関係で考察したように、補助金等を受け取る法人や特定の収入が非課税になる法人など税務上の優遇措置がある非営利組織は、税金が関与することもあり、極端に表現するならステークホルダーは納税者すべてとも観念できるため、ステークホルダーの範囲は相当に広いといえる。そのため必要とされる内部統制は株式会社のそれとは異なる解釈も必要と考える。

---

[7] 企業会計審議会内部統制部会「財務報告に係る内部統制の評価及び監査の基準のあり方について」金融庁、2005年12月8日、3頁。https://www.fsa.go.jp/news/newsj/17/singi/f-20051208-2.pdf

　特に租税からなる公金を補助金等の形で受け取る法人については、これは信託法の信託概念と類似した概念から導出されると考えるが、内部統制の目的の中でも「資産の保全」が強調されるべきと考える。また特定の収入が非課税になる法人については、非課税となる公益的な活動と課税されるその他の活動を適切に区分するためにも、内部統制の目的の中でも「財務報告の信頼性」の重要性が強調されるべきかもしれない。

　また別観点となるが、各ステークホルダーからの視点、あるいは関心の置き方によっても、各ステークホルダーが求める内部統制の内容は異なることも想定できる。例えば非営利組織の中でも医療法人の場合、人命や健康等を取り扱うこともあり、とりわけ他法人とは違った高いレベルでの公益性が求められる可能性がある。おそらくそこでは財務報告の信頼性や資産の保全等もさることながら、「法令等の遵守」が強く求められる可能性がある。また医療の現場では、医学に関連した学会等が策定するガイドラインなどをはじめとした様々な規範が存在することが知られており、法人の経営といったマクロ的な視点とは別の現場レベルでのきめ細かな内部統制の必要性の存在を指摘できる。

　医療法人をさらに掘り下げるなら、医療法人のステークホルダーと関心事について、同法人のステークホルダーの捉え方によって、それぞれが同法人に期待する内容や関心は異なると予想できる。例えば医療法人の債権者は、同法人の売上がいくらあるか、担保価値は毀損していないかなどの財務数値等への関心が高い。同法人の医療サービスを利用する患者にとっては、最新の医療機器がそろっており、医師の技術も確かであるか等、主に、医療サービスの内容そのものへの関心が高いと思われる。

　また医療法人について特定の創立者がいるケースでは、法人の収入はどの程度か、利益が上がっているか、あるいはあたかも株式会社の創業者と同様に、事業承継の実行可能性はあるかなどにも関心が及ぶケースもあろう。これだけを見るなら付加価値の高い財やサービスを市場に提供することで利益を上げ、事業を継続することを目的とする株式会社と大きな差はないともいえ、この点で必要とされる内部統制に差異はないともいえる。さらに同法人の様々な活動が、例えば事業報告という形で、適時かつ適正に報告されているのであれば、ステークホルダーの利害調整という点でかなりの部分は充足される可能性もあ

る。

　他方、医療法人は公益目的を果たすため、そして継続性の観点からも、利用者に対して適正な価格で最良の医療サービスを提供することでマーケットに受け入れられる必要があるものの、株式会社のように利益の追求に主たる目的を置くことは許されない。この点で競争原理の中で利益追求を主な目的とする株式会社とは果たすべき役割は大きく異なる。

　ところで医療法人がその設立から運営まで、様々な活動において準拠することになる医療関連法規は、公益目的が適正に果たされるように規定されているはずであり、医療法人においては、同法規の趣旨を反映した内部統制が求められると考える。またもしも医療法人を取り巻く現在の法規制が上記のような公益目的を果たすように適正に設計されていない場合には、立法論として、制度の改定も検討されるべきと考える。

4. おわりに

　非営利組織については、各法人によって、ステークホルダーが期待する内容や関心も多様なため、そのすべての期待に応じた一律的な内部統制をデザインすることは、かえって表面的となり、場合によってはステークホルダーの期待にそぐわないことにもなりかねない。また非営利組織ごとに準拠する法律も異なるため非営利組織全体を通じた画一的なガイドラインの策定等もそう簡単ではないといえる。

　ところで特に民間非営利組織は、当該組織の公益性を強調すればするほど利益の追求が妥当性を欠くケースが出てくることがこれまでの検討から判明している。その場合、公益目的の強調と利益の追求は、いわゆるトレードオフに近い関係にあると観念できる。つまり公益性との関係において、非営利組織は利益の追求のみを目的とすることは適当とはいえない組織といえよう。

　本書で扱う非営利組織は「公益性（法人によっては共益性）を重視した法人」と読み替えることができるため、各法人が準拠する法律に従って、適切に当該公益性を発揮することが強く求められる。非営利組織のそれぞれに必要とされ

る内部統制は、法人の設立趣旨や具体的に提供される公益性の内容等にもよる
ため、備えるべき機能や内容、及びその水準等が各法人で異なることはあり得
る。いずれにしても、各法人に求められる内部統制の基準点は準拠法にあると
いえるため、同法の趣旨に沿った形での内部統制の整備・運用が求められるこ
とになる。

　他方で、非営利組織が準拠する法律は、あくまでもミニマムスタンダードと
解すべきであろう。必要とされる内部統制の解釈については、法律の条文だけ
でなく、同条文が制定されるに至った社会的背景や国会等の審議なども含め
て、当該法人の公益性や必要とされる内部統制を導き出すべきと考える。

　非営利組織で公益性が重視されることに加えて税制上の優遇措置が認められ
るケースでは、株式会社、あるいは上場会社に求められる内部統制と比較して
も、部分部分でより深度ある重厚な内部統制が求められることは十分に想定で
きる。なぜなら租税からなる多額のパブリックマネーが補助金の形で当該組織
に交付されているような場合には、ステークホルダーの範囲が極めて広範に広
がると観念できるため、とりわけ当該組織の内部統制の適正に対する関心が高
くなると考えるためである。

　非営利組織ごとの個別的性格にもよるため一概にはいえないが、積極的な意
思を伴った形でリスクマネーを投じる投資者と株式会社との関係、これと比較
して、積極的な意思の有無に関わらずに税金を納付する国民や住民とこれらを
原資とした補助金の交付を受ける非営利組織との関係、は明らかに異なる。ま
た租税からなる公金を直接的に補助金等の形で受け取る法人でなくても、収入
が非課税になる等の税制上の優遇措置が認められる非営利組織においては、国
民あるいは住民の立場からは、本来納付すべき税金を負担せずに当該法人の事
業運営が可能になっているという点で、補助金等の直接的キャッシュインフ
ローはないものの、本来税金として納付すべきキャッシュアウトフローが発生
しないという点では同義と捉えることもできよう。

　本書では、非営利組織について極めて広範な領域をカバーしているが、当然
ながら本来は個別領域での内部統制の検討がより望ましいといえる（例えば、
地方公共団体の内部統制、あるいは公益法人の内部統制等）。他方、あらゆる法人
組織に共通するのは、例えば株式会社であれ、あるいは本書で取り扱う非営利

組織であれ、トップに適正な内部統制の整備・運用の責任があるという事実である。このことは完全に共通しており、各組織のトップに明確な説明責任がある点も全く変わらない。

すなわち、本書で扱ったすべての非営利組織に共通して、同組織のトップに内部統制システム構築の責任があることについて明確化する方策は不可欠と考える。場合によっては、適正な内部統制を整備、運用する責任がトップにあることの確認書ないし宣誓書の導入等も検討されるべきと考える。

他方、全非営利組織に共通する内部統制制度をデザインすることは、同組織の根拠法が異なるという事実を主な理由として、多くの困難が伴うこともまた容易に想定できる。もしもそうであるならば「ソフトロー」を活用した形で、非営利組織の内部統制の整備・運用の健全な推進を図ることは検討に値するものと考える。

例えば、上場会社におけるそれと同様に、非営利組織においてもガバナンスコードの策定や適用というのは、同組織の内部統制に対して実行可能な1つの方策と考える。すなわちガバナンスの中核が内部統制とも観念できるため、内部統制の検討とは別に、ガバナンスコードを利用しながら内部統制に対する組織トップの意識付けを徹底するという方策は実行可能性が高いやり方の1つといえよう。

広範かつ個別性の強い非営利組織の内部統制を一律的に議論するのは妥当性を欠くケースも存在するが、他方でいかなる非営利組織であっても当該公益目的を適切に果たすことこそが同組織の目的の中心といえるため、ステークホルダーに対するトップの説明責任が最も重要性を有するという点はあらゆる非営利組織に共通の課題である。

繰り返しとなるが、非営利組織の内部統制について、まずはじめに、あらゆる法人において、トップに内部統制の責任を認識させることが最も重要な第一歩となろう。次に、非営利組織全体に対応するガバナンスコードの導入は、今後、適正な内部統制を構築し運用していく上で有効と考える。またソフトローでの運用ということで柔軟性があり実行可能性も高いといえよう。何よりも準拠法を横に置いて、非営利組織全体に共通する内部統制の整備・運用等を検討することは様々な困難を伴うことが想定できることもあり、Comply or Explain

の原則で構成されるガバナンスコードは、導入のハードルも比較的低いと考える。もしも非営利組織のガバナンスコードは十分に有効との多くの同意があるのであれば、関係当事者が関与するオープンな形での同コードの策定作業が求められる。その場合、当該活動を取りまとめる組織の存在も不可欠となろう。当該組織の1つとして、ガバナンスや内部統制に関連する学会がその役割を果たせる可能性は十分にあると考える。

　最後になるが、上記に示す対応とは別に、今後は、非営利組織の核心的な概念である「公益性とは何か」[8]についての広範かつ深度ある理論的研究（法律学、経済学、経営学、社会学等の学際的な検討を含む）も合わせて継続的に必要と考える。

■ 参考文献

金融庁企業会計審議会内部統制部会（2005）「財務報告に係る内部統制の評価及び監査の基準のあり方について」金融庁、12月8日 https://www.fsa.go.jp/news/newsj/17/singi/f-20051208-2.pdf（2022年12月26日閲覧）

紺野卓（2013）「公益法人の内部統制および監事監査についての検討―会計情報の信頼性の向上に向けて―」『月刊監査研究』No.475、11-27頁

日本公認会計士協会非営利組織会計検討会（2019）「非営利組織における財務報告の検討―財務報告の基礎概念・モデル会計基準の提案―」7月18日 https://jicpa.or.jp/specialized_field/files/0-0-0-2a-20190718_2.pdf（2022年12月26日閲覧）

---

[8] 紺野（2013）16頁。本論文では、「公益性とは何か」という概念の深度ある研究の必要性を主張している。

第2章
地方公共団体における内部統制

1. はじめに

　地方公共団体の内部統制については、先行する株式会社の内部統制を参考とする形で、総務省を中心に議論が重ねられ、2017年に地方自治法（以下、自治法）が改正され、内部統制制度が導入されることとなった。

　自治法が改正されるまでに、内部統制の議論がはじまる大きな契機となったのが、会計検査院が2010年12月に報告した、「会計検査院法第30条の2の規定に基づく報告書『都道府県及び政令指定都市における国庫補助事業に係る事務費等の不適正な経理処理等の事態、発生の背景及び再発防止策について』」[1]であった。

　同報告のはしがきでは、「会計検査院は、平成20年次から22年次の3か年にわたり、全都道府県及び全政令指定都市を対象として、農林水産省及び国土交通省所管の国庫補助事業に係る事務費等の経理について会計実地検査を行った。検査の結果、すべての都道府県及び政令指定都市において、不適正な経理処理により需用費が支払われた事態又は補助の対象とならない用途に需用費、賃金若しくは旅費が支払われた事態が見受けられた」としている。

　また同報告の最後の所見では、「…内部監査、監査委員監査、外部監査が連携を図り、会計機関における内部統制が十分機能しているかについて継続的に

---

1) 「会計検査院法第30条の2の規定に基づく報告書『都道府県及び政令指定都市における国庫補助事業に係る事務費等の不適正な経理処理等の事態、発生の背景及び再発防止策について』」会計検査院、2010年12月。http://report.jbaudit.go.jp/org/pdf/221208_zenbun_1.pdf

監視評価を行うとともに、不適正な経理処理に係る再発防止策が有効に機能しているかなどについても検証を行うなどし、もって会計監査の強化・充実を図ることが望まれる」と述べている。

このように同所見では、「会計機関における内部統制」という限定した形での用語の使用ではあるが、直接に、地方公共団体における「内部統制」の必要性について明らかにしている。

2. 地方公共団体が準拠する法律等について

(1) 内部統制に関する法律 (従前から存在する規定等)

憲法では、特別に1章を設けて地方公共団体について定めているが、同92条では、「地方公共団体の組織及び運営に関する事項は、地方自治の本旨に基いて、法律でこれを定める」ことを規定している。同憲法の委任を受けたと解釈できる基本法が自治法となる[2]。

自治法の目的について、同1条では、「この法律は、地方自治の本旨に基いて、地方公共団体の区分並びに地方公共団体の組織及び運営に関する事項の大綱を定め、併せて国と地方公共団体との間の基本的関係を確立することにより、地方公共団体における民主的にして能率的な行政の確保を図るとともに、地方公共団体の健全な発達を保障することを目的とする」ことを定めている。

次に、同目的を適えるための内部統制規定とも解釈できる規定として、以下の条文を挙げることができる。

> 「地方公共団体は、その事務を処理するに当つては、住民の福祉の増進に努めるとともに、最少の経費で最大の効果を挙げるようにしなければならない」(2条14項)
> 「地方公共団体は、常にその組織及び運営の合理化に努めるとともに、他

---

[2] 総務省は、「ここでいう法律のうち最も基本的なものが、地方自治法である」と述べている。
http://www.soumu.go.jp/main_content/000051164.pdf

の地方公共団体に協力を求めてその規模の適正化を図らなければならない」（同条 15 項）

「地方公共団体は、法令に違反してその事務を処理してはならない。なお、市町村及び特別区は、当該都道府県の条例に違反してその事務を処理してはならない」（同条 16 項）

　繰り返しとなるが、上記の各規定は、地方公共団体における内部統制の基本原則を示す内容と解すべきであろう。すなわち、最も基本となる考えは、地方公共団体の組織及び運営は、住民を中心に据えた上で、住民の福祉の増進を図ることにある。また、その事務を処理するに当たっては、最少の経費で最大の効果を挙げることが重要であり、さらには、組織及び運営の合理化に努めること、そしてコンプライアンスの必要性も合わせて示されている。

　関係するステークホルダーの差異や、当該組織や運営に求められるものについての違いはあるものの、先行する株式会社に求められる内部統制と重なる部分が多いことが確認できる。

　次に、地方公共団体の特に「財政」に関わる法律として、自治法とは別に地方財政法（以下、地財法）が規定されている。地財法の目的について「この法律は、地方公共団体の財政の運営、国の財政と地方財政との関係等に関する基本原則を定め、もつて地方財政の健全性を確保し、地方自治の発達に資することを目的とする」（地財法 1 条）としている。さらに、「地方公共団体は、その財政の健全な運営に努め、いやしくも国の政策に反し、又は国の財政若しくは他の地方公共団体の財政に累を及ぼすような施策を行つてはならない」（地財法 2 条 1 項）、また予算の編成について、「地方公共団体は、法令の定めるところに従い、且つ、合理的な基準によりその経費を算定し、これを予算に計上しなければならない」（地財法 3 条 1 項）、「…あらゆる資料に基いて正確にその財源を捕そくし、且つ、経済の現実に即応してその収入を算定し、これを予算に計上しなければならない」（地財法 3 条 2 項）と定めている。

　また、予算の執行等について「地方公共団体の経費は、その目的を達成するための必要且つ最少の限度をこえて、これを支出してはならない」（地財法 4 条 1 項）、「地方公共団体は、予算を編成し、若しくは執行し、又は支出の増加若

しくは収入の減少の原因となる行為をしようとする場合においては、当該年度のみならず、翌年度以降における財政の状況をも考慮して、その健全な運営をそこなうことがないようにしなければならない」（地財法4条の2）としている。

すなわち、地方公共団体に関連する法律として、自治法2条14項で規定する「最少の経費で最大の効果を挙げるようにしなければならない」とする規定と、地財法4条1項で規定する、「…経費は、その目的を達成するための必要且つ最少の限度をこえて、これを支出してはならない」とする規定は同旨であり、この解釈によれば、自治法及び地財法の「最小経費原則」はCOSOフレームワークの内部統制の目的における「業務の有効性及び効率性」に対応する規定と解することができる。つまり、従前から存在する規定（例：自治法及び地財法）の上でも、地方公共団体における内部統制の適正な整備・運用の必要性は含まれていたと解釈できる。

(2) ▎改正自治法により導入された内部統制規定

2017年に改正された自治法では、従前から既に存在していた内部統制規定とは別に独立した内部統制規定が制定された。同規定は株式会社が準拠する会社法と同様の規定といえよう（以下、該当箇所抜粋）。

〈改正自治法150条〉

① 都道府県知事及び指定都市の市長は、その担任する事務のうち次に掲げるものの管理及び執行が法令に適合し、かつ、適正に行われることを確保するための方針を定め、及びこれに基づき必要な体制を整備しなければならない。

一 財務に関する事務その他総務省令で定める事務

二 前号に掲げるもののほか、…当該都道府県知事又は指定都市の市長が認めるもの

② 市町村長は、…整備するよう努めなければならない。

〈省略〉

④ 都道府県知事、指定都市の市長及び第2項の方針を定めた市町村長

（以下、都道府県知事等）は、毎会計年度少なくとも1回以上、…第1項又は第2項の方針及びこれに基づき整備した体制について評価した報告書を作成しなければならない。

⑤　都道府県知事等は、前項の報告書を監査委員の審査に付さなければならない。

⑥　都道府県知事等は、前項の規定により監査委員の審査に付した報告書を監査委員の意見を付けて議会に提出しなければならない。

3. 地方公共団体の内部統制に関する国の方針等

(1) 第31次地制調答申[3]

　同答申は「人口減少社会に的確に対応する地方行政体制及びガバナンスのあり方に関する答申」と題しており、地方公共団体のガバナンス及び内部統制を直接に取り扱っている。同答申は大きく3区分から構成されているが、その中の「第3：適切な役割分担によるガバナンス」では次のことが示されている。

　ここでは地方公共団体のガバナンスについて、「民間企業においては、既に会社法等により内部統制制度が導入されている。公金を扱う主体である地方公共団体においても、地方公共団体における事務が適切に実施され、住民の福祉の増進を図ることを基本とする組織目的が達成されるよう、事務を執行する主体である長自らが、行政サービスの提供等の事務上のリスクを評価及びコントロールし、事務の適正な執行を確保する体制（以下、内部統制体制）を整備及び運用することが求められる」[4]としており、株式会社が準拠する法律を参考とした内部統制の整備・運用の必要性が示されている。

　次に、内部統制の在り方、及び内部統制体制の整備及び運用の責任の所在に

---

3)　地方制度調査会「人口減少社会に的確に対応する地方行政体制及びガバナンスのあり方に関する答申」総務省、2016年3月（以下、第31次地制調答申）。http://www.soumu.go.jp/main_content/000403436.pdf

4)　第31次地制調答申12-13頁。

ついて、「長と議会の二元代表制の下において、地方公共団体の事務を適正に執行する義務と責任は、基本的に事務の管理執行権を有する長にあることから、内部統制体制を整備及び運用する権限と責任は長にあると考えるべきである」[5] としている。

　また評価及びコントロールの対象とすべきリスクについて、「内部統制の対象とするリスクは、内部統制の取組の段階的な発展を促す観点も考慮して、地方公共団体が最低限評価すべき重要なリスクであり、内部統制の取組の発展のきっかけとなるものをまず設定すべきである。具体的には、財務に関する事務の執行におけるリスクは、影響度が大きく発生頻度も高いこと、地方公共団体の事務の多くは予算に基づくものであり明確かつ網羅的に捕捉できること、民間企業の内部統制を参考にしながら進めることができること等から、当該リスクを最低限評価するリスクとすべきである。…最低限評価するリスクの設定については、地方公共団体が置かれている環境の変化や、内部統制体制の整備及び運用状況を踏まえて、随時、見直しを行うべきである」[6] としている。

　次に、「内部統制体制の整備及び運用の権限と責任を有する長が、組織の内外にその方針を明確にするため、長が内部統制体制の整備及び運用に関する基本的な方針を作成し、公表することが必要である。…また、内部統制体制について不断の見直しを行う観点から、長は、その運用状況を自ら評価し、その評価内容について監査委員の監査を受ける必要がある。加えて、長は、その評価内容と監査結果を議会に報告するとともに、それらを公表して住民への説明責任を果たす必要がある」[7] としている。

　住民への説明責任と関連して、「住民は、地方公共団体の事務が適正に行われていることをチェックする重要な主体であり、とりわけ、上述の長、監査委員、議会等の役割分担に基づく体制が有効に機能しているかどうかを住民がチェックできるようにすることが重要である。そのためにも、それぞれの長、監査委員、議会等が行おうとするチェックの方針や、それぞれが行ったチェックの結果等については、公表等により、透明性を確保することが必要である」[8]

---

5) 第31次地制調答申13頁。

6) 第31次地制調答申13-14頁。

7) 第31次地制調答申14頁。

と述べている。

(2) 内部統制の実務指針

2019年3月、総務省は、実務上の適用に当たっての実務指針として、「地方公共団体における内部統制制度の導入・実施ガイドライン」（以下、内部統制ガイドライン）[9] を公表した。

内部統制ガイドラインでは、「本ガイドラインの作成にあたっては、金融商品取引法により2008年に上場会社に導入された内部統制報告制度の運用のために示された「財務報告に係る内部統制の評価及び監査の基準並びに財務報告に係る内部統制の評価及び監査に関する実施基準の改訂について（意見書）」（2011年3月30日・企業会計審議会）における内部統制の基本的枠組みを踏まえつつ、地方公共団体固有の特徴を考慮した」[10] との説明を加えている。

前記した第31次地制調答申も勘案するに、制度開始の当初においては、主に、先行する株式会社の内部統制の整備・運用状況等が参考にできたこともあり、内部統制の目的のうち、専ら「財務に関する内部統制」を中心に据えた実務指針の内容であったと評すことができる。

同ガイドラインでは、「内部統制とは、基本的に、①業務の効率的かつ効果的な遂行、②財務報告等の信頼性の確保、③業務に関わる法令等の遵守、④資産の保全の4つの目的が達成されないリスクを一定の水準以下に抑えることを確保するために、業務に組み込まれ、組織内の全ての者によって遂行されるプロセスをいい、①統制環境、②リスクの評価と対応、③統制活動、④情報と伝達、⑤モニタリング（監視活動）及び⑥ICT（情報通信技術）への対応の6つの基本的要素から構成される」[11] としている。

また内部統制の4つの目的について、同ガイドラインでは次のように説明し

---

8) 第31次地制調答申22頁。
9) 地方公共団体における内部統制・監査に関する研究会「地方公共団体における内部統制制度の導入・実施ガイドライン」総務省、2019年3月https://www.soumu.go.jp/main_content/000612923.pdf
10) 内部統制ガイドライン（2019）2頁脚注2。
11) 内部統制ガイドライン（2019）4頁。

ている（以下、地方公共団体に特有の内部統制に言及する部分を一部抜粋）[12]。

①業務の効率的かつ効果的な遂行

「…地方公共団体においては、その事務を処理するに当たっては最少の経費で最大の効果を挙げるとともに、常にその組織及び運営の合理化に努める（自治法 2 条 14 項・15 項）という法の趣旨を踏まえつつ、担当職員の個人的な経験や能力に過度に依存することなく、組織として一定の水準を保ちつつ滞りなく業務を遂行できるようにすることで、業務の目的達成を図ることが重要である」

②財務報告等の信頼性の確保

「…地方公共団体においては、予算・予算の説明書・決算等による財務報告は、議会や住民等が地方公共団体の活動の確認や監視をする上で極めて重要な情報を提供しており、その情報の信頼性を確保することは地方公共団体に対する社会的な信用の維持・向上に資することになる」

③業務に関わる法令等の遵守

「…地方公共団体は法令に違反してその事務を処理してはならず（自治法 2 条 16 項）、公金を扱う主体である公務員に対しては、住民の信頼の基礎となる法令等の遵守についての要請が特に高い。したがって、法令等の遵守は、地方公共団体における内部統制において、着実に取り組むことが求められる」

④資産の保全

「…地方公共団体においては、税を主な財源として取得された資産である財産（自治法 237 条 1 項）及び現金が不正に又は誤って取得、使用及び処分された場合、地方公共団体の財産的基盤や社会的信用に大きな損害や影響を与える可能性があるため、これらを防止するための体制を整備することが求められる」

上記のように内部統制ガイドラインでは、内部統制について 4 つの目的を示

---

[12] 内部統制ガイドライン（2019）4-5頁。

しているが、これは COSO フレームワークに基づき、我が国の金商法の内部統制報告制度で構築された概念をベースとしているため、パブリックセクターの特性やその公益性を伴った性格も勘案した上で、地方公共団体においては、相応にその特徴を捉えた格別の理解も必要になると思われる。

(3) ▌第31次地制調答申と内部統制との関係

2017 年の自治法改正は第 31 次地制調答申の内容がベースとなっている。そして同改正自治法の趣旨を反映する形で策定されたのが内部統制ガイドラインであったということができる。

ところで第 31 次地制調答申を取りまとめた地方制度調査会の設置は、地方制度調査会設置法に基づいている。同法は「この法律は、日本国憲法の基本理念を十分に具現するように現行地方制度に全般的な検討を加えることを目的とする」ことを定めている（設置法 1 条）。つまり根拠法を遡るなら、改正自治法は憲法に定める地方自治に関する理念を実現するための改正ということができる。

憲法で定める地方自治に関する規定は、第 8 章地方自治についてのわずか 4 条文のみであるが、内部統制に関すると解釈できる余地がある条文としては、憲法 93 条及び 94 条の規定を挙げることができる。ここでは地方公共団体の機関について「地方公共団体には、法律の定めるところにより、その議事機関として議会を設置する」（93 条 1 項）、「地方公共団体の長、その議会の議員及び法律の定めるその他の吏員は、その地方公共団体の住民が、直接これを選挙する」（93 条 2 項）ことを定めており、いわゆる、住民主権を明確にしている。

次に地方公共団体の権能について「地方公共団体は、その財産を管理し、事務を処理し、及び行政を執行する権能を有し、法律の範囲内で条例を制定することができる」（94 条）ことを定めており、地方公共団体の内部統制について規定したと解釈できる余地を残す規定となっている。

原則的には、上記憲法解釈に沿った内部統制が求められていると考えるのが条理に適った解釈だが、同部分の憲法解釈論はこれまでほとんど見られない。他方、前記の通り、憲法 92 条では「地方公共団体の組織及び運営に関する事項は、地方自治の本旨に基いて、法律でこれを定める」ことを規定しており、

この「委任」を受けたと解釈できるのが自治法のため、自治法で示す内容こそが憲法解釈になるとの説明は十分に成り立つ。

憲法解釈に資する自治法の解釈として、原野は、「国政自体、日本国憲法の基本精神よりすれば、国民の厳粛な信託によるものであり、このことは地方公共団体の運営自体も同様である。つまり換言すれば、地方自治法2条2項・3項等にいう諸事務は、国民＝住民が、地方公共団体に、自らの人権保障と、生活保護のために地方公共団体の諸機関に信託したものである」[13]と述べている。

また千葉は、「普通地方公共団体の所有に属する財産はいわば住民の所有に属する公財産であり、常に適切な管理の下に良好な状態における財産の保全が確保されなければならない。そしてまた財産にはそれぞれこれを所有する目的が存在するのであり、その所有の目的に応じてより積極的に最も効率的な運用が図られなければならない」[14]と説明しており、信託概念に通底する解釈を見ることができる。すなわち憲法の理念を地方公共団体において実現するための法律が自治法であり、さらに、自治法の根底には、住民による各団体に対する事務や財産の信託、つまり「信託概念」があるとする解釈は十分に妥当性を持つと考える。

4. 地方公共団体に求められる内部統制

(1) 財産の保全の重要性

改正自治法が参照した株式会社の内部統制は、地方公共団体を含む非営利組織の内部統制よりも先行して進んでおり、また運用上の問題点も様々な点から指摘されていることもあり、パブリックセクターの内部統制を検討する上で大いに参考になると考える。他方で、株式会社と地方公共団体は、当該事業運営の目的に差異があることも明らかであるため、内部統制の中でも強調を置くべきポイントに違いがあるということもできるであろう。

---

13) 原野（1984）140頁。
14) 千葉（1979）656頁。

前記の通り、内部統制ガイドラインは、金商法における内部統制の基本的枠組みを踏まえつつ、地方公共団体固有の特徴を考慮した上で策定されている[15]。

金商法はディスクロージャー規制のため、当該法律の目的は投資者保護にあり、住民の福祉の増進を標榜する自治法と当該目的観には差異がある。また金商法は、投資者保護に資するため、とりわけ内部統制の目的の中でも「財務報告の信頼性に係る内部統制」が大きな重要性を持つことになる。非営利組織であれ営利組織であれ、内部統制の目的の主たるものとして、①業務の効率的かつ効果的な遂行、②財務報告等の信頼性の確保、③業務に関わる法令等の遵守、④資産の保全、の4つを含むとする解釈に格別に異論をはさむものではないが、当該法人の目的や性格に応じて、内部統制の中でも重視すべきポイントには差異がある可能性が指摘できる。

総務省策定の内部統制ガイドラインでは、金商法の内部統制報告制度と同様に、上記4つの目的を並列的に列挙しており重要性の差異についての言及は特にない。他方、改正自治法のベースである第31次地制調答申が憲法の理念を実現することを目的にしていることは前記の通りのため、繰り返しになるが憲法解釈に沿った内部統制が求められているとするのが原則的な解釈と考える。

その場合、地方公共団体の行政の運営全般にわたり必要とされる歳入は、住民税や地方交付税であれ、あるいは地方債等であれ、最終的には住民あるいは国民が納めた租税により賄われていることに鑑みるに、地方公共団体の内部統制のうち、最も重視すべきは、憲法92条の条文内にある「財産を管理」することにあると解釈できる余地がある。この解釈が妥当なら、内部統制ガイドラインで示す内部統制の目的の中では「資産の保全」がより近い概念であり、これが可能となる内部統制の構築及び運用が重要性を持つと考える[16]。

(2) 求められる内部統制の特徴的な差異

先行する株式会社の内部統制の議論の応用可能性について、第31次地制調答申では、「…民間企業においては、既に会社法等により内部統制制度が導入

---

15) 内部統制ガイドライン（2019）2頁脚注1。
16) 内部統制の目的の中における財産の保全の重要性については、紺野（2019a）37-38頁を参照のこと。

されている。公金を扱う主体である地方公共団体においても、地方公共団体における事務が適切に実施され、住民の福祉の増進を図ることを基本とする組織目的が達成されるよう、事務を執行する主体である長自らが、行政サービスの提供等の事務上のリスクを評価及びコントロールし、事務の適正な執行を確保する体制を整備及び運用することが求められる」[17)] として、特に会社法の内部統制制度に触れている。一方で、内部統制ガイドラインは、特に、金商法の内部統制報告制度を参考にしたことについて言及している。

　他方で、これまで参考にしてきた株式会社の内部統制についても、いくつかの課題が指摘されている。例えば、内部統制報告書に虚偽記載があった場合の法的責任について、あるいは、過年度に提出した内部統制報告書で不実記載があった場合であっても、後に、訂正報告書を提出することで済ますケースも実務で多く見られるなど、制度運用上の課題や問題点も明らかになっている。

　やはりここで改めて、株式会社と地方公共団体の性格や組織の目的に応じた内部統制の在り方についての検討も必要と考える。株式会社と地方公共団体の差異は多面的に検討されるべきであるが、その中でも、内部統制という視点から以下3点を特徴的差異として挙げることができる。

① 　法人格をもつ経緯
② 　リスクマネーの拠出と租税の徴収
③ 　トップの内部統制の理解の深度

① 法人格をもつ経緯

　法人格をもつ経緯について、株式会社は出資者が定款に定める内容を事業目的として、出資者の明確な「意思」を基礎として設立される。他方、地方公共団体は、株式会社のような私法人ではなく公法人であり、住民の「意思」で設立する種類の法人ではない[18)]。

② リスクマネーの拠出と租税の徴収

　上記の差異を基礎としつつ、株式会社の運営は、出資者が有限責任の原則の

---

17) 第31次地制調答申13頁。
18) 自治法2条1項では「地方公共団体は、法人とする」として規定されている。

下、リスクマネーを株式会社に出資することが不可欠となる。繰り返しになるが、そこでは出資者の明確で積極的な「意思の存在」を確認することができるとともに、リスクマネーの拠出という能動的行為も合わせて必要となる。他方、法律上、住民が地方公共団体の主権者という点は明らかではあるものの、株式会社における株主の意思を伴った積極的なリスクマネーの拠出とは異なり、相当程度に受動的な形での租税の徴収が求められており（もちろん積極的に自治体に寄付する等のケースもあると思われるがここでは捨象する）、その場合、株主、ないし住民が関心を向ける各組織の事業運営の失敗等に対する許容度には大きな違いがあると予想できる。

③ トップの内部統制の理解の深度

　株式会社は、リスクマネーを集めて事業を行い、主として、出資者である株主のために利益を上げつつ会社を継続させていくことを目的としており、経営トップはこの目的を達成するために必要な内部統制を整備、運用することが求められる。内部統制は経営に必要なツールであり、経営トップは専ら会社によく精通しており、上記目的を達成する能力が高いと思われる者の中から経営者が選ばれるケースが多いといえる。そのため株式会社の経営者は、当該組織の内部統制に良くも悪くも長けているといえよう（内部統制の固有の限界もあり、経営者がその脆弱性を悪用するケースもあるため）。

　他方、地方公共団体の首長が自治体職員出身のケースは別であるが、首長が事務の詳細に熟知しているとの前提は正確とはいえない。地方公共団体に固有の事務を全く経験することなく、行政事務の適正化や内部統制の議論等とは全く別次元で、ある政治的理念を達成することを目的として首長になるケースも多い。その場合には、株式会社のトップとは異なり、自治体トップの内部統制の方針の策定や同方針の継続性、ないし地方自治行政の実務に対する理解の深度には、首長自身が持つ知見や適性等により、相当程度の差異があると思われる[19]。

---

19) 紺野（2019b）。また、2020年度における、47都道府県の内部統制評価報告書の内容の概要については紺野（2022）を参照いただきたい。

5. 地方公共団体に求められる内部統制と信託概念

　第31次地制調答申では、「地方公共団体のガバナンスにおいては、地方公共団体の事務を全般的に統轄し、地方公共団体を代表する立場にある長の意識が重要である」としている。しかしながら、前記の通り、首長が自治体の実務の詳細を把握しているとの前提は不正確であろう。

　首長が組織の内部統制についての深い理解を持つことなく、組織の内部統制の評価を行うことになるならば、自治法150条所定の内部統制評価報告書に示される内容は極めて形式的な内容だけになる可能性は高い。そうなると、内部統制制度自体が形骸化してしまう懸念も惹起される。

　繰り返しとなるが、専ら株式会社の内部統制を参考として構築されることとなった自治法所定の内部統制制度であるが、やはり重点を置くべき内部統制のポイントには差異があるといえよう。

　我が国の自治法の制定は、戦後、GHQの指導の下、米国各州のMunicipal Corporation Law（地方自治法）を参考にして導入されたものである。米国の自治法では、財産税を納めた住民はあたかも自らの財産を自治体に信託したと見なされ、納税者である住民は自治体の不法行為等について納税者訴訟（Taxpayers' Lawsuits）を提起できる[20]。例えば、成田は、これは納税者訴訟についての文脈での説明となるが、同訴訟の背後には信託法の考え方が前提にあるとして「すなわち、地方団体の公金や財産は、当該団体の一般住民が納付した租税、その他の公の負担によって形成されたものであり、本質上、住民が、受託者（trustee）たる地方団体に信託したものである。従って、受託者の例で、その信託に違反するような行為—例えば公金や財産の違法不当な支出又は処分等—を行った場合には、その行為は信託義務違反（breach of trust）となり、信託受益者（cestuis que trust）たる住民は、地方団体及び全住民の利益を擁護するため、信託に関する衡平法の一般原則に従って、衡平裁判所に対して、当該信託違反行為の防止又は矯正を請求しうるとするのである」[21]と説明している。

---

[20] 紺野（2016）54頁、脚注27。
[21] 成田（2011）340頁

　上記信託概念をそのまま我が国にパラレルに適用することはできないものの、我が国の自治法のベースが米国各州にある自治法であることを斟酌するに、信託概念によほど近い概念を自治法の基礎的概念として観念することは妥当性がある。その場合には、内部統制の目的の中でも「資産の保全」あるいは「財産の保全」がとりわけ重要性を持つと考える。

　もちろん「資産の保全」あるいは「財産の保全」を達成する上で、業務が効率よく有効に機能していること、すなわちムダなく業務が運営されている必要があり、また業務全体が法令等に違反していないことは当然に必要となる。また上記を含む組織全体の活動について、信頼性が担保された財務報告という形でその結果が住民に提供されることにより、住民はその後の様々な意思決定が可能となるため、内部統制の4つの目的のそれぞれが必要であることは変わらない[22]。

　他方、上記のように地方公共団体の内部統制について信託概念を観念することができれば、受託者である自治体、またそのトップである首長には受託義務が発生するため、同受託者は善管注意義務・忠実義務、あるいは帳簿の作成・報告・保存の義務等を負うことになる。その場合には、自ずと内部統制ガイドライン等でも示すような財務報告の信頼性や法令の遵守等は当然に必要になるため、信託概念を通じた内部統制の整備・運用の必要性はこれまでに策定された規制等とも十分に整合性を持つと考える。

6. おわりに

　自治法改正により、地方公共団体にも内部統制制度が導入されるに伴い、公金の取り扱いを含めた各団体の事務の適正化が図られることが強く望まれる。

　国と地方の借金が1,200兆円を超えているという（2022年5月10日財務省公表）、我が国の現下の財政状況を勘案するに、財政の適正化は喫緊の課題といえる。また本章で取り扱った第31次地制調答申が、「人口減少社会に的確に対

---

[22] 紺野（2019b）4頁。

応する地方行政体制及びガバナンスのあり方に関する答申」と銘打っているように、少子高齢化が急速に進行する中において、これまでと同様の行政の運営は続かないことは明らかである。

　地方公共団体に求められる内部統制は、株式会社の内部統制とは異なり、地方公共団体に関連する法律の総合的な解釈から、内部統制の目的のうちでも、第一に、「資産の保全」を中心とした内部統制の整備及び運用に力点が置かれるべきとの解釈は十分に説得力を持つであろう。

　他方、リスクマネーを集めて、文字通りリスクを負って事業を遂行する株式会社については、出資者の資金がどのように利用され、そこから結果としてどのようなリターンが得られたのかについて、必要な情報が適時適切に開示される必要がある。特に上場会社の場合には、多額の資金調達を行っているため、そこでは、内部統制の目的の中でも「財務報告の信頼性」が強く求められることになる。

　また株式会社の場合、リスクマネーで R&D を実施した、あるいは新規事業に投資したものの、最終的に収益につながらず利益がでない結果になることは決して珍しいことではなく、投資活動を実行する上で予想しておくべき発生可能性の高いリスクの 1 つといえよう。仮に、そのような場合であっても、経営者が合理的な経営判断を行った結果であるならば、当該意思決定は経営判断の原則の下で許容されるものであり、また同内容が財務諸表で適正に開示されるのであれば、この点において「財務報告に係る内部統制は適正」であり、内部統制は有効であったと評価することは妥当と考える。

　他方、出資者が積極的にリスクマネーを投じるケースとは異なり、半ば強制的に徴収された租税からなる公金をベースとして行政運営を行う地方公共団体については、上記のようにリスクマネーを取り扱う株式会社と比較すると「財産の保全」、あるいは「資産の保全」に対する内部統制の重要性が一層強調されるべきことはあまりにも当然と考える。

　国と地方の借金がここまで大きくなっている以上、バランスシートの借方側の資産管理ないし保全は重要な意味を持つ。新規事業への進出に成功し売上高が急激に上がる可能性を有する株式会社とは異なり、地方公共団体においては歳入が急激に増加する等の状況はほとんど想定できないことも含め、住民ある

いは国民からの信託を受けたと観念できる財産の管理ないし保全は、今後より一層重視されるべきと考える。

上場会社の株主は、期待した結果が出ない会社の株式を市場で売却することが可能である。その場合、株主は株式売却損という損失を被ることで一連の投資行動を終結させることができる。また、個人株主等ではなく、株式会社のオーナー、ないし大株主に至っては、失敗に終わった事業投資の大部分について、直接的に、投資リスクや起業リスクを負うこととなろう。

株式会社における投資の失敗等は、専ら投資者の「自己責任論」の文脈で説明されるケースが多いが、地方公共団体と住民との関係を同様の文脈で理解することは難しい。なぜなら積極的なプラスの効果を将来に得ることを目論んでリスクマネーを投じる投資者が「自己責任論」の対象になることはある意味当然であるが、他方、積極的な意思に関わらずに税金が徴収される住民にとって、地方公共団体の誤った意思決定があったがために、もしも各団体の「財産が減少する」という事案が生じたとするなら、当該事案はとても「自己責任論」で片づけられるものではない。それどころか「住民」が負ったマイナスは決して正当化できないとする判断の方がごく一般的な考え方であろう。

すなわち株式会社の投資の失敗は経営判断の原則の範疇であり、もし失敗があったとしても、その事実が正しく財務諸表に記載され、投資者に対して当該投資の失敗の収支等が正しく示されている、つまり、十分な説明責任が果たされているなら、当該事業が「黒字」であろうが「赤字」であろうが、原則的に、「財務報告にかかる内部統制は有効である」と評価することができる。

他方、住民においては、当該意思に関わらずに税金等が徴収され、翻って、地方公共団体においてはこれらを歳入とすることで行政事務の運営が可能となっていることを鑑みるに、ある新規事業に取り組んだものの「赤字」に終わってしまいました、結果として、各団体の財産が「目減り」しましたという事実は、住民としては、このような内容は決して納得できないのではないだろうか。その大きな理由は、内部統制の目的の中の「財産の保全」という重要な目的が達成できていないことに起因すると考える。

最後になるが、地方公共団体の内部統制においては、先行する他法人格の内部統制は参考になるが、一方で、地方公共団体に特有の性格を明確に認識した

上で、住民が必要とする内部統制を適正に整備・運用することもまた必要となろう。何よりも重視すべきは「財産の保全」ないし「資産の保全」であり、この目的を達成できるように他の3つの目的も存在するような形に求められる内部統制について概念を整理すべきと考える。また、自治法の要請に従う形で、内部統制評価報告書を公表する都道府県及び政令指定都市の首長においては、「財産の保全」が内部統制の中心にあるとの解釈を念頭に置きつつ、同報告書においては、「財産の保全」の状況について十分な説明責任を尽くすべきであり、これと歩調を合わせた形での同報告書の記載実務が検討されるべきと考える。

■ 参考文献

会計検査院（2010）「会計検査院法第30条の2の規定に基づく報告書『都道府県及び政令指定都市における国庫補助事業に係る事務費等の不適正な経理処理等の事態、発生の背景及び再発防止策について』」12月 http://report.jbaudit.go.jp/org/pdf/221208_zenbun_1.pdf（2022年12月26日閲覧）

紺野卓（2016）「住民訴訟と監査委員—監査委員の責任との関連において—」筑波大学審査学位論文

紺野卓（2019a）「自治法改正による監査委員の責任の変容—内部統制規定と住民監査請求の検討を通じて—」『月刊監査研究』第45巻第3号、28-43頁

紺野卓（2019b）「監査実務の課題研究」自治大からの情報発信（7月）、総務省自治大学校ホームページ http://www.soumu.go.jp/main_content/000634190.pdf（2022年12月26日閲覧）

紺野卓（2022）「地方公共団体における『内部監査機能』が果たすべき役割—自治法150条に基づく内部統制評価報告書の検討を通じて—」『月刊監査研究』第48巻第5号、1-13頁

総務省（2019）『地方公共団体における内部統制制度の導入・実施ガイドライン』3月 https://www.soumu.go.jp/main_content/000612923.pdf（2022年12月26日閲覧）

千葉勇夫（1979）「第9節財産」杉村敏正・室井力編『コンメンタール地方自治法』勁草書房

地方制度調査会（2016）「人口減少社会に的確に対応する地方行政体制及びガバナンスのあり方に関する答申（第31次）」3月16日 https://www.soumu.go.jp/main_content/000401436.pdf（2022年12月26日閲覧）

成田頼明（2011）『地方自治の保障（著作集）』第一法規

原野翹著（1984）「地方公共団体の事務処理の方法」雄川一郎・塩野宏・園部逸夫編『現代行政法大系・第8巻』有斐閣

第3章

公益法人における
内部統制

1. はじめに

　1893 年に民法が施行された当初より公益法人制度は存在していた。明治 29 年の民法第 34 条においては、「祭祀、宗教、慈善、学術、技芸其他公益ニ関スル社団又ハ財団ニシテ営利ヲ目的トセサルモノハ主務官庁ノ許可ヲ得テ法人ト為ス」ことが規定された。この民法に基づく公益法人制度（以下「旧制度」という。）においては、法人に対する設立許可及び指導監督等の事務は各主務官庁が行うこととされていた。」（内閣府公益認定等委員会 2019、1 頁）。以来約 110 年続いた公益法人制度が大きく改定された背景には、行政委託型公益法人に関わる改革、KSD 事件を契機とする国所管公益法人の総点検及び中間法人法の成立があるとされる[1]。「こうした状況を踏まえ、民間非営利部門を社会・経済システムの中に積極的に位置付けるとともに、諸問題に適切に対処して、広く民間非営利部門の活動の健全な発展を促進し、一層活力ある社会の実現を図るため」（前掲書 1 頁）として、2000 年の行政改革大綱「公益法人に対する行政の関与の在り方の改革」が閣議決定され、2001 年には「公益法人制度についての問題意識─抜本的改革に向けて─」が公表された。2002 年には「公益法人制度の抜本的改革に向けた取組みについて」が閣議決定され、2003 年の「公益法人制度の抜本的改革に関する基本方針」の閣議決定等を経て、2006 年 5 月いわゆ

---

[1]　KSDは旧労働省所管の財団法人中小企業経営者福祉事業団の略称であり、1996年に発覚し、国会議員も逮捕されることとなった汚職事件である。行政委託型公益法人に関わる改革、KSD事件について、詳しくは小山（2009）を参照されたい。

る公益制度改革関連三法が成立し、2008年12月に全面施行され、新公益法人制度が施行されることとなった。

　新公益法人制度となってから10年以上経っているが、近年様々な公益法人において不祥事が発生している。本章では、公益法人の根拠法において、内部統制に関してどのような規程が置かれているか、また、現在の公益法人の状況について概観し、公益法人の内部統制に生じている問題について検討し、公益法人の内部統制を改善するためにどのような課題があるのかを検討する。

2. 公益法人の根拠法

　公益法人は、「一般社団法人及び一般財団法人に関する法律」（以下、法人法）、「公益社団法人及び公益財団法人の認定等に関する法律」（以下、認定法）、「一般社団法人及び一般財団法人に関する法律及び公益社団法人及び公益財団法人の認定等に関する法律の施行に伴う関係法律の整備等に関する法律」（以下、整備法）のいわゆる「公益制度改革関連三法」を法的な根拠としている。現在は新制度が定着したため「公益法人制度関係法令」として、法人法、認定法、整備法の他、政令としての法人法施行令、認定法施行令、整備法施行令、府省令としての法人法施行規則、認定法施行規則、整備法施行規則が規定されている[2]。

　公益法人三法を根拠とした公益法人は「公益社団法人」と「公益財団法人」に分類することができる。旧制度においては、主務官庁の裁量・認可によって公益法人を設立することが認められていた。新制度においては、剰余金の分配を目的としない社団又は財団について、その行う事業の公益性の有無に関わらず、準則主義（登記）により簡便に法人格を取得することが可能となり、前者

---

[2]　それぞれ、正式には一般社団法人及び一般財団法人に関する法律施行令、公益社団法人及び公益財団法人の認定等に関する法律施行令、一般社団法人及び一般財団法人に関する法律及び公益社団法人及び公益財団法人の認定等に関する法律の施行に伴う関係法律の整備等に関する法律施行令、一般社団法人及び一般財団法人に関する法律施行規則、公益社団法人及び公益財団法人の認定等に関する法律施行規則、一般社団法人及び一般財団法人に関する法律及び公益社団法人及び公益財団法人の認定等に関する法律の施行に伴う関係法律の整備等に関する法律施行規則である。

が一般社団法人、後者が一般財団法人となる。一般社団法人・一般財団法人においては、法人の自律的なガバナンスを前提に、「法人法」に法人の組織や運営に関する事項が定められている。

　一般社団法人・一般財団法人のうち、民間有識者からなる第三者委員会による認定法第5条[3]に規定される公益性の審査（公益目的事業を行うことを主たる目的とすること等）を経て、行政庁（内閣府又は都道府県）から公益認定を受けたものが公益社団法人、公益財団法人となる。

3. 公益法人のステークホルダー

　公益法人の主なステークホルダーとしては、公益法人のサービスの受益者、行政庁、債権者、従業員といった人たちが考えられる。それぞれのステークホルダーの主な関心も図表 I -3-1 のようになるものと思われる。

図表 I -3-1 ■ 公益法人のステークホルダー

ステークホルダー	関心	関連する内部統制
サービスの受益者	継続してサービスの提供を受けられるか	業務の効率性、法令等の遵守、資産保全
債権者（取引先）	債権が回収できるか	報告の信頼性
行政庁	業務が適正に行われているか	報告の信頼性
従業員	継続して存続していけるか	業務の効率性、法令等の遵守、資産保全

　株式会社と比べた場合、公益法人の特徴としていえるのは受益者が不特定多数にわたるという点である。それゆえ、受益者の関心は継続してサービスの提供を受けられるかという点に向けられるであろう。継続して事業を行っていくためには法人の適正な運営が必要であり、業務の効率性とコンプライアンス、資産の保全が必要となる。さらにそれらが適正に実施されているかの、報告の

---

3) 認定法5条には18の基準が示されている。

信頼性も必要となる。結局のところ株式会社に求められる内部統制となんら変わるところはない。

4. 内部統制の現状と課題

(1) 公益法人の概況[4]

2008（平成20）年12月に新公益法人制度がスタートしたが、スタート時点で旧制度による公益法人は24,317法人であった。これらの旧公益法人は、行政庁の認定を受けて公益法人に移行するか、認可を受けて一般法人に移行するかを2013年11月末までに選択することとされた。旧公益法人のうち、2013（平成25）年11月末の移行期間の終了時点で9,050法人が新たな公益法人に移行している。11,679法人は一般法人への移行が認可され、残りの3,588法人は解散・合併等となっている（内閣府2014b、5頁）。新規に公益法人として認定を受けた法人数は2014年度84件、2015年度85件、2016年度87件とほぼ毎年度80から90の法人が公益法人として認定されている（内閣府公益認定等委員会2019、65頁）。その結果、2020（令和2）年12月1日時点での公益法人数は9,614法人であり、内訳は図表Ⅰ-3-2の通りとなっている。

また、公益法人9,614法人を負債総額別に見ると、図表Ⅰ-3-3の通りである。認定法では、公益認定の基準として、会計監査人を置くことが原則とされている（認定法5条12号）。但し、収益の部に計上した額の合計額が1,000億円以上、費用及び損失の部に計上した額の合計額が1,000億円以上、負債の部に計上した額の合計額が50億円以上のいずれにも該当しない法人は会計監査人の設置が免除される（認定法5条12号ただし書、認定法施行令6条）。結果として、9,614法人のうち、会計監査人を設置している公益法人は465法人となっている。

---

4) 公益法人の概況については小俣（2019）を加筆修正したものである。

図表Ⅰ-3-2 ■ 公益法人数（2020年12月1日時点）

（1）財団・社団別

公益財団法人	公益社団法人	合計
5,439（56.6%）	4,175（43.4%）	9,614

（2）認定行政庁別

内閣府	都道府県	合計
2,541（26.4%）	7,073（73.6%）	9,614

出所：内閣府（2021a）「令和2年 公益法人の概況及び公益認定等委員会の活動報告」

図表Ⅰ-3-3 ■ 公益法人の負債総額別区分（2020年12月末）

200億円以上	73	0.8%
100億円以上200億円未満	48	0.5%
50億円以上100億円未満	68	0.7%
10億円以上50億円未満	281	2.9%
5億円以上10億円未満	245	2.5%
1億円以上5億円未満	1,125	11.7%
5,000万円以上1億円未満	712	7.4%
1,000万円以上5,000万円未満	2,225	23.1%
1,000万円未満（注1）	4,837	50.4%

注1：負債総額が空白の法人は1,000万円未満に含めている
出所：内閣府（2021）「公益法人の統計（令和2年）」のデータより筆者作成

(2) 公益法人に求められる内部統制

公益法人の組織構造は、一般社団法人・一般財団法人の組織構造と同じである。公益社団法人には認定法5条14号の規定により、理事会を置くことが義務付けられている。それゆえ公益社団法人は、社員総会と理事会、監事を置かなければならない。法人法2条2項に規定により大規模公益社団法人（最終事業年度に係る貸借対照表の負債の部に計上した額の合計額が200億円以上である公益社団法人）は社員総会、理事会、監事に加え、会計監査人を置かなければならない（法人法62条）。

公益財団法人には評議員会、理事、監事を置くことが義務付けられてい

る。公益財団法人は社員がいないため、社員に代わって理事会を統制するための機関として評議員会の設置が必須となる。社団法人と同様に、法人法 2 条 3 項の規定により大規模公益財団法人（最終事業年度に係る貸借対照表の負債の部に計上した額の合計額が 200 億円以上である一般財団法人）には評議員会、理事会、監事に加え会計監査人の設置が義務付けられている（法人法 171 条）。

　また、公益財団法人は存立の基盤が財産であるため、ある事業年度及びその翌事業年度に係る貸借対照表上の純資産額がいずれも 300 万円未満となった場合は、当該翌事業年度に関する定時評議員会の終結の時に解散する旨が規定されている（法人法 202 条）。

　以上から、公益社団法人、公益財団法人とも、社員を株主、理事を取締役、監事を監査役に置き換えると、ほぼ会社法の持分会社の組織構造を踏襲していることがわかる。

① 理事の権限

　法人法 76 条 1 項の規定により、公益法人の理事は、定款に別段の定めがある場合を除き、法人の業務を執行する。また、76 条 2 項の規定により、複数の理事がいる場合は、業務は理事の過半数によって決定されることとなる。法人法 76 条 3 項 3 号の規定により、理事の職務の執行が法令及び定款に適合することを確保するための体制その他法人の業務の適正を確保するために必要なものとして法務省令で定める体制の整備（以下内部統制システム）については、理事は、その決定を各理事に委任することができないとされており、各理事に内部統制の整備責任が課されている。

　条文からわかる通り、内部統制システムに関する理事の責任について企業集団に関する規定はないものの、会社法 348 条 3 項 4 号に規定される、いわゆる取締役の「内部統制システムの整備」責任と同じ規定となっている。

② 理事会の権限

　同様に、法人法 90 条における理事会の権限に関して、法人法 90 条 4 項 5 号の規定から理事会は、内部統制システムの整備を各理事に委任することはできず、内部統制の整備は理事会の義務となっている。理事会の権限に関しても、

企業集団に関する規定はないものの、法人法 90 条と会社法 362 条における内部統制システムの整備責任に関する規定は全く同じものとなっている。

③ 理事、理事会の権限に定められた内部統制システムの内容

公益法人の理事が整備しなければならない、内部統制システムの内容は法人法施行規則 13 条 1 項に以下の通り規定されている。

> 1 号 理事の職務の執行に係る情報の保存及び管理に関する体制
> 2 号 損失の危険の管理に関する規程その他の体制
> 3 号 理事の職務の執行が効率的に行われることを確保するための体制
> 4 号 使用人の職務の執行が法令及び定款に適合することを確保するための体制

以上の規定は会社法施行規則 98 条 1 項の規定と同じであり、公益法人の理事・理事会に求められている内部統制の整備運用内容は会社法が取締役・取締役会に求めているものと同じである。先に見た根拠条文から、公益法人だからといって特殊な内部統制システムを整備運用することが求められるのではなく、内部統制システムそのものは営利企業のそれと同じ目的・構成要素を持つものであるといえる。

公益法人には、サービスを継続して提供することが強く求められる。継続して事業を行っていくためには法人の適正な運営が必要であり、業務の効率性とコンプライアンス、資産の保全が特に重要となってくる。

(3) | 内部統制の現状と課題

公益法人の職員数の分布を見てみると図表Ⅰ-3-4 の通りである。

負債総額 200 億円以上の大規模法人であっても約 8 割が従業員 200 名未満である。公益法人の多くを占める負債総額 1,000 万円から 5,000 万円の法人でも常勤理事がいない法人が 652 法人、職員 5 名以下の法人が 31％という規模である。

　公益法人の約半数を占める負債総額1,000万円未満の法人では、4,837法人中2,271法人には常勤の理事はおらず、職員も5名以下の零細法人が83％を占めている。

　先に見たように、公益法人に対しても株式会社と同様の内部統制の整備運用が求められる。しかしながら、大多数の公益法人は内部牽制による職務分掌を行うのも困難な状況にあるといえる。一方で、公益法人は実施する公益目的事業を通して不特定多数の者の利益の増進に寄与するために、税制上の優遇措置を受けて活動する法人であり、国民の信頼なくして成り立たない。関係者は公共の利益のために業務を遂行していることを自覚するとともに、法人の財産は、税制優遇を受けて形成された、いわば国民から委託された財産であるという自覚を持って職責を果たさなければならない。

　また、現状の公益法人は一定規模の法人であっても少数の理事や職員で運営されていることが多い。「一定以上の規模を有する法人であっても、常勤である職員や理事が少数であり、代表理事や事務局長など特定の者に業務執行が委ねられ、日常的な牽制機能が働きにくくなる」（内閣府（2020）11頁）といった点が公益法人の内部統制の問題点として指摘される。

　以下の事例は内閣府公益認定等委員会が2014年に公表した『事例から学ぶ

図表Ⅰ-3-4 ■ 負債総額200億円以上の公益法人の職員数の分布

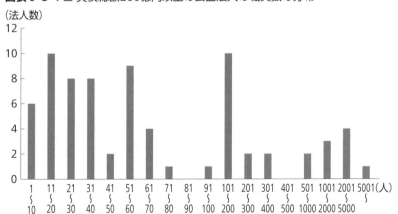

出所：内閣府（2021b）「公益法人の統計（令和2年）」のデータより筆者作成

財産管理』に記載されている不正事例の発生要因である。

- 架空の未収入金を積み上げることで、現金を横領した結果、未収入金残高が異常に多くなったが法人は十分な原因調査を行わなかった。
- 通帳と銀行届出印やキャッシュカードの管理が事実上経理係長にゆだねられていた。
- 出納担当者と経理担当者が同一人であった。
- 預金管理規定において、通帳と銀行届出印等の別保管や、出納前後の会計伝票の支部責任者の承認等、チェック体制について定められていたが、管理規定通りに運用がなされていなかった。
- 本部の監査部門から、定期的に監査を受け、定期監査において未収入金残高について指摘を受けていたが、十分な原因調査を行わなかった。

　こうした事例からは、そもそも法人がどのようなリスクを抱えているかについて考えておらず、基本的な財産管理すらなされていない法人が存在していることがわかる。

　内閣府は「法人の財産管理について～横領事件等発生防止のチェックポイント～」において、「法人職員による横領事件が、公益認定等委員会が把握しているだけでも複数件発生しています。」と警告しており、「法人における日常の財産管理を適正に行うことにより、横領や盗難などの被害の発生を未然に防ぐことは、法人運営の基本中の基本です。たとえ規模の小さい法人でも、現金や預金の管理について特定の担当者に任せきりにせず、法人の理事や事務局長の下、法人の実情に応じた責任ある管理体制を設けることが重要です。」として規模の大小に関わらず法人の実情に応じた内部統制を整備運用することが重要であることを明示している。

　不正事例や公益認定の取消、勧告事例を見てみると、最低限のリスク管理や業務の適正化がなされていない法人が少なからずあるという現状が浮かび上がる。少人数で法人運営を行っているという現状から、職務分掌等による内部牽制組織等の整備が困難、事業運営に必要な能力を保有していない人が多くの業務を行うといった人的資源の脆弱性を有した法人が多数存在していることが公益法人の内部統制における課題である。

5. 内部統制に係る監査の現状

(1) 公益法人のディスクロージャー

　旧制度においては、公益法人のディスクロージャーについて法律上の規定はないが、公益法人の「指導監督基準」において、各法人は、定款・寄附行為、事業報告書、収支計算書、貸借対照表等を、原則として一般の閲覧に供することとされた。しかしながら、公益法人制度改革の過程で、「公益」を目的とする法人であるにもかかわらず、その実態が国民から見て明らかとなっていないのではないか、義務付けられているディスクロージャーが徹底されていないのではないか、事業内容のディスクロージャーについてのルール化や、手法・内容の改善を図る必要はないかといった検討課題が示された（行政改革推進事務局2001、3頁）。

　その後、ガバナンスと同様の改革の過程を経て、「公益法人制度関係法令」において一般社団法人・一般財団法人のディスクロージャーに関する規定が置かれた。現行制度において一般社団法人・一般財団法人は、計算書類及びその附属明細書（貸借対照表・損益計算書）、事業報告及びその附属明細書の作成が義務付けられている。また、貸借対照表（大規模法人は B/S 及び P/L）の公告も義務付けられている。

　さらに、公益法人にはその公益性に鑑み、一般社団法人・一般財団法人よりも詳細なディスクロージャーが求められる。公益法人の場合は、毎事業年度開始の日までに、①事業計画書、②収支予算書、③資金調達及び設備投資の見込みを記載した書類を作成し主たる事務所に備え置かなければならない。また、事業年度終了後3か月以内に、①財産目録、②役員等名簿、③民間事業者の役員の報酬等及び従業員の給与、当該法人の経理の状況その他の事情を考慮して、役員の報酬が不当に高額なものとならないような支給の基準を記載した書類、④キャッシュ・フロー計算書（作成している場合又は会計監査人を設置しなければならない場合）、⑤運営組織及び事業活動の状況の概要及びこれらに関する数値のうち重要なものを記載した書類、⑥法人法に定める計算書類（貸借対照

表及び損益計算書）及びその附属明細書、事業報告及びその附属明細書を作成
し主たる事務所に備え置かなければならない。さらに、何人も財産目録等（以
上の書類に加え定款及び社員名簿）の閲覧が可能とされており、誰でも公益法人
の開示書類を閲覧することが可能となっている。

(2) 事業報告の内容と監査報告の内容

　法人法施行規則34条2項2号において内部統制システムの運用状況の概要
を事業報告の内容とすることを求めており、内部統制の運用状況の報告内容は
会社法施行規則118条に規定されている内容と同じものとなっている。

　一方、監事の監査報告の内容は法人法施行規則45条に規定されている。監
事の監査報告の内容に関しても会社法施行規則129条に規定されている監査役
の監査報告の内容とほぼ同一であり、法人法施行規則45条1項5号に「第34
条2項2号（内部統制の決議に関する内容の概要および運用状況の概要に関する事
業報告）に掲げる事項（監査の範囲に属さないものを除く。）がある場合において、
当該事項の内容が相当でないと認める時は、その旨及びその理由」と規定され
ており、監事も内部統制の整備に関する決議及び内部統制の運用状況に関する
監査責任を負っている。

　公益法人の理事・理事会には内部統制システムの整備責任が課せられ、ま
た、事業報告において内部統制システムの運用状況の概要を報告しなければな
らないことから、公益法人の理事・理事会は内部統制システムの整備運用責任
を果たさなければならない。その責任内容は、会社法において取締役・取締役
会に課せられた責任と同じものであるといえる。

　ただ、営利企業である株式会社とは異なり、内部統制報告書の開示及びその
監査は要求されていない。また、理事、理事会が果たすべき責任を明記したガ
バナンスコード等も公表されていない。

6. 先行する株式会社の内部統制の議論の応用可能性

　公益法人は、そもそも営利を追求するものではないため、認定法14条に「公益法人は、その公益目的事業を行うに当たり、当該公益目的事業の実施に要する適正な費用を償う額を超える収入を得てはならない。」と規定されているように、収支相償が求められる。その結果、認定法5条の13号に「その理事、監事及び評議員に対する報酬等について、内閣府令で定めるところにより、民間事業者の役員の報酬等及び従業員の給与、当該法人の経理の状況その他の事情を考慮して、不当に高額なものとならないような支給の基準を定めているものであること」と規定されているように役員・職員となっても高額な報酬が得られるわけではない。このような背景から、公益法人の現状で見た通り、多くの公益法人が非常に限られた人的資源での運営を余儀なくされている。

　そのような環境の中で、公益法人のサービスの受益者は公益法人のサービスが継続して提供されることを望んでおり、運営責任者には効率的に法人を運営する能力が求められる。多くの公益法人の状況を見るにつれ、すべての公益法人に会社法に規定されている株式会社と同じ内部統制の整備運用を求めることはかなり無理がある。

　そのために理事を中心とした運営責任者は、たとえ脆弱な人的資源であっても、法人の実情にあった内部統制を整備運用する責任を負っているのである。現状では特に人的資源を中心とした脆弱な統制環境を改善し、『事例から学ぶ財産管理』に示されているように、

- 印鑑と預金通帳を別々に保管すること
- 日常引き出すお金は、多額のお金を預けている口座とは別の小口現金口座で管理すること
- 銀行等の残高確認は理事等の責任者や監事が直接行うこと

といった最低限のリスクへの対応を中心に、理事、監事、評議員が当事者意識を持って内部統制の整備運用を行うことが求められる。特に、公益法人の運営に携わるすべての者が、公益法人の財産は法人やその構成員だけの努力によってもたらされたものではなく、「税制優遇を受けて形成されたもの」であ

り、いわば国民から負託された財産であるという意識を持って運営に当たることが重要である。経営者は、そうした意識を職員にも根付かせるよう自らの意識を改革して、統制環境を改善することが求められる。

7. おわりに

　現在でも公益法人のトップの多くが関係する行政庁からの天下りということから、天下りによる腰掛意識を持つ理事や、不正事例に見られるように公益法人制度そのものに理解のない理事もいるなど、理事、監事に当事者意識が希薄である場合がある。そのような法人の場合、最低限必要な内部統制システムも整備されていない場合もある。さらに、少数の職員で業務を行っている法人が多いことを鑑みると、職員が不正等を行う機会が存在することとなる。常にトップが天下りということになれば、頑張ってもトップになれないため職員のモチベーションが低下することも想定され、その場合は不正等の正当化が行われやすい環境にあるといえる。こうした中で、職員が個人的な問題を抱えた場合は不正のトライアングルが形成され不正が行われることとなる。

　公益法人の財産は法人やその構成員の努力だけによって形成されたものではなく、公益法人ならではの税制優遇を受けて形成されたものであり、いわば国民から負託された財産である。公益法人の役員には国民から負託された財産を運用する責任を負っていることを自覚し、誠実に法人を運営することが求められる。

■ 参考文献

小俣光文（2019）「第4章　公益法人の内部統制」『非営利組織の内部統制に関する現状と課題部会最終報告書』日本内部統制研究学会 pp.51-68

行政改革推進事務局（2001）『公益法人制度についての問題意識─抜本的改革に向けて─』

行政改革推進事務局（2002a）『公益法人制度の抜本的改革に向けて（論点整理）』

行政改革推進事務局（2002b）『公益法人制度の抜本的改革の視点と課題』

公益法人制度改革に関する有識者会議（2004a）『議論の中間整理』

公益法人制度改革に関する有識者会議（2004b）『報告書』

小山裕（2009）「公益法人制度改革前史・序章—改革はこう始まった—」『嘉悦大学研究論集』
　　51 巻（3 号）115-131 頁

内閣府（2014a）『事例から学ぶ財産管理』

内閣府（2014b）『公益法人制度改革の進捗と成果について—旧制度からの移行期間を終えて
　　—』

内閣府（2014c）『法人の財産管理—横領事件発生のチェックポイント—』

内閣府（2020）『公益法人のガバナンスの更なる強化等のために（最終とりまとめ）』

内閣府（2021a）『令和 2 年 公益法人の概況及び公益認定等委員会の活動報告』

内閣府（2021b）「公益法人の統計（令和 2 年）」『公益法人 information』〈国・都道府県公式
　　公益法人行政総合情報サイト〉https://www.koeki-info.go.jp/outline/koueki_toukei_
　　n4.html（2022 年 12 月 19 日閲覧）

内閣府公益認定等委員会（2019）『新公益法人制度 10 年を迎えての振り返り報告書』

第**4**章
学校法人における内部統制
——私立大学法人を中心に

1. はじめに

　2022（令和 4）年 8 月公表の文部科学省（以下、文科省）の学校基本調査（速報値）によると大学法人は合計 807 校（同年 5 月 1 日現在）で前年度から 4 校増加した。学校の設置者別に、国が設立母体となる国立大学法人が 86 校、地方公共団体が設立母体の公立大学法人が 101 校、そして創立者が私人や企業又は宗教団体などが設立母体となる私立大学法人（以下、私立大学）が 620 校であった。私立大学の在学生徒数は 217 万人で全体（293 万人）の概ね 4 分の 3 を占めている。

　本章は、学校法人のうち特に私立大学について、業務運営に当たっての指針となる内部統制の整備・運用に関する現状を考察して問題点と課題を提示するものである。

　私立大学については、2019（平成 31）年 1 月に学校法人制度改善検討小委員会より、私立学校法（以下、私学法）の改正項目に加え、「私立大学版ガバナンスコード」を自主行動基準として策定することが求められた。私立大学は、国立又は公立大学法人のように「業務方法書」の作成による内部統制の整備が求められていないので、内部統制の構築・整備に関する状況が一般に遅れていると見られていることから、私立大学の内部統制についての考察を行うものである。考察に当たっては、内部統制は COSO の全社的リスクマネジメント（ERM）（事業上のリスク管理）及び大学法人のガバナンス構造の二者と密接に関係しており統合的フレームワークと呼ばれている事[1]から、この中で主にガバナンスと内部統制に焦点を絞り研究の対象とする。

2. 教育基本法と私立大学の準拠法

(1) 我が国の教育についての基本法

我が国の教育についての基本的な法律である教育基本法と学校教育法は、以下の通りとなる。

① 教育基本法

教育基本法は、日本国憲法の精神に則り、我が国の未来を切り拓く教育の基本を確立しその振興を図るために制定された。2006（平成18）年の改正においては、普遍的な理念は大切にしながら、新たに「公共の精神」の尊重と、「豊かな人間性と創造性」及び「伝統の継承」を定めている。

大学については、その役割や、自主性・自律性などの大学の特性が尊重されるべきこと（7条）と、特に私立学校については、その自主性を尊重しつつ、国又は地方公共団体が私学助成などの振興に努めなければならないと定めている（8条）。

② 学校教育法

学校教育法において、学校とは、幼稚園、小学校、中学校、義務教育学校、高等学校、中等教育学校、特別支援学校、大学及び高等専門学校とし、学校の種類とそれぞれの目的・目標と学力及び終了年限などを規定している。

大学については、その目的（52条）、大学に学長、教授、准教授、助手及び事務職員を置くこと（58条）に加え、学長は「校務をつかさどり、所属職員を統督する」という職責を明示し、以下副学長、学部長、教授などのそれぞれの役割を規定している。

なお、大学の教育研修等の状況を評価する認証評価（政令に定める期間は7年以内）において、2019（令和元）年6月の学校教育法の改正では、教育研修等の状況が大学評価基準に適合しているか否かの認定を義務付け（109条5項）、

---

1) COSO、ERMについては、本章の59頁を参照。

認定を受けられなかった大学に対して文部科学大臣が報告又は資料の提出を求めること（109条7項）が規定された。

(2) 私立大学の準拠法

私立学校法人は、私学法を主な準拠法とする。

1949（昭和24）年に成立した私学法では、学校法人を設立する場合には所管庁の許可が必要（30条）であり、私立大学及び私立高等専門学校を設置する学校法人は文科省、そして私立高等専門学校以下の学校のみを設置する学校法人については都道府県知事の許可を受けなければならないと定められている。また、学校法人の根本規則は「寄附行為」と呼ばれており、民間企業の定款に当たるものである。この寄附行為は文科省の許認可事項となっている。

① 2021〜2022（令和3〜4）年の私学法改正作業の迷走

私学法の制定以後に法改正が何度かなされて来たが、複数の私立学校で社会的な問題となる不祥事件が相次いで発生したことなどを主な理由として、「学校法人のガバナンスに関する有識者会議」が2019（令和元）年12月に設置され審議結果の報告書を2021（令和3）年3月に公表した。しかし、この報告書の内容を不十分とする強い批判があったことから「学校法人ガバナンス改革会議」が2021（令和3）年7月に設置され審議結果の報告書を同年12月に公表した。ところが、この報告書の内容、特に、他の非営利組織の準拠法を参考にした「評議員会を最高監督・議決機関として位置付ける」という提言に対して、私立学校側から学校の教育研究への理解や法人運営の識見を有しない外部評議員が増えることへの危惧等から反対意見が表明され、最終的には「学校法人制度改革特別委員会」が2022（令和4）年1月に設置され同年3月に同委員会の「学校法人制度改革の具体的方策について」が公表された。

これを受け文科省は、同年5月に「私立学校法改正法案骨子案」を公表したが、6月の国会提出は見送られ次期国会に改正案が提出される予定である。

3. 私学法の改正の方向性

　文科省は、2022（令和4）年の5月20日に私学法改正の骨子を公表した。
　この改正法案骨子案では以下の項目の改善を目指している（一部を抜粋）。な
お、アンダーラインを付した個所は重要な変更案を示している。

一　目的
　学校法人における業務の執行、幅広い関係者の意見の反映、逸脱した業務執
行の防止・是正を図るため、理事、監事、評議員及び会計監査人の選任及び解任
の手続、理事会及び評議員会の権限及び運営等の学校法人の管理運営に関する
規定を整備するとともに、特別背任罪の罰則について定める。

二　基本的な考え方
　学校法人制度改革は、次に掲げる事項を実施する：
　学校法人の機関設計について、各機関の権限分配については、法人の意思決定
と業務執行の権限や業務執行に対する監督・監視の権限を明確にし、私立学校の
特性に応じた形で「建設的な協働と相互けん制」を確立する観点から、必要な法
的規律を明確化して定める。大臣所轄学校法人と知事所轄学校法人の区分その
他の規模に応じた区分を設け、寄附行為による自治を一定の範囲で許容し、学
校法人の実情に対応する。現状から変更が生じる事項については、負担の軽減と
運営の継続性に鑑み、所要の準備期間を設けるほか、大臣所轄学校法人以外の
法人を中心として、必要に応じて経過措置を定める。

三　学校法人における意思決定
　学校法人の意思決定の権限については、大臣所轄学校法人における学校法人の
基礎的変更に係る事項（任意解散・合併）及び重要な寄附行為の変更について、
理事会の決定とともに評議員の決議（承認）を要することとする。

四　理事・理事会

　理事・理事会については、理事長の選定及び解職は、理事会において行うこととする。業務に関する重要な決定は理事会で行い、理事に委任することを禁止する。理事の選任を行う機関（以下「選任機関」という。）として評議員会その他の機関を寄附行為で定めることとする。評議員会以外の機関が理事の選任を行う場合、あらかじめ選任機関において評議員会の意見を聴くこととする。理事の解任について、客観的な解任事由（法令違反、職務上の義務違反、心身の故障その他寄附行為で定める事由など）を定め、評議員会は評議員会以外の選任機関が機能しない場合に解任事由のある理事の解任を当該選任機関に求めたり、監事が機能しない場合に理事の行為の差止請求・責任追及を監事に求めたりすることができる。評議員は、これらが機能しない場合に自ら訴訟を提起できる。大臣所轄学校法人においては、外部理事の数を引き上げることとする。理事の任期は、選任後4年を上限に寄附行為で定める期間内の最終会計年度に関する定時評議員会の終結の時までとし、再任を認める。理事の任期が監事及び評議員の任期を超えてはならない。理事は、理事会に職務報告をすることとし、知事所轄学校法人については、実情を踏まえた柔軟な取扱いを認めることとする。理事は、理事の立場で評議員会に出席し、必要な説明をすることとする。

五　評議員・評議員会

　評議員及び評議員会については、理事と評議員の兼職を禁止する。また、評議員の下限定数は、理事の定数を超える数までに引き下げることとする。評議員の選任は、評議員会が行うことを基本としつつ、理事・理事会により選任される者の評議員の定数に占める数や割合に一定の上限を設ける。教職員、役員近親者等については、それぞれ評議員の定数に占める数や割合に一定の上限を設ける。評議員は、学校の教育研究への理解や法人運営への識見を有する者とする。評議員の任期は、選任後6年を上限に寄附行為で定める期間内の最終会計年度に関する定時評議員会の終結の時までとし、再任を認める。大臣所轄学校法人の評議員会について、評議員による招集要件の緩和や議題提案権を措置する。評議員は権限の範囲内において善管注意義務と損害賠償責任を負う。評議員の不正行為や法令違反については、監事による所轄庁・理事会・評議員会への報告や所轄庁による解任勧告の対象に加える。

六　監事

　監事については、監事の選解任は、評議員会の決議によって行う。役員近親者が監事に就任することを禁止する。監事の解任について、客観的な解任事由を定め、監事は、評議員会において監事の選解任又は辞任について意見を述べることができる。監事の任期は、選任後6年を上限に寄附行為で定める期間内の最終会計年度の定時評議員会の終結の時までとし、理事の任期と同等以上でなければならない。特に規模の大きい大臣所轄学校法人については、監事の一部を常勤化すること。監事は、評議員会に対する監査報告に限らず、評議員会に出席し意見を述べる。

七　会計監査

　会計監査については、大臣所轄学校法人においては、会計監査人が会計監査を行うこととし、その選解任の手続や欠格要件等を定める。私学助成の交付を受けていない法人も含め計算書類や会計基準を一元化し、計算書類の作成期限を会計年度終了から3か月以内に延長する。会計監査を受ける場合に私立学校振興助成法に基づく公認会計士による監査を重ねて受ける必要が生じないよう措置する。

八　内部統制システムの整備

　大臣所轄学校法人においては、学校法人の業務の適正を確保するために必要なリスクマネジメント、内部監査、監事の補助、職員等から監事への内部通報等に係る内部統制システムの整備を決定する義務を理事会が負うことを明確化する。

九　その他、監事が子法人の業務を執行する理事・取締役や社員等を兼職することを禁止する。子法人から業務以外の業務で継続的な報酬を受けている者を会計監査人としてはならない。監事・会計監査人が子法人を調査対象とすることができるようにする。役員等による特別背任、目的外の投機取引、贈収賄及び不正手段での認可取得についての刑事罰を整備する。理事会及び評議員会の議事録の作成・閲覧や早期の紛争解決に資する訴訟制度の整備など、他の法人制度を参考にする。

　なお、今後の私学法の改正内容は、学校法人の寄附行為及び自主基準としてのガバナンスコードの内容を学校法人側と意見調整し、定めてゆくものと思われる。

4. 私立大学に求められるガバナンス構造と内部統制

(1) 私立大学のガバナンスについて

　大学法人には、教育研究の充実のために必要なガバナンス体制と、法人の業務運営の健全性維持という経営面のガバナンス強化の役割・責任が求められている。私立大学については、教育基本法及び私学法に、大学には学長、教授その他の教職員を置くことや、理事会（理事長及び理事）、評議員会及び監事の役割や職責などを定めている。また、私立大学は建学の精神及び自主性を尊重し寄附行為（民間企業の定款に当たる）に委ねているという特徴がある。

　一方、学校法人の広範なステークホルダーに対しては、主に学校法人の様々な情報を情報公開（認証評価結果も含む）することによって対応してきた。

(2) 私立大学の「寄附行為」について

　学校法人の根本規則は「寄附行為」と呼ばれており、民間企業の定款に当たるものである。寄附行為には、一般に、学校法人の目的、役員（理事及び監事）の構成と任期、役員の選任・解任、理事長・常務理事及び監事の職務、理事会及び常任理事会、評議会・評議員の構成と任期、議事録の作成、評議員の選任・解任・退任、評議員会への諮問事項、資産及び会計、財産目録等の備付け及び閲覧、情報の公表、解散及び合併、寄附行為の変更などの規則が定められている。

　なお、私立大学の寄附行為は文科省の許認可事項になっており、変更する場合にも文科省の認可が必要になるので、それなりの規律がかけられている。

(3) 私立大学のステークホルダーは?

　私立大学は主に個人や企業又は宗教法人などの寄付で設置されていることから、大学の収益の主要部分は「学生生徒納付金」や入学時の検定料等の「手数料」、また、卒業生や学生の父母の「寄付金」など、主に個人（私人）に依存している。私学助成による国又は地方公共団体からの収入は「経常費等補助金」として計上されているが、経常補助金比率は、現在約10％弱の水準に止まっている。この他に、大学には教育事業からの収益に対する国税及び地方所得税の減免制度があり、固定資産税や消費税などの地方税の負担もない。しかし、収益事業からの収益は課税対象となる。また、この2022（令和4）年4月から開始された給付奨学金・授業料等減免制度など学生向けの国及び地方自治体からの補助制度もあるので、大学は様々な公的補助の受益者ともいえる。

　したがって、大学のステークホルダーとしては、税の優遇措置を許容する国又は地方公共団体に加え、学生とその父母などの学費負担者、入学希望者、卒業生や企業などの寄付者、地域社会、大学等の教職員及び関連組織、また研究資金提供企業等及び共同研究者などが挙げられる。

(4) 私立大学の情報開示

　私立大学には、私学法47条に基づき、2005（平成17）年4月より財産目録、貸借対照表、収支計算書、事業報告書、監事監査報告書の公開が義務付けられていたが、書類の公開は利害関係人に限定されていた。但し、多くに私立大学は自主的にこれらの書類を大学のホームページ上に公表しているといわれている。なお、私学法の改正が2019（令和元）年6月に行われ、開示情報の拡大と、貸借対照表、収支計算書、事業報告書、監事監査報告書などの一般公表が定められた。

5. 私立大学のガバナンスコード（自主行動基準）

　私立大学のガバナンス構造については、私学法が理事会及び理事、監事、評議員会等の設置や職責を定めているが、私立学校には、学校法人のガバナンスや内部統制に関する記載を求められる規定はない。これは、私立学校法人設立の歴史的形成過程の違いや、私立学校間の規模や財政基盤の違いなどから、私立学校の自主性・自立を考慮したものと思われる。

　しかし私立大学については、2019（令和元）年10月の私学法改正に合わせて「私立大学版ガバナンスコード」を自主行動基準（ソフトロー）として策定することが求められた。私立大学が加盟する2つの団体は団体独自のガバナンスコードの雛形を公表し会員法人の準拠を求めている。

　私立大学の加盟団体には、1951（昭和26）年設立の一般社団法人日本私立大学連盟（以下、私大連。令和4年4月現在の会員数は111法人123大学）と、1948（昭和23）年設立の日本私立大学協会（以下、私大協。加盟大学は411校）の2団体があり、それぞれの団体が独自のガバナンスコードを作成しているが、2つのガバナンスコードが並立することに対しての批判や、団体としての自主規制の一貫性に疑問が生じている。

(1) 私大連のガバナンスコード

　大規模な大学が主に加盟する私大連のガバナンスコードの内容は、企業が作成するコーポレートガバナンスコードと類似している。つまり、基本原則・遵守原則・重点項目・実施項目の4階層でガバナンスコードを策定することを求めており、この中で基本原則と遵守原則は私大連への報告義務を課し、私大連の自主規制措置を強化しているように思える。基本原則として自立性の確保、公共性の確保、信頼性・透明性の確保、継続性の確保を保持するためのコードの策定方針を記述すること、具体的には、「コンプライ・オア・エクスプレイン」の原則を前提として策定し、単にコードを形式的に遵守することを回避させ、必要に応じて外部に対して説明を加えることにより、各法人の柔軟性を認

めている。私大連では、2022（令和4）年3月末の時点で105法人（95%）が自主的にガバナンスの取組状況に関する自己点検を完了しており、点検未完了の5法人（5%）については引き続き点検に取り組んでいると情報の開示をしている。

私大連のガバナンスコードにおいては、「内部統制については理事会による理事職務の執行監督機能の実質化と利益相反や不正行為の防止の制度整備」と記載されている。

(2) 私大協のガバナンスコード

中小規模の大学が主に加盟する私大協のガバナンスコードは、まず、ガバナンスコード制定における指針を示し、「大学が主体性を重んじ公共性を高める自律的なガバナンスを確保し、より強固な経営基盤に支えられ、時代の変化に対応した大学づくりを進めることを目的とする」ことが記載されている。次に、基本的なガバナンスの原則として以下の内容を掲げている。

- 私立大学の自主性・自律性（特色ある運営）の尊重
- 建学の精神等、安定性・継続性…学校法人運営の基本（権限・役割の明確化）
- 教学ガバナンス…学長の責務、権限・役割の明確化
- 公共性・信頼性…ステークホルダーとの関係
- 透明性の確保…情報公開等

内部統制については、学校法人運営の基本において、「理事会の役割、理事及び大学運営責任者の業務執行の監督」の中で、以下の通り記載し、内部統制の整備・運用における理事会の責任を明確にしている。

ア　理事会は、理事及び設置大学の運営責任者（学長）に対する実効性の高い監督を行うことを主要な役割・責務の一つと捉え、適切に大学の業務等の評価を行い、その評価を業務改善に活かします。

イ　理事会は、適時かつ正確な情報共有が行われるよう監督を行うとともに、内部統制やリスク管理体制を適切に整備します。

　なお、両団体のガバナンスコードを比較して、私大協のガバナンスコードが理事長と学長の職務の違いから「教学ガバナンス」の記載を求めているのに対し、私大連のガバナンスコードではこの点は明確にしていない。私大連の加盟校の中に、理事長と学長を一体化して大学長又は総長などの名称を使用して権限・責任を一体化している大学が多いことに起因しているものと考えられる。

6. 私立大学の内部統制の現状

(1) 学校法人のガバナンスと内部統制の関係について

　私大連は、2009（平成21）年3月に「学校法人における内部統制の整備・充実」という提言を公表し、この中でガバナンス、リスクマネジメントと内部統制の関係については、ガバナンスと内部統制は、いずれも学校法人が目標に向かって職務を遂行していくうえでなくてはならない体制と仕組みである。決定された業務は適切に実行されなければならないからである。

　学校法人の経営を取り巻く環境が大きく変化し、多様なリスクへの対応等職務が複雑化してきている。こうしたなかで、学校法人が社会的責任を果たしつつ持続可能性を維持していくためには、適切なガバナンスのもとで、戦略計画に基づいた業務を決定する必要がある。また、決定された業務を執行するためには、職務執行の質を保証するレベルの内部統制を組み込んだ体制を構築する必要がある。ガバナンスと内部統制は両者が適切に機能して、初めて学校法人の自己責任に基づく経営が可能となるとし、ガバナンス、リスクマネジメントと内部統制は密接不可分の関係にあることを強調している点は興味深い。

　この提言の内容は以下の通りである。

　①理事会と理事長等の職務執行責任においては、理事会の役割を業務の決定、職務の執行及び職務執行の監督とし、また内部統制を組み込んだ職務執行体制について言及している。

　②学校法人における内部統制の整備充実─職務執行の質保証─においては、学校法人が業務の執行に当たって内部統制の中に組み込むべき6つの基本

的要素を「財務報告に係る内部統制の評価及び監査の基準・準則」（金融庁・企業会計審議会）に基づき具体的に説明している。すなわち、①統制環境、②リスクの評価と対応、③統制活動、④情報と伝達、⑤監視活動（モニタリング）、⑥IT（情報技術）への対応である。

③ガバナンス、リスクマネジメント及び内部統制では、内部統制とガバナンスの関係を説明し、またリスクマネジメントとの関係を、戦略リスクとオペレーショナルリスクなどに分けて説明している。

④内部統制の事例では、教育研究用高額機器・備品の購入・導入、物品の購入・リース、リーガルチェック、財務報告の信頼性、公的研究費の適正管理など9つの事例を挙げ、内部統制の基本的要素ごとに実施すべきプロセスの例を示している。

　これらは、私立大学で一般に発生する重要性のある取引や財務報告などに関する内部統制の事例として具体的で有意義であるといえる。

　この私大連の提言「学校法人における内部統制の整備・充実」の内容は、基本的に「財務報告に係る内部統制の評価及び監査の基準」に基づいているが、この提言は、2004（平成16）年に公表されたCOSOの『全社的リスクマネジメント―統合的フレームワーク』を参考に、私立大学のガバナンスと全社的リスクマネジメント（Enterprise Risk Management：ERM）及び内部統制の3つを関連付けて比較する「統合的フレームワーク」を示している点で興味深いものと考える。

〈COSO の「内部統制の統合的フレームワーク」について〉

　COSO とは、Committee of Sponsoring Organizations of the Treadway Commission の略で、トレッドウェイ委員会支援組織委員会のことである。COSO は、1980 年代頃、米国で企業不正が相次ぎ、内部統制をいかに定義し、枠組みを考えていくかが課題となっていた時に設置された。その後 COSO は、内部統制のフレームワークを完成し内部統制の世界標準となっている。COSO フレームワークでは内部統制の機能を、「業務の効率性・有効性を達成し、財務諸表の信頼性を高め、関連法規を遵守する」と

定義し、内部統制を「統制環境」「リスク評価」「統制活動」「情報と伝達」「モニタリング」の5つの構成要素に分け、内部統制の評価基準としている。なお、日本では「IT（情報技術）への対応」を加え、6つの構成要素としている。

　COSOは2004（平成16）年に『全社的リスクマネジメント―統合的フレームワーク』を公表し（2017年に改訂）、「ガバナンス、全社的リスクマネジメント（ERM）及び内部統制」の関係を以下のように比較して説明している。

「全社的リスクマネジメントは、内部統制よりも広範囲にわたり、内部統制を踏まえた上で、リスクにより直接的に着目している。内部統制は、全社的リスクマネジメントに不可欠な一部分である一方、全社的リスクマネジメントはガバナンスプロセス全体の一部分である。この関係は以下の図に示されている。」

図表Ⅰ-4-1 ■ 内部統制、リスクマネジメント及びガバナンスの関係性

出所：COSO（2013）、訳書215頁。

(2) ▌ 私立大学の内部統制の実情

　一般に大規模な私立大学では、内部統制の概要を自主的に開示し、学内の内部監査部等が内部統制の運用が正しく行われているかについて監査しているが、一方、中小の私立大学では具体的な文書化が進んでいないなど、まだまだ

手付かずの段階の大学も多くある。

7. 内部統制に係る監査の現状

(1) 監事監査

　私立大学では、内部統制の整備・運用が法令上要請されていない状況ではあるが、監事は、各大学が自主的に整備・運用している内部統制システムを評価し監事監査の実施に当たっていると思われる。

　内部統制と監事の役割については、学校法人ガバナンス改革会議（第9回）資料で、「学校法人の場合も、『理事の職務の執行が法令及び寄附行為（定款）に適合することを確保するための体制その他法人の業務の適正を確保するために必要な体制の整備』をもって、内部統制システムと解するとともに、その実効性を監査することが監事監査の役割と捉えられる」と内部統制における監事監査の役割を説明している[2]。

　例えば、内部統制の基本方針や責任者の有無、職務分掌規程、全般統制についての記述書やチェックリスト、また、業務別のフローチャート、業務記述書及びリスクと統制の対応表（リスク・コントロール・マトリックス）などの作成・更新の有無や、サンプルテストを実施して運用状況の確認又はその他の方法により内部統制の整備・運用状況が有効か否かをテストすることなどである。

　監事は、学校法人の内部統制上のリスクと不正の兆候を評価し、内部統制に依拠できるか否かを慎重に判断することになるが、この場合には、一般に三様監査といわれるように、監事が、学校法人内に内部監査部門等の名称で呼ばれる内部統制を評価する部門に加え、会計監査人の三者で、大学の内部統制についての意見交換や監査作業の連携が実施されることが望まれている。

　なお、内部統制に重要な不備が識別された場合の対応は、理事長などに報告することが求められる。

---

2) 八田（2021）2頁。

(2) 会計監査人の監査

　私立大学の場合には、補助金の額が 1,000 万円未満の場合を除き、私立学校振興助成法の 14 条 3 項の規定により、会計監査人の監査を受け、監査報告書を所轄官庁に 3 か月以内（6 月末）に届出しなければならないと定められている。一方、私学法（37 条 3 項 4 号）の規定に基づく監事監査の取扱いでは、監査報告書を 2 か月以内（5 月末）に提出することが定められている。なお、監査報告書の様式例は学校法人の規模や実情がそれぞれ異なり画一的な監査報告書を示すことが困難なために、様式例の明示はなかった。

　この問題は、会計監査人と監事の監査報告書の提出日の違いが 1 か月間もあるという制度上の問題により、監事と会計監査人との連携作業を難しいものにしていると指摘されていたが、この問題は今回の私学法の改正法案骨子案では、監事監査報告書の期限を延長し 3 か月以内にすることで解消されることが期待されている。

　会計監査人は、一般に、内部統制監査の過程において、学校法人の理事長や学長及び担当理事や職員等そして監事に対し、内部統制の整備・運用状況について質問し、監査手続を実施（試査）して、学校の内部統制の整備・運用状況に依拠できるか否かなどの監査リスクを評価した上で、内部統制に依拠できない場合には実証手続を拡大して勘定項目の監査手続を決定しなくてはならないとされている。

　なお、上場会社で実施している会計監査人による内部統制についての内部統制監査報告書の作成に関しては、大学側のコストに対する懸念等からか、今のところ実施が想定されていない。

8. 先行する地方自治法や株式会社の内部統制の議論の応用可能性は?

　2017（平成 29）年に成立した地方自治法の一部を改正する法律によって、地方公共団体の長は当該自治体の内部統制評価報告書を作成して公表する。ま

た、当該自治体の監査委員会には内部統制報告書に対する審査報告書の作成・公表が義務付けられた（2020（令和 2）年 4 月施行）。

このような制度を拡張して、地方独立行政法人である公立大学においても、内部統制の責任者である大学の長が内部統制の整備・運用状況について内部統制評価報告書を作成し、監事による審査を受けることを求められる可能性がある。同様に、私立大の理事長の作成する内部統制評価報告書を監事が審査し、監事が内部統制の審査報告書を公表することも考えられる。この場合には、監事の常勤化及び内部監査部等の補助など監事の内部統制の審査を可能とする体制整備が必要であると思う。

一方、株式会社の内部統制の制度については、監査役又は監査委員は会計監査人の監査手続の相当性を評価する立場にあり、経営者が内部統制の評価基準・準則に基づき内部統制評価報告書を作成する義務を負い、会計監査人は経営者の内部統制評価報告書を監査基準・準則に基づき監査することになっている。しかしながら、前述したように、私立大学は規模の大小又は内部監査部などとの協働の可能性等の制約がある場合が多く、また監査コストの増加等の懸念もあるので会計監査人の内部統制監査報告書を期待することは、一部の大規模な私立大学を除き、当面は現実的ではないと考えられる。

9. おわりに——今後望まれる内部統制は？

（1） 内部統制の整備・運用

私立大学については、ガバナンスコード及び内部統制のルールの作成の段階ではあると思うが、内部統制制度の定着を図るには、他大学のベスト・プラクティスや国立又は公立大学が作成している「業務方法書」、また地方公共団体が採用する「内部統制制度導入・実施ガイドライン」のようなたたき台を参考に、内部統制の整備・運用を図っていくことが考えられる。

しかし、上場企業に要請されている内部統制には形式的な対応が多く見られ、各現場ではシステムの変更による内部統制の変更がアップデートされてい

ないなどの問題が生じている。特にDX化が進行している中で、内部統制の文書化をDXの観点からもう一度見直し、例えば内部統制構築のための市販のソフトなどを購入しDX化を進展させていくべきであると考える。これにより内部統制の文書化に苦労することから解放されるのではないかと考えている。

大規模な学校法人は、DX化の推進と歩調を合わせ、実効性のある内部統制を整備・運用する人的・金銭的資源があると思われることから、自主的に作成したガバナンスコードをさらに進化させて、実効性のある内部統制の構築に進むことが期待される。

中小規模の私立大学においても、実現可能で有効なガバナンス体制と内部統制制度の整備・運用は、DX化の導入と同様に大学の存続可能性にも影響を与える可能性があると思われることから、大学執行部が経営資源の配分に工夫を凝らし、PDCAの効果的実施やシステム化された必要最低限の内部統制の構築を検討すべきであると考える。

(2) 環境整備について

学校法人の業務の適正を確保するためには、大学の自己改革が何よりも求められることであるが、大学を取り巻く環境に対して対応し整備を進めることも肝要である。一般に、大学の取り巻く環境については、学生数の減少の中で設置大学数が過多となっていることや、特に、中小規模の大学の存続可能性の問題、また、国際化の遅れや研究活動の選択と集中などの問題も指摘されているところである。

健全で強固な内部統制の構築には、大学内の体制整備に加え、有能な外部理事や監事の他、常勤理事の任用、内部監査部の充実強化などが必要となるが、大学の財務面での負担から、経営執行部は二の足を踏んでいる状況なのではないかと懸念している。

今後、政府の進める教育改革や授業料の一部無償化という流れの中で、政府や地方公共団体等からの公的補助を獲得し、また卒業生や企業からの寄付金を募り、それら諸活動から得た経営資源を有効にかつ無駄なく使うことが内部統制の1つの役割であると考えると、教育研修の充実・人材育成という大学の目

的達成のためには、有効な内部統制の整備・運用は、学校法人の存続可能性と
も密接に関係しているものと考える。

■ 参考文献

一般社団法人日本私立大学連盟（2019）「日本私立大学連盟　私立大学ガバナンス・コード
（第1版）」6月25日

日本私立大学協会（2019）「日本私立大学協会憲章『私立大学版 ガバナンス・コード』（第1
版）」3月28日

一般社団法人日本内部監査協会・八田進二・橋本尚・堀江正之・神林比洋雄監訳（2018）
『COSO全社的リスクマネジメント—戦略およびパフォーマンスとの統合—』同文舘出版
（COSO（2017）*Enterprise Risk Management — Integrated with Strategy* and Performance）

八田進二（2021）「資料1 学校法人の内部統制システムの整備・運用について」（学校法人ガ
バナンス改革会議（第9回））、11月11日

八田進二監訳 / 中央青山監査法人訳（2006）『全社的リスクマネジメント—フレームワーク
篇—』東洋経済新報社 .（(The) Committee of Sponsoring Organizations of the Treadway
Commission ［COSO］（2004）*Enterprise Risk Management — Integrated Framework*
(Executive Summary & Framework)）

八田進二・箱田順哉監訳 / 日本内部統制研究学会新 COSO 研究会訳（2014）『COSO 内部統
制の統合的フレームワーク』日本公認会計士協会出版局（COSO（2013）*Internal
Control — Integrated Framework*）

第5章
社会福祉法人における内部統制

1. はじめに

　少子高齢化等社会構造の変化によって、我が国における社会福祉を取り巻く環境は大きな転換期を迎えている。こうした中で地域の社会福祉の担い手である社会福祉法人における経営の在り方についても大きな転換が迫られており、社会福祉法人における内部統制の重要性は近年特に高まっている。

　そこで、本章では、まず、社会福祉法人の事業内容・特徴、社会福祉法人を取り巻くステークホルダーと必要とされる情報を明らかにするとともに、社会福祉法人に求められる内部統制と現状を明らかにする。次に、社会福祉法人の監査制度を分析し、特に会計監査人監査において認識されている社会福祉法人特有のリスクから必要とされる内部統制の具体的内容を明らかにすることを狙いとする。

2. 社会福祉法人の準拠法

(1) 社会福祉法人の事業内容

　社会福祉法人は、社会福祉事業を行うことを目的として社会福祉法の定めるところにより設立された法人である（社会福祉法22条）。ここで、社会福祉法人の主たる事業内容である社会福祉事業には、主として施設の「入居者」に対し

てサービスを提供する事業である第一種社会福祉事業（社会福祉法2条2項）と、主として「在宅・通所」によるサービスを提供する事業である第二種社会福祉事業（社会福祉法2条3項）がある。

　また、上記の他、社会福祉法人は、その経営する社会福祉事業に支障がない限り、公益を目的とする事業（公益事業）又はその収益を社会福祉事業若しくは公益事業の経営に充てることを目的とする事業（収益事業）を行うことができる（社会福祉法26条1項）。

(2) 社会福祉法人のガバナンス

① 評議員会

　役員（理事及び監事）、会計監査人の選任、定款の変更、決算の承認、役員報酬基準の決定等の重要事項の決定権限を有する社会福祉法人の最高意思決定機関として評議員会がある（社会福祉法45条の8）。評議員会を構成する評議員は、社会福祉法人の適正な運営に必要な識見を有する者のうちから定款の定めるところにより、選任され（社会福祉法39条）、役員、職員との兼任が禁止されている（社会福祉法40条）。また、評議員会の設置は、従前は任意であったが2016（平成28）年社会福祉法改正によって義務化された。

② 理事会

　重要な業務執行（重要な財産の処分・譲受、多額の借財等）の決定を行う業務意思決定・監督機関として理事会がある（社会福祉法45条の13）。理事長、業務執行理事は原則3か月に1回以上、職務執行状況を理事会に報告しなければならない（社会福祉法45条の16）。また、2016（平成28）年社会福祉法改正によって一定規模以上の特定社会福祉法人（社会福祉法施行令13条の3）において理事会による内部統制構築が義務化された（社会福祉法45条の13第4項5号、同条5項）。

③ 監事

　監事は、理事の職務の執行を監査する必要機関である（社会福祉法36条1項、

同 45 条の 18）。

④ 会計監査人

　会計監査人は、社会福祉法人の計算書類及びその附属明細書、財産目録等を監査する（社会福祉法 45 条の 19）。この会計監査人は定款の定めにより任意で設置できるが（社会福祉法 36 条 2 項）、2016（平成 28）年社会福祉法改正によって一定規模以上の特定社会福祉法人では設置が義務化された（社会福祉法 37 条）。

(3) | 社会福祉法人を巡る規制とメリット──株式会社との主な相違

　日本国憲法 25 条 1 項においては、「すべて国民は、健康で文化的な最低限度の生活を営む権利を有する。」として、国民の最低生活を保障し、同条 2 項においては、「国は、すべての生活部面について、社会福祉、社会保障及び公衆衛生の向上及び増進に努めなければならない。」として、社会福祉に関する国の義務を定めている。しかし、終戦後当時における自治体の負担能力に限界があること、しかも戦前から民間主導で社会福祉事業が行われてきた経緯から、行政の責任において民間委託されて社会福祉事業を行う主体が社会福祉法人である[1]。一方、日本国憲法 89 条においては、「公金その他の公の財産は、宗教上の組織若しくは団体の使用、便益若しくは維持のため、又は公の支配に属しない慈善、教育若しくは博愛の事業に対し、これを支出し、又はその利用に供してはならない。」として、公の支配を公金支出の条件としている。

　その結果、社会福祉法人は、公的支援、優遇措置を受けると同時に強い公的規制も受けることになる。

① 設立時における資産の取得

　社会福祉法人は、社会福祉事業を行うに必要な資産を備えなければならないため（社会福祉法 25 条）、その設立に当たっては社会福祉事業を行うために直接

---

[1]　内閣府（2013）2頁。

必要なすべての物件について所有権を有していること、又は国若しくは地方公共団体から貸与若しくは使用許可を受けていることが必要であり（社会福祉法人審査基準第2第1項）、また一定金額の基本財産（社会福祉法人審査基準第2第2項(1)）を有する等の規制がある。

また、社会福祉施設（第一種社会福祉事業のための施設）を経営する法人は、すべての施設についてその施設の用に供する不動産は基本財産としなければならないこと、すべての社会福祉施設の用に供する不動産が国又は地方公共団体から貸与又は使用許可を受けているものである場合にあっては1千万円以上に相当する資産（現金、預金、確実な有価証券又は不動産に限る。）を基本財産として有していなければならない等の規制がある（社会福祉法人審査基準第2第2項(1)イ）。

さらに、社会福祉施設を経営しない法人（社会福祉協議会及び共同募金会を除く。）は、一般に設立後の収入に安定性を欠くおそれがあり、設立において事業継続を可能とする財政基盤を有することが必要であるため、原則として1億円以上の資産を基本財産として有していなければならないという規制も存在する（社会福祉法人審査基準第2第2項(1)ウ）。

② 補助金収入

国又は地方公共団体は、必要があると認めるときは、厚生労働省令又は当該地方公共団体の条例で定める手続に従い、社会福祉法人に対し、補助金を支出し、又は通常の条件よりも当該社会福祉法人に有利な条件で、貸付金を支出し、若しくはその他の財産を譲り渡し、若しくは貸し付けることができる（社会福祉法58条）。

例えば、社会福祉法人が生活保護法38条に基づく救護施設等の保護施設を整備する場合、国は原則としてその整備費の1/2を補助し、都道府県（指定都市・中核市を含む）は、施設設置者に対して整備費の1/2を補助している[2]。また、民間事業者が設置する社会福祉施設については、独立行政法人福祉医療機構において、社会福祉事業施設等の設置、整備等に必要な資金に対する長期・

---

2) 厚生労働省ホームページ「社会福祉施設の整備・運営」。

固定・低利での融資が行われている[3]。

③ 税制上の優遇措置

　社会福祉法人は、法人税法上は公益法人等に区分され、収益事業からなる所得に対してのみ低税率課税されるとする優遇措置を得られる（法人税法4条1項、同法66条3項、租税特別措置法42条の3の2）。

　よって、社会福祉法人については収益事業を除いて税務調査の対象外となる（国税通則法74条の2参照）。

④ 剰余金分配禁止

　社会福祉法人は、非営利法人であるため剰余金の分配が禁止されており、事業収益の法人外への貸付けや収益事業への繰入についても禁止されている。

　また、社会福祉法人は、その事業を行うに当たり、その評議員、理事、監事、職員その他の政令で定める社会福祉法人の関係者に対し特別の利益を与えることが禁止されている他、理事、監事及び評議員に対する報酬等が不当に高額とならないような支給基準について評議員会の承認を求めるなど、実質的な剰余金の分配についても制限されている（社会福祉法27条、同法45条の35）。

⑤ 残余財産分配禁止

　解散した社会福祉法人の残余財産は、合併（合併により当該社会福祉法人が消滅する場合に限る。）及び破産手続開始の決定による解散の場合を除くほか、所轄庁に対する清算結了の届出の時において、定款の定めるところにより、その帰属すべき者に帰属するか、定款に定めがない場合には国庫に帰属する（社会福祉法47条）。

---

3) 独立行政法人福祉医療機構ホームページ「福祉貸付事業」。

3. 社会福祉法人に求められる内部統制と現状

(1) 社会福祉法人を取り巻くステークホルダー

　前述した通り、社会福祉法人は、本来は国・地方公共団体が行うべき社会福祉に関する事業について公的規制の下で民間委託されていることから、社会福祉法人を取り巻くステークホルダーには以下が考えられる。

① 利用者、利用者の家族

　社会福祉法人は地域福祉の拠点であり、社会福祉事業を必要とする利用者及びその家族が、まず重要なステークホルダーである。ここでは、当該社会福祉事業の水準、事業継続性等が必要な情報と考えられる。

② 国・地方公共団体

　社会福祉法人は、前述した通り国・地方公共団体による公費助成の対象であり、その結果、公的規制を受けることになる。そこで、国・地方公共団体から受託した事業資金の運用状況、社会福祉事業の水準、事業継続性等に関する情報を国・地方公共団体に対して報告する必要があると考えられる。

　また、社会福祉法人の収益事業に関しては課税対象であり、この点に関しては課税当局に対して担税力等の情報提供が必要である。

③ 債権者

　前述した通り、社会福祉法人は公的助成の他、長期・固定・低利ではあるが社会福祉事業施設等の設置、整備等に必要な資金についての融資を受けることがある。そのため、独立行政法人福祉医療機構のような債権者は元本・利息の支払能力等に関する情報を必要とする。

④ 地域住民

　例えば福祉水準を含む住みやすさは、どの地域に居住するかを決定するため

の重要な要因となる。そのため、当該地域の福祉水準は地域の発展に影響することになる。そこで、社会福祉法人の提供する社会福祉事業の水準、事業継続性等は地域住民にとって重要な情報と考えられる。

⑤ 従業員・取引先

社会福祉法人の従業員にとっては、雇用条件、賃金の支払能力、雇用の安定性等が重要な情報であり、取引先にとっては、取引条件、取引代金の支払能力、取引継続性等が重要な情報である。

(2) ▍社会福祉法人に求められる内部統制

上記の社会福祉法人を取り巻くステークホルダーと必要とされる情報から、債権者の欲する元本・利息の支払能力に関する情報、従業員・取引先の欲する賃金の支払能力及び雇用の安定性、取引代金の支払能力及び取引継続性、課税当局の欲する担税力に関する情報については、株式会社とは大きく異ならないことが確認できる。

これに対して、社会福祉事業の水準及び事業継続性については、日本国憲法25条における国民の最低生活の保障、国の社会保障義務との関連において社会福祉法人に強く要請されるものである。

そのため、社会福祉事業の水準を維持・向上するため、事業継続性を確保するためのプロセスが社会福祉法人に求められる内部統制の特徴と考えられる。具体的には、特に国・地方公共団体から受託した事業資金を効率的に運用するなど業務の有効性及び効率性を確保するため、社会福祉事業の水準を維持するための資産について種類・質・数量も含めて保全するため、社会福祉法人が受ける種々の規制を含む事業活動に関わる法令等を遵守するため、これらの遂行状況を含む財務報告について信頼性を確保するためのプロセスが必要と考えられる。

(3) 社会福祉法人における内部統制の現状

① 社会福祉法人改革と課題

　社会福祉法人を取り巻く経営環境としては、厚生労働省・社会福祉法人の在り方等に関する検討会「社会福祉法人制度の在り方について」（報告書）において、以下の現状と課題が示されている。

　社会福祉は、本来的には国の義務であるが、戦後の混乱期における自治体の能力の問題から、国・地方公共団体が社会福祉法人に社会福祉事業を委託してきた。そして、そこでは自治体が福祉サービスの利用条件を満たしているかについて審査し、その審査結果に応じてサービスの利用可否や利用先が決定される措置制度がとられていた。

　その後、高度経済成長期を経て少子高齢化等社会構造が大きく変化し、これに伴い社会福祉に対するニーズも大きく変化したことから、2000（平成 12）年に介護保険制度が導入されるなど社会福祉法人改革が実施された。そこでは、従来の措置制度から、利用者が社会福祉サービスの提供者を選択して契約する契約制度に移行され、第二種社会福祉事業を中心に株式会社、NPO 法人等による参入が認められた。そのため、社会福祉法人は、サービスの内容について自治体による指示ではなく自らニーズに合ったものに変革し、そしてさらなる事業拡大を図るような経営を行う必要に迫られることになった。

　以上の社会福祉法人改革が実施された背景としては、社会福祉法人に対して地域ニーズへの不十分な対応、財務状況の不透明さ、ガバナンスの欠如、いわゆる内部留保、他の経営主体との公平性（イコールフッティング）という指摘がなされていたことにあった。とりわけ多額の補助金の交付や税制優遇を受けていながら、黒字が貯め込まれて新規投資や地域還元がなされていないといういわゆる、内部留保問題は、その実態が財務報告として十分に開示されていない問題とともに大きな課題となっている。

② 社会福祉法人で発生し得る不正

　日本公認会計士協会から公表されている非営利法人委員会研究報告第 19 号「監査基準委員会報告書 240「財務諸表監査における不正」を社会福祉法人監

査に適用するに当たっての留意点」（以下、非営利法人委員会研究報告19号）においては、社会福祉法人のガバナンス機能が果たされない場合として、①評議員会や理事会の議事が形式化し審議が十分に行われていない、②理事長の業務実績が少ない、③理事長又は理事会と施設長の間のコミュニケーションが十分取られていない、④監事が非常勤のみであり、業務実績がほとんど認められない、⑤内部監査が実施されていない、⑥各種議事録及び資料類の保管・整理状況に不備があり、第三者からの確認が困難であるといったケースを例示し、理事長や特定の理事に権限が集中しガバナンス機能が十分に発揮されないリスクがある点が指摘されている。

また、社会福祉法人で発生し得る不正について「不正な財務報告」の観点から、①設置認可要件等をクリアするための法人の自己資金の過大表示、②架空のサービス提供に基づく介護報酬の不正受給を例示し、「資産の流用」の観点から、①現金回収や事業未収金の消し込みを利用した利用者負担金の流用、②入所者からの預り金の流用、③購買取引、建設工事取引に係るキックバックや理事者及びその近親者との取引を利用した資産の流用、④寄附金、研修謝礼等の簿外処理による流用が例示されている。よって、これらの不正リスクに対応した内部統制の整備が必要と考えられる。

③ 内部統制の現状

非営利法人委員会研究報告19号では、不正な財務報告と資産の流用に関する要因について動機・機会・正当化の観点から分類・整理しているが、これらの「機会」として社会福祉法人の内部統制の問題点となる現状を指摘している。

(i) 不正な財務報告

①法人の設立時の寄附者及びその関係者が理事者になっていることがあり、そのような法人では特定の理事者に権限が集中する場合がある。

②施設長を除き、常勤役員がいない法人もあり、また、理事会の開催回数が少ない、監事が非常勤で無報酬、といった法人もある。

③小規模な法人で役職員に同族者が多い場合は、特に理事者又は同族の役職

員が内部統制を無効化し、人的統制が有効に機能しないおそれがある。

(ii) 資産の流用

①福祉サービスの現場を重視する余り、職務の分離又は牽制が不十分、資産
を管理する職員に対し理事者が適切な監視をしていない、理事者又は職員
の旅費などの精算に関して監視が不十分などのように、内部統制が十分で
ない場合もある。

②例えば、IT に関する理事者の理解が不十分なため、IT 担当者による資産
の流用が可能な状況にある場合のように、理事者等に、特殊な分野に対す
る専門的知識が不足するために管理が不十分である。

③法人内で特定の理事者に権限が集中し、当該理事者以外の者が意見し難い
環境の場合、理事会や監事、評議員会の監視活動が有効に機能していな
い。

4. 社会福祉法人の監査

社会福祉法人の監査としては、前述した監事監査や会計監査人監査の他、内
部監査、所轄庁による指導監査や自主監査が行われている。

(1) 内部監査

前述した通り、特定社会福祉法人においては、内部統制の構築義務が法定化
されている。これは株式会社における会社法 362 条 4 項 6 号、会社法施行規則
100 条に相当するものであり、内部監査が組織体の経営目標の効果的な達成に
役立つことについては株式会社も社会福祉法人も何ら変わる点はないというこ
とである。

そのため、全国社会福祉法人経営者協議会が公表している「社会福祉法人モ
デル経理規程」69 条においては、「理事長は、必要があると認められる場合に
は、法人内の会計業務が関係法令及びこの経理規程の定めに従い、重大な誤謬

発生の危険がなく効率的に行われていることを確かめるため、内部監査人を選任し監査させるものとする。」と規定されている。

(2) 所轄庁による指導監査

所轄庁は、社会福祉法の施行に必要な限度において、社会福祉法人に対し、その業務若しくは財産の状況に関し報告をさせ、又は当該職員に、社会福祉法人の事務所その他の施設に立ち入り、その業務若しくは財産の状況若しくは帳簿、書類その他の物件を検査させることができる（社会福祉法56条1項）。これに基づいて実施される検査が所轄庁による指導監査である。

(3) 自主監査

社会福祉法人審査基準・第3法人の組織運営・5法人の組織運営に関する情報開示等においては、「(1)財産状況等の監査に関しては、法人運営の透明性の確保の観点から、公認会計士、税理士等による外部監査の活用を積極的に行うことが適当であること。」と規定されている。このように自主的に外部監査を導入することを社会福祉協議会が窓口となって実施する取組みが自主監査である。

(4) 会計監査人監査の義務化

① 特定社会福祉法人

前述の通り、会計監査人については、従来から定款の定めにより任意で設置することができるが、2016（平成28）年社会福祉法改正によって一定規模以上の特定社会福祉法人に会計監査人を設置することが義務化された。

この特定社会福祉法人とは、収益30億円を超える法人又は負債60億円を超える法人（社会福祉法施行令13条の3）であり、その範囲が2017（平成29）年度から段階的に拡大することが予定されていた。

しかし、2018（平成30）年11月2日に公表された厚生労働省社会・援護局

図表 I -5-1 ■ 特定社会福祉法人の段階的拡大（当初の予定）

2017年度 2018年度	収益30億円を超える法人 又は負債60億円を超える法人
2019年度 2020年度	収益20億円を超える法人 又は負債40億円を超える法人
2021年度以降	収益10億円を超える法人 又は負債10億円を超える法人

福祉基盤課「社会福祉法人における会計監査人に係る調査と平成 31 年 4 月の引下げ延期について（周知）」において、2016（平成 28）年社会福祉法改正による会計監査人の設置を円滑に進めていくため、会計監査の実施による効果や導入する場合の課題等について、2017（平成 29）年度の会計監査を実施したすべての社会福祉法人（約 400 法人）を対象とした調査及び収益 10 億円を超える法人又は負債 20 億円を超える法人（約 1,700 法人）を対象とした調査を、2 段階で実施するとともに、法人の準備期間等を考慮し、2019（平成 31）年 4 月から会計監査人の設置基準を引下げることを行わないこととされた。

② 社会福祉法人の計算関係書類

会計監査人の監査対象となるのは、計算書類、附属明細書である（社会福祉法 45 条の 19）。ここで、計算書類とは、貸借対照表及び収支計算書（資金収支計算書、事業活動計算書）であり（社会福祉法人会計基準 1 条 1 項）、附属明細書は社会福祉法人会計基準 30 条に 19 種類規定されているが、監査対象となるのは借入金明細書、寄附金収益明細書、補助金事業等収益明細書、基本金明細書、国庫補助金等特別積立金明細書に限定されている（社会福祉法施行規則 2 条の 30 第 1 項 2 号）。なお、計算書類と附属明細書を計算関係書類と総称する（社会福祉法人会計基準 2 条 1 項）。

③ 会計監査人の監査報告

会計監査人の監査報告については、日本公認会計士協会から公表されている非営利法人委員会実務指針第 40 号「社会福祉法人の計算書類に関する監査上の取扱い及び監査報告書の文例」によると次の特徴を有する。

(i) 監査意見

　監査報告においては、計算関係書類が、我が国において一般に公正妥当と認められる社会福祉法人会計の基準に準拠して、社会福祉法人の財産、収支及び純資産の増減の状況をすべての重要な点において適正に表示しているかについての適正性意見を表明する。

(ii) 財産目録に対する意見

　社会福祉法 45 条の 19 第 2 項及び社会福祉法施行規則 2 条の 22 の規定に基づき、社会福祉法人の財産目録（社会福祉法人会計基準 7 条の 2 第 1 項 1 号イに規定する法人単位貸借対照表に対応する項目に限る。以下同じ。）について監査を行った旨を別途意見表明する。

　社会福祉法人においては、計算関係書類の他、財産目録についても作成しなければならない（社会福祉法 45 条の 34、社会福祉法人会計基準 1 条 1 項）。この財産目録においては、会計年度末におけるすべての資産及び負債につき、その名称、数量、金額等を詳細に表示し（社会福祉法人会計基準 31 条）、その金額は貸借対照表価額と同一である（社会福祉法人会計基準 33 条）。財産目録の法人単位貸借対照表に対応する項目は監査対象であり（社会福祉法 45 条の 19 第 2 項、社会福祉法施行規則 2 条の 22）、よって監査対象ではあるが計算関係書類に含まれないため、別途貸借対照表への整合性について意見表明する形式を採用している。

　このような監査報告では、形式面における特徴だけでなく、実質的には社会福祉事業の水準に重要な影響を及ぼす資産及び負債の種類や数量に関する詳細な情報や管理状況についても監査対象となることも特徴と考えられる。

5. 社会福祉法人特有のリスク

　以上、2016（平成 28）年社会福祉法改正によって特定社会福祉法人について会計監査人を設置することが義務化されたが、それ以前から日本公認会計士協会によって社会福祉法人特有のリスクについての研究報告が公表されており、

社会福祉法人の会計監査人監査に関する制度改正に伴って当該研究報告も改正されている。これらの内容を整理することによって社会福祉法人に求められる内部統制の具体的内容が明らかになると考えられる。

(1) 計算書類に重要な虚偽表示をもたらす可能性のある事業上のリスクと要因

日本公認会計士協会から公表されている非営利法人委員会研究報告第17号「監査基準委員会報告書315「企業及び企業環境の理解を通じた重要な虚偽表示リスクの識別と評価」を社会福祉法人監査に適用するに当たっての留意点」（以下、非営利法人委員会研究報告17号）においては、社会福祉法人の事業目的と目的達成のための事業戦略に関連して、計算書類に重要な虚偽表示をもたらす可能性のある事業上のリスクとその要因について、例えば、保育事業については少子化がリスク要因で定員割れが事業上のリスクであるとして事業区分別に例示されている。さらに社会福祉法人一般のリスクとして以下のように例示されている。

図表I-5-2 ■ 法人一般のリスク

リスク要因	事業上のリスク
施設の新設・増設のための所轄庁への認可申請	申請書類の不備による認可遅延、設置基準不適合により認可されない
新しい会計基準の適用及び開示	会計基準の不完全又は不適切な適用、新基準適用によるコスト増加
規制の変更	予測できない規制強化・緩和
ITの利用	会計システムと業務処理過程が不整合

出所：非営利法人委員会研究報告17号

以上の例示は、非営利法人委員会研究報告第36号「社会福祉法人監査における監査計画書及び意見形成時の監査調書の様式例と記載上の留意事項」I-2(4)において重ねて記載されている。

(2) 社会福祉法人における統制環境の特徴から生ずる 社会福祉法人特有のリスクと不正誤謬

　非営利法人委員会研究報告 17 号では、社会福祉法人の統制環境には設置経営する社会福祉施設の多様性等、社会福祉法人独特のものがあることから、統制環境の特徴から生ずる社会福祉法人特有のリスクについて以下のように例示している。

　まず、①法人本部及び個々の施設等のガバナンスに係るリスクとして、例えば、理事長の権限過大又は権限の形骸化による理事会の機能の低下、監事の監視機能・監査機能の低下、評議員会の機能の低下や法令の改正等による事業形態又は事業内容の急激な変更、若しくは、各種規制の高度複雑化への対応の不備と法令違反等の可能性などが示されている。

　次に、②取引及び勘定残高に係るリスクとして、補助金、受託金等の不正受給、過大な設備投資と過剰債務の発生、利用者の自己負担額増加に伴う徴収不能となる未収金等の発生、資金運用リスク（含み損）の発生が示されている。

　さらに、③開示に係るリスクとして、計算書類の閲覧供与の義務化や計算書類のインターネット・広報誌等による外部への開示の推進に伴う虚偽表示リスクの拡大、会計基準及び法令等の制定・改正への対応の遅れ、大規模な施設・設備整備事業を行った場合の会計処理の複雑化（特に数種の施設を合築した場合等）が示されている。

　そして、上記 3 つのリスクはそれぞれ独立したものではなく、相互に関連している場合が多いとされている。

(3) 非営利法人委員会研究報告において指摘されていない 社会福祉法人特有のリスク

　非営利法人委員会研究報告 17 号、非営利法人委員会研究報告 19 号においては社会福祉法人特有のリスクが例示され、これらの研究報告の元となる監査基準委員会報告書 240「財務諸表監査における不正」、監査基準委員会報告書 315「企業及び企業環境の理解を通じた重要な虚偽表示リスクの識別と評価」には、

一般的なリスク及びリスク評価が示されており、これらのリスクに対応した内部統制が必要であるが、これらで指摘されるリスクは例示されたものであって必ずしも網羅されているわけではない点に注意する必要がある。

例えば、社会福祉法人における、いわゆる逆粉飾のリスクは、非営利法人委員会研究報告には示されていない。ここで、逆粉飾とは資産、利益の過少計上、負債の過大計上を行う不正な財務報告とする。

前述した通り、社会福祉法人の内部留保が社会問題化したことによって、黒字である社会福祉法人における理事について、内部留保に対する社会的批判を逃れるために逆粉飾による決算を行う動機が想定できる。

また、金融商品取引法及び会社法における監査対象会社は、同時に税務調査の対象会社であることがほとんどであり、逆粉飾のリスクは税務調査によってある程度軽減されることが期待される。その結果、資産、利益の過大計上、負債の過少計上といった粉飾の発見に重点が置かれて監査資源が投入される。これに対して、前述の通り社会福祉法人の所得は収益事業から生じた所得を除いて非課税であり、法人税に関する税務調査の対象外であるため、社会福祉法人は金融商品取引法及び会社法における監査対象会社より逆粉飾に関する機会に恵まれているといえる。

さらに、社会福祉法人における逆粉飾は、いわゆる内部留保に対する批判を避けて安定的に社会福祉事業を継続するための手段として正当化されるおそれがある。その理由は、新規投資や地域還元を行わないで逆粉飾によって隠れた黒字を貯め込むことは、法人の財務安全性が高まり、よって事業継続性を高めることになるからである。

その結果、資産計上すべき物が費用処理された場合、貸借対照表における資産の額だけでなく、財産目録における詳細な種類情報、数量情報も歪めることになり、社会福祉事業の水準に関するステークホルダーのニーズを満たさなくなるおそれがある。また、当該物が資産として管理されていない場合、対象物の横領、盗難等が発見されない又は発見が遅れるリスクが高くなるおそれもある。そこで、資産の実在性だけでなく網羅性も検証するような内部統制が設計されることが必要と考えられる。

■ **参考文献**

監査法人彌榮会計社・仰星監査法人（2016）『社会福祉法人の会計監査』実務出版

厚生労働省ホームページ「社会福祉施設の整備・運営」https://www.mhlw.go.jp/stf/seisakunitsuite/bunya/hukushi_kaigo/seikatsuhogo/shakai-fukushi-shisetsu1/index.html（2022 年 12 月 26 日閲覧）

厚生労働省（2014）「社会福祉法人制度の在り方について」（社会福祉法人の在り方等に関する検討会）、7 月 4 日 https://www.mhlw.go.jp/file/05-Shingikai-12201000-Shakaiengokyokushougaihokenfukushibu-Kikakuka/0000050215.pdf（2022 年 12 月 26 日閲覧）

新日本有限責任監査法人編著（2016）『社会福祉法人に求められる内部統制の実務対応』清文社

全国社会福祉法人会計研究会編著（2016）『社会福祉法人の不正防止・内部統制・監査』清文社

独立行政法人福祉医療機構ホームページ「福祉貸付事業」https://www.wam.go.jp/hp/cat/fukusikasituke/（2022 年 12 月 26 日閲覧）

内閣府（2013）「第 21 回規制改革会議」議事録 2013 年 11 月 27 日 https://www8.cao.go.jp/kisei-kaikaku/kaigi/meeting/2013/committee2/131127/gijiroku1127.pdf（2022 年 12 月 26 日閲覧）

中村彰吾監修（2016）『医療法人・社会福祉法人の内部統制ハンドブック』中央経済社

松山幸弘（2011）「黒字ため込む社会福祉法人─復興事業への拠出　議論を─」日本経済新聞 2011 年 7 月 7 日朝刊

第 6 章

医療法人における内部統制

1. はじめに──医療法人改革のポイント

1948年制定の医療法は、2015年の最終改正（2016年9月1日より施行）までに7回の改正が行われているが、そこでの改正の中心は、医療法人の経営の透明性の確保とガバナンスの強化に関する事項の改正であった[1]。

そもそも、医療法人については、医療法39条において、次のように規定されている。

> 病院、医師若しくは歯科医師が常時勤務する診療所、介護老人保健施設又は介護医療院を開設しようとする社団又は財団は、この法律の規定により、これを法人とすることができる。
> 2　前項の規定による法人は、医療法人と称する。

こうした規定に基づく医療法人においては、次のような基本的な責務を果たすことが求められている（医療法40条の2）。

> 医療法人は、自主的にその運営基盤の強化を図るとともに、その提供する医療の質の向上及びその運営の透明性の確保を図り、その地域における医

---

[1] なお、2020年から蔓延し始めた新型コロナウイルス感染症対策としての医療提供体制改革を柱とする改正医療法が2021年6月に成立しているが、この制度改正については、次期医療計画の改正年次である2024年度の施行が予定されている。

> 療の重要な担い手としての役割を積極的に果たすよう努めなければならない。

　このように、医療法では、①運営基盤の強化といった医療法人のガバナンスの強化と、②医療の質の向上及びその運営の透明性の確保が図られることとなっている。なお、こうした2つの改革のポイントが実効性あるものとして機能するためには、株式会社等で先行して導入されている組織のガバナンス及び内部統制の議論に依拠することが極めて有益である。

　そこで、本章では、これまでの医療法の改正の動向を確認した上で、その根底を担う医療法人の内部統制について、その現状と課題について検討することとする。

2. 医療法人のガバナンスの強化の実態

　まず、医療法人のガバナンスの強化についての第一のポイントとして、「運営基盤の強化を図るため」という点が示されている。この点については、一連の改革、すなわち、医療法人における理事会の設置及び権限、その他役員の選任方法等が医療法で明確に規定されている。

　また、医療法人の業務執行の役割を担う理事長及び理事については、その責任の大きさから、「一般社団法人及び一般財団法人に関する法律」（以下、一般法人法）での規定と同様に、理事の忠実義務が規定されている（医療法46条の6の4、一般法人法83条）。さらに、医療法人に対する役員等の賠償責任等として、下記の規定等が置かれることとなった。すなわち、役員等の任務懈怠時の損害賠償責任（医療法47条）、第三者に生じた損害に関する役員等の賠償責任に関する規定（医療法48条）、社団たる医療法人の場合の社員による理事又は監事の責任を追及する訴えに関する規定（医療法49条の2、一般法人法278条）等が挙げられる。

　ところで、こうした医療法人の設立については、下記の通り、原則として、都道府県知事の認可を受けなければならない（医療法44条）。

医療法人は、その主たる事務所の所在地の都道府県知事（以下この章（第3項及び第66条の3を除く。）において単に「都道府県知事」という。）の認可を受けなければ、これを設立することができない。

2　医療法人を設立しようとする者は、定款又は寄附行為をもつて、少なくとも次に掲げる事項を定めなければならない。

一　目的

二　名称

三　その開設しようとする病院、診療所、介護老人保健施設又は介護医療院（地方自治法第244条の2第3項に規定する指定管理者として管理しようとする公の施設である病院、診療所、介護老人保健施設又は介護医療院を含む。）の名称及び開設場所

四　事務所の所在地

五　資産及び会計に関する規定

六　役員に関する規定

七　理事会に関する規定

八　社団たる医療法人にあつては、社員総会及び社員たる資格の得喪に関する規定

九　財団たる医療法人にあつては、評議員会及び評議員に関する規定

十　解散に関する規定

十一　定款又は寄附行為の変更に関する規定

十二　公告の方法

　なお、医療法人については、下記の通り、機関設計の違いからガバナンス体制に相違のあることも、留意すべきであるが、基本的には、一般法人法の規定に準拠すべき点が多いというのが1つの特徴である。というのも、そもそも医療法人については、一般法人法が前提とする非営利の法人としての性格が強く、下記の通り、医療の公益性に反する業務の禁止を規定しているのである（医療法7条6項）。

　6　営利を目的として、病院、診療所又は助産所を開設しようとする者に

対しては、第 4 項の規定（注；許可申請に対する都道府県知事又は保健所を設置する市の市長若しくは特別区の区長による許可）にかかわらず、第 1 項の許可を与えないことができる。

ところで、現在、医療法人には、以下の通りの類型があるため、それぞれに機関設計も異なることとなる（以下、カッコ内の数字は、厚生労働省の調べによる、2020（令和 2）年 3 月末時点での該当法人数である）[2]。

①社団たる医療法人の場合（55,304 社）
　　社員総会（社員）—理事会（理事）—理事長—監事
②財団たる医療法人（370 社）
　　評議員会（評議員）—理事会（理事）—理事長—監事
③社会医療法人（317 社）
　　①ないし②に準ずる。
④特定医療法人（343 社）
　　社団形態のものは、以下の通り。
　　社員総会（社員）—理事会（理事）—評議員会（評議員）—理事長—監事
　　財団形態のものは、②に準ずる。

これらいずれの機関設計においても、健全なガバナンスを整備・運用するための中心的命題は、有効な内部統制の整備及び運用にあると称しても過言ではない。但し、2020 年 3 月末時点での医療法人の総数は 55,674 社であるが、そのうち、一人医師医療法人数が 46,251 社と、全体の約 83％を占めている実態についても、再認識しておくことが必要であろう。というのも、一人医師医療法人は、1 人の理事のみの組織ということから、一般的に議論されるような、組織における内部統制議論にはなじまない可能性が高いからである。

---

2) 厚生労働省「種類別医療法人数の年次推移」2020年3月31日時点のもの。

3. 経営の透明性の確保に対する施策

　医療法改革の2つ目のポイントである「医療の質の向上及びその運営の透明性の確保」については、まさに、経営の透明性の確保ということで、以下の施策が講じられることとなった。

①医療法人は、役員と特殊の関係がある事業者（役員・近親者やそれらが支配する法人）との取引の状況に関する報告書（「事業報告書等」）を作成すること（医療法51条1項）。

②事業活動の規模その他の事情を勘案して厚生労働省令で定める基準（負債50億円以上又は収益70億円以上）に該当する医療法人は、厚生労働省令で定める医療法人会計基準により財産目録、貸借対照表及び損益計算書を作成し、公認会計士又は監査法人（以下、会計監査人）による外部監査をうけること（医療法51条5項）。

　このように、医療法人の場合、経営の透明性を確保するために、役員の独立性を明示するとともに、一定規模以上の医療法人には、事業活動の適切性を確認するための財務報告関係書類に対して、いわゆる会計監査人による外部監査を義務付けているのである。これまでも、すべての医療法人においては、監事による監査が義務付けられてはいたものの、より厳格かつ専門性の高い会計監査人による外部監査を義務付けることで、財務報告の信頼性を高めようとの狙いがうかがえるのであり、経営の透明性及び公益性の確保にとって不可欠な施策であるといえる。

　なお、医療法により外部監査の対象となる医療法人に対して、厚生労働省医政局医療経営支援課は、「外部監査の対象となる医療法人における内部統制の構築について」（2019（平成31）年3月29日）と題する事務連絡の文書を作成して、各都道府県医療法人担当課宛てに発出し、以下のように、内部統制の重要性を指摘しているのである。

　内部統制の整備方針は各法人の判断となりますが、外部監査を行う公認会

計士又は監査法人は財務報告の信頼性に寄与する内部統制の整備状況・運用状況を評価し、外部監査を進めることになります。したがって、効率的・効果的な外部監査の実現のためには、各法人における財務報告に関連する内部統制の構築が重要になります。

かかる文書では、各医療法人における有効な内部統制の構築や内部監査体制の構築への参考として、①医療法人内で内部監査を行う場合の内部監査規程の例、②財務報告に関連する医療法人の全般的な統制、主要な業務プロセスに係る統制及び決算における統制において特に重要となるチェック項目リストを作成している。こうした理解からも明らかなように、医療法人の場合においても、会社法ないしは金融商品取引法で期待されている内部統制の整備及び運用と同様に解することができるのである。

ところで、医療法では、監事監査について、以下のように規定している（医療法46条の8）。

監事の職務は、次のとおりとする。
一　医療法人の業務を監査すること。
二　医療法人の財産の状況を監査すること。
三　医療法人の業務又は財産の状況について、毎会計年度、監査報告書を作成し、当該会計年度終了後3月以内に社員総会又は評議員会及び理事会に提出すること。
四　第一号又は第二号の規定による監査の結果、医療法人の業務又は財産に関し不正の行為又は法令若しくは定款若しくは寄附行為に違反する重大な事実があることを発見したときは、これを都道府県知事、社員総会若しくは評議員会又は理事会に報告すること。

このように、監事には、医療法人の業務のすべてについて監査することが規定されているが、これについては、一般に、業務監査と会計監査の両面での役割を担っているものと解されている。但し、会計監査人の監査が義務付けられている医療法人の監事においては、基本的に、会計監査の部分を会計監査人の

監査に依拠することになることから、そこでの監事の主たる任務は、まさに、理事長及び理事行う業務執行の妥当性、適切性等を検証する業務監査に重点が置かれることとなる。

その際、理事長が主導して行う医療法人の業務遂行が、有効かつ効率的に推進されるためには、組織全体としての内部統制が有効に機能していることが不可欠なのである。

4. 監事監査と内部統制問題

一般的に、監事の役割については、会社法の定める監査役に求められている役割に準じて理解することが求められている。その際、以下の規定（会社法348条3項4号）の通り、監査役監査が対象とする取締役の職務執行の中で、最も基本的かつ重要な取締役の業務の執行として、いわゆる、内部統制システムを有効に整備及び運用することが規定されている。

（業務の執行）

第348条　取締役は、定款に別段の定めがある場合を除き、株式会社（取締役会設置会社を除く。以下この条において同じ。）の業務を執行する。

2　取締役が二人以上ある場合には、株式会社の業務は、定款に別段の定めがある場合を除き、取締役の過半数をもって決定する。

3　前項の場合には、取締役は、次に掲げる事項についての決定を各取締役に委任することができない。

〈一から三は省略〉

四　取締役の職務の執行が法令及び定款に適合することを確保するための体制その他株式会社の業務…の適正を確保するために必要なものとして法務省令で定める体制の整備[3)]

〈五は省略〉

4　大会社においては、取締役は、前項第4号に掲げる事項を決定しなければならない。

　つまり、医療法人の場合には、上記の会社法での規定における「取締役の職務の執行」を、別途、理事会が行う「医療法人の業務執行の決定」及び「理事の職務の執行の監督」と読み替えることで、法人の内部統制システムの整備及び運用が義務付けられていると解することができる。このことにより、一般的に、医療法人の場合においても、「理事の職務の執行が法令及び定款に適合することを確保するための体制その他法人の業務の適正を確保するために必要な体制の整備」をもって、内部統制システムと解するとともに、その実効性を監査することが、監事監査の重要な役割と捉えられる。

　ところで、そもそも企業の内部統制の問題が取り上げられるようになったことは、会計監査人（公認会計士又は監査法人）による外部監査の導入と密接な関係がある。特に我が国の場合、戦後の証券取引法（現在の金融商品取引法）の制定の下で導入された公認会計士監査においては、企業の内部統制が有効に整備・運用されていることを前提に、試査という一部の資料等の検査をもって、財務諸表全体の適正性を確認する手法を採用してきた。この内部統制については、これを内部牽制組織と内部監査組織からなるものと捉え、企業における不正等は、内部統制が機能していれば防止できることから、公認会計士監査においては、不正の発見は副次的な目的に過ぎないという視点が確立されてきたのである。このように、正しい財務情報の作成とその信頼性を保証するための監査、また、それを支える健全かつ有効な内部統制は、企業だけでなく、すべての事業体の持続的な発展にとって不可欠な要素なのである。

　というのも、会計監査人の監査が、金融商品取引法や会社法に基づく株式会

---

3) 会社法第348条第3項第4号に規定の法務省令の「会社法施行規則」では、以下の通り規定している。

第98条　法第348条第3項第4号に規定する法務省令で定める体制は、次に掲げる体制とする。
　一　取締役の職務の執行に係る情報の保存及び管理に関する体制
　二　損失の危険の管理に関する規程その他の体制
　三　取締役の職務の執行が効率的に行われることを確保するための体制
　四　使用人の職務の執行が法令及び定款に適合することを確保するための体制
　五　当該株式会社並びにその親会社及び子会社から成る企業集団における業務の適正を確保するための体制
2　取締役が二人以上ある株式会社である場合には、前項に規定する体制には、業務の決定が適正に行われることを確保するための体制を含むものとする。
3　監査役設置会社以外の株式会社である場合には、第一項に規定する体制には、取締役が株主に報告すべき事項の報告をするための体制を含むものとする。

社などの営利法人だけでなく、より広範に、学校法人、医療法人、独立行政法人や社会福祉法人などの非営利法人に対しても導入されるようになってきていることからも納得し得るのである。

　しかし、21世紀に入っても、知名度の高い歴史ある企業における不正会計が止まることがないのも事実である。そのため、企業の内部統制の有効性に対する疑念が高まり、会計監査人の財務諸表監査とともに、上場企業に対して金融商品取引法の下に内部統制報告制度が導入されることとなった。この制度は、企業の経営者が自らの組織の内部統制の有効性を評価した結果を内部統制報告書として開示するとともに、その開示内容の適否について、財務諸表監査を担当する同一の会計監査人が監査を行い、その結果を内部統制監査報告書として公表するのである。ただ、近年の不正会計の特徴の1つが、経営者主導型の不正であるため、経営者による内部統制の無効化が大きな課題とされている。

　なお、最新の議論では、内部統制について次のように定義している[4]。

> 内部統制とは、事業体の取締役会、経営者およびその他の構成員によって実行され、業務、報告およびコンプライアンスに関連する目的の達成に関して合理的な保証を提供するために整備された1つのプロセスである。

　我が国では、こうした内部統制の定義に対して、さらに「資産の保全」目的を追加するとともに、以下の6つの相互に関連する要素から構成されているものと捉えている。すなわち、①統制環境、②リスクの評価と対応、③統制活動、④情報と伝達、⑤監視活動（モニタリング）、そして⑥IT（情報技術）への対応である。

　このことから、内部統制が有効であると評価されるためには、これらの構成要素が、それぞれに適切に整備され、かつ、意図通りに運用されていることが必要なのである。逆に、これらの要素のいずれかが整備されていない、あるいは、運用されていない場合には、内部統制上の不備があるということで、健全な経営活動を推進する上で、大きなリスクを抱えていることになる。かかるリ

---

4)　八田・箱田監訳（2014）9頁。

スクが顕在化した時に、いわゆる企業不祥事と称される不幸な出来事が露呈するのである。その結果、企業価値の毀損だけでなく、場合によっては、組織の存続可能性に対しても重大な懸念をもたらす事態を引き起こしかねないのである。したがって、経営者は日頃から、組織の内部統制の有効性を維持、強化するための取組みを継続させることに心血を注ぐことが求められている。

5. 内部統制の不備がもたらす、監事監査上の課題

　ところで、社会の耳目を集めるような不祥事だけでなく、広く我が国において止むことのない企業不祥事を概観すると、そこにはある程度共通した原因が潜んでいることがわかる。それは、内部統制の基本的要素の中の「統制環境」と「情報と伝達」に重大な不備が認められるということである。

　このうち、統制環境とは、「組織の気風を決定し、組織内の全ての者の統制に対する意識に影響を与えるとともに、他の基本的要素の基礎をなし、リスクの評価と対応、統制活動、情報と伝達、モニタリング及びITへの対応に影響を及ぼす基盤をいう。」[5]と規定されている。具体的には、組織人の誠実性及び倫理観、経営者の意向及び姿勢、経営方針及び経営戦略、取締役会及び監査役会等の有する機能、組織構造及び慣行、権限及び職責、そして、人的資源に対する方針と管理を指すものである。つまり、経営トップの倫理観の高い姿勢が組織全体に浸透している状況を指すものといえる。しかし、統制環境というものは、極めて定性的な要素であるために、それらを直接的に評価することは極めて困難であり、そのため、他の5つの構成要素の有効性を確認することで、統制環境の有効性についても評価が可能になるものと解される。

　一方、情報と伝達は、「必要な情報が識別、把握および処理され、組織内外及び関係者相互に正しく伝えられることを確保することをいう。」[6]であり、正しい情報が適時・適切に作成され、組織内外に円滑に伝達されることで、健

---

[5] 金融庁企業会計審議会「財務報告に係る内部統制の評価及び監査の基準」における、内部統制の基本的要素としての「統制環境」に関する定義。2011（平成23）年3月30日。
[6] 同上での「情報と伝達」の定義。

全な経営を担保することが可能となるのである。つまり、近時の不祥事からも明らかなように、企業不祥事は、トップの姿勢に重大な問題がある場合、あるいは、リスク情報が瞬時にしかるべき部署に伝わらない場合に起きるということであり、これこそ、「内部統制に重大な不備がある」場合だといえる。

さらに、内部統制の基本的な要素として「モニタリング」があるが、これは、内部統制が有効に機能していることを継続的に評価するプロセスであり、内部統制実務の要である。つまり、内部監査等のモニタリングが有効に行われることで、内部統制は、常に監視、評価され、是正されることになるからである。と同時に、このモニタリングを効率的に行うことで評価プロセスを効率化することができるため、内部統制関連コストの低減にもつながるのである。

このモニタリングについては、経営管理や業務改善などの通常の業務に組み込まれて行われる「日常的モニタリング」と、通常の業務から独立した視点で、定期的又は随時に行われる「独立的評価」がある。両者は個別に又は組み合わせて行われる場合がある。このうち独立的評価は、経営者、取締役会、監査役等及び内部監査などを通じて実施されることから、それぞれの関係者は、そうした役割のあることを常に自覚しておく必要がある。また、内部統制を評価すること自体が1つのプロセスであり、内部統制のモニタリングに関わる者は、当然に内部統制の基本的要素を十分に理解するとともに、自社にとってのリスクを適切に認識することが求められる。

ここで留意すべきは、内部統制の所有者で最終的な責任者である経営者及び取締役会そのものが、モニタリング機能を発揮するとともに、いわゆる統制環境の一翼を担っていることから、彼らもまた、モニタリングの対象となっているということである。

なお、医療法人の場合には、経営者及び取締役会は、理事長及び理事会と読み替えることで、共通の理解を得ることが可能となる。

つまり、従来の考えでは、内部統制とは、経営者や取締役会といった経営上層部の者を除く下位の者たちをコントロールする仕組みであると捉えられており、そのため、内部統制には限界があると解していたのである。確かに、経営者の場合、最高の権限を有していることから、場合によっては、内部統制を無効化するような行動をとる場合もあり得る。しかし、こうした上層部の者だけ

でなく、監査役等を含む統制環境についてのモニタリングが、別途、会計監査人等によってなされることで、組織内のすべての関係者の行動が内部統制の評価対象とされるようになったのである。

したがって、多面的かつ重層的なモニタリングが実施されるのであれば、経営者不正に対しても、内部統制は有効に機能する可能性が極めて高いといえる。そのためにも、モニタリング機能を担うすべての関係者が、常に情報共有を行うとともに、それぞれの役割分担を明確にして、必要な連携を図ることが求められる。その際、すべてのモニタリング部門を統括する役割を担っているのが監査役であり、それと同等の役割が期待されている監事こそ、「内部統制の番人」と位置付けることができるのである。

6. 内部統制システムの有効性の検証こそ、監事監査の最重要課題

このように、内部統制議論の多くは、企業ないしは経営トップの不祥事を防止ないしは抑止するための一連のプロセスと解する傾向が強いが、本来の目的は、あくまでも、有効な経営管理を行い、もって、有効かつ効率的な組織運営を達成することにあることを認識すべきである。つまり、内部統制が有効に整備及び運用されていることで、初めて経営者は、自身の経営責任を履行したことになるのである。そして、そうした経営責任の履行状況をモニタリングして、内部統制システムの有効性を検証することこそ、取締役（ないしは理事）の職務の執行状況の監査と同義に捉えることができるのである。

つまり、理事の職務の執行の監査であれ、法人の業務の監査であれ、監事に求められている監査の神髄は、当該法人の内部統制システムの有効性を検証することであると解することができる。しかし、先述の通り、内部統制の有効性の評価にとっての最大の課題は、構成要素の第一に掲げられる「統制環境」の評価が、定性的な性格からも極めて困難を伴うということである。そのためにも、監事としては、その他の構成要素の有効性を多面的かつ重層的に評価し、常に、経営トップの言動に注視するとともに、健全な懐疑心を行使・発揮する

　ことで、強靭かつ持続可能で健全な組織として機能していることを、継続的に確認し続けることが不可欠であるといえる。

　特に公益性の高い医療業務を担う医療法人の場合、信頼し得る組織を構築して、等しく社会に貢献するためにも、健全かつ有効な内部統制が整備・運用されていることが不可欠である。そのためにも、医療法人のトップたる理事長ないしは理事が、この内部統制の有する意義、及びその有効性を表することの重要性を十分に認識することが強く求められているのである。

■ 参考文献

金融庁企業会計審議会（2011）「財務報告に係る内部統制の評価及び監査の基準」3月30日
厚生労働省医政局医療経営支援課（2019）「外部監査の対象となる医療法人における内部統制の構築について」3月29日
八田進二・箱田順哉監訳／日本内部統制研究学会新COSO研究会訳（2014）『COSO内部統制の統合的フレームワーク：フレームワーク篇』日本公認会計士協会出版局（(The) Committee of Sponsoring Organizations of the Treadway Commission［COSO］（2013）*Internal Control ─ Integrated Framework.*）

第 II 部

非営利組織における
不正事例の分析

地方公共団体における不正事例

1. 入札談合の問題点と昨今の状況

　2021 年 7 月 26 日、北海道開発局の職員が、入札に関する情報を事業者に教示し入札を妨害したとして、刑法（公契約関係競売入札妨害）及び入札談合等関与行為の排除及び防止並びに職員による入札等の公正を害すべき行為の処罰に関する法律（以下、官製談合防止法）違反の容疑で、北海道警察に逮捕された。

　同年 8 月 6 日、北海道開発局は、同不祥事に関する調査を行う目的で第三者委員会である「北海道開発局発注業務に係る不正事案再発防止対策検討委員会」（以下、不正防止検討委員会）を同開発局に設置することを公表、その後、同年 11 月 5 日、不正防止検討委員会は、「北海道開発局発注業務に係る不正事案に関する報告書」（以下、北海道開発局報告書 2021）[1] を公表した。

　同報告書では、「北海道開発局は、入札談合事案等の不祥事を契機に、2009（平成 21）年にコンプライアンス推進計画の前身となるコンプライアンス強化計画を策定し、10 年以上の長きにわたり組織全体でコンプライアンスに関する取組を実行してきた。今般、コンプライアンスの保持の取組を率先垂範すべき管

---

[1] 「北海道開発局発注業務に係る不正事案に関する報告書」北海道開発局、2021年11月5日。とりわけ、ここでは「国民の信託」という言葉を用いて国家公務員の使命を説明している。ここでの国民の信託における「信託」は、筆者が第1部第1章（11頁）で主張する信託概念の重要性の主張と同旨と考える。https://www.hkd.mlit.go.jp/ky/ks/kansatu/slo5pa000000chwt-att/slo5pa000000ci3j.pdf

理職員が自ら不正行為に関わっていたことが明らかになったことは、国民から
の信頼を大きく裏切るものであり、極めて遺憾である。国家公務員、とりわけ
管理職員は、国民の税金を扱い、国民の信託に応える使命をもつ国の機関の職
員としての責任の重さを改めて自覚し、国民全体の奉仕者として服務規律を遵
守するとともに、高い倫理観を持って公正に職務を遂行することが求められ
る」[2]と言及している。

　ここで改めて、官製談合防止法は、2000年に公正取引委員会（以下、公取委）
が勧告を出した北海道上川支庁発注の農業土木事業での談合が契機となり策定
された法律である。

　このように、そもそも官製談合防止法は北海道で発生した談合事件が法律制
定の端緒であり、また同法が初めて適用されたケースも同じく北海道で発生し
た事件（2003年1月30日、北海道岩見沢市長に対する改善措置要求）であったこ
とに鑑みるに、北海道という公共事業が数多く見られる地域特性も、入札談合
事件が発生する要因の1つと仮定できる。

　本事例1-1では、特に発注機関としての地方公共団体が関係する入札談合に
ついて、取り巻く法規制や諸課題を取り扱う。ところで入札談合事件に関して
は、公取委が主たる担当機関といえるが、同委員会は、入札談合について、実
際に事件が発生した場合における社会へのマイナスの影響を示すと同時に、談
合事件を防止するための具体的な方策も示している。

　本事例を進めるに当たって、同委員会が公表した「入札談合の防止に向けて
～独占禁止法と入札談合等関与行為防止法～（令和4年10月版）」（以下、入札談
合防止に向けて2022）[3] を1つの拠りどころとしつつ、地方公共団体における入
札談合の問題点や特徴等を概観する（また今後のDXの進展も鑑み、DXに関係し
た談合事件の発生可能性や対応の必要性も一部検討を加える）[4]。

　また公取委の説明も参考としながら、入札談合事件の端緒の把握（事件の審
査開始）としての住民からの通報の利用可能性について、そして同事件の責任
追及を行う上での住民監査請求及び住民訴訟の利用可能性についても合わせて

---

2) 北海道開発局報告書2021、1頁。

3) 「入札談合の防止に向けて～独占禁止法と入札談合等関与行為防止法～（令和4年10月版）」公正取
　　引委員会、https://www.jftc.go.jp/dk/kansei/text_files/honbunr4.10.pdf

検討を加える。

2. 独占禁止法と入札談合

独占禁止法（以下、独禁法）の正式名称は「私的独占の禁止及び公正取引の確保に関する法律」である。

前者の「私的独占の禁止」について、公取委は「事業者が単独で又は他の事業者と手を組み、不当な低価格販売、差別価格による販売等の手段を用いて、競争相手を市場から排除したり、新規参入者を妨害したりして市場を独占しようとする行為や、有力な事業者が、株式の取得、役員の派遣等により、他の事業者の事業活動に制約を与えて、市場を支配しようとする行為は、「私的独占」として禁止されています」[5] としている。

次に後者の「公正取引の確保」について、同委員会は「独占禁止法は、公正な競争を阻害するおそれのある行為を『不公正な取引方法』として禁止しています。入札談合との関係では、例えば、受注予定者が落札できるように取り決めた場合について、これに従わない事業者に対して取引を妨害したり、差別的な取扱いを行ったりする行為が、独占禁止法に違反することになります」[6] としている。

ここで改めて、独禁法の目的について公取委は、「公正かつ自由な競争を促進し、事業者が自主的な判断で自由に活動できるようにすることです。市場メカニズムが正しく機能していれば、事業者は、自らの創意工夫によって、より

---

[4] 入札談合防止に向けて（2022）では、官製談合は決して減っていないとした上で、ここ最近の例として次の事案を列挙している（1頁）。①独立行政法人地域医療機能推進機構が発注する医薬品の入札参加業者に対する件（令和4年3月 排除措置命令及び課徴金納付命令）、②日本年金機構が発注するデータプリントサービスの入札等の参加業者に対する件（令和4年3月 排除措置命令及び課徴金納付命令）、③国、地方公共団体等が発注する群馬県の区域に所在する施設を対象にした機械警備業務の競争入札等の参加業者に対する件（令和4年2月 排除措置命令及び課徴金納付命令）、④東海旅客鉄道株式会社が発注するリニア中央新幹線に係る品川駅及び名古屋駅新設工事の指名競争見積の参加業者に対する件（令和2年12月 排除措置命令及び課徴金納付命令）。

[5] 入札談合防止に向けて（2022）6頁。また具体的に私的独占の禁止に抵触したケースとしてはパラマウントベッド（株）の事案が例示されている（平成10（勧）第3号）。

[6] 入札談合防止に向けて（2022）6頁。

安くて優れた商品を提供して売上高を伸ばそうとしますし、消費者は、ニーズに合った商品を選択することができ、事業者間の競争によって、消費者の利益が確保されることになります。このような考え方に基づいて競争を維持・促進する政策は「競争政策」と呼ばれています」[7] と説明している。

次に、「入札談合は、入札参加者間の公正かつ自由な競争を通じて受注者や受注価格を決定しようとする入札システムを否定するものであり、特に発注者が国や地方公共団体の場合には、予算の適正な執行を阻害し、納税者である国民の利益を損ねる行為ともなります。それにもかかわらず、入札談合事件は依然として後を絶たず、中には、発注機関職員が関与している事例もみられます」[8] としている。

すなわち独禁法が目指すのは社会における「公正な競争の促進」であり、これにより安くて良質な商品やサービスを提供する企業はその売上を伸ばし、これら商品やサービスを手にする消費者もベネフィットを享受するという、企業にとっても消費者にとっても望ましい姿の実現にある。独禁法の適用対象となる入札談合はこの「競争政策」を阻害する要因として認識されている。

また、一般企業間同士の競争とは別に、もしも当該入札案件の発注者が地方公共団体であり、そこに入札談合があった場合には、まさに納税者である国民ないし住民の利益が損なわれることになる。それ以上に、上記で示す通り、発注機関職員（公務員）が関与しているというケース（官製談合）に至っては、公務員であるにもかかわらず税金のムダを発生させたこととなるため、同職員においては、関連法規に違反したことに対する適正な処分が必要になると考える。

他方で、このような官製談合事件が発生するケースでは、各団体の内部統制が適正に整備されていない、あるいは運用できていない可能性が高いといえるため、入札談合に関わった当該職員の問題に事件を矮小化するのではなく、組織の内部統制の問題として捉えなおすことが肝要と考える。

---

7) 「独占禁止法の概要」公正取引委員会ウエブサイト、https://www.jftc.go.jp/dk/dkgaiyo/gaiyo.html
8) 入札談合防止に向けて（2022）内の「はじめに」より抜粋。

3. 官製談合防止法の概要

(1) 法律制定の経緯

　官製談合防止法が制定された経緯及びその概要について、公取委は次のように説明している[9]。

> 「本法の制定が検討されるきっかけとなったのは、北海道上川支庁発注の農業土木工事等談合事件です[10]。…発注機関の職員による関与があった場合の入札談合事件については、独占禁止法では当該入札談合を行った事業者に対する処分は可能ですが、発注機関側に対して法的に行政上の措置を講じることができず、事業者側に不公平感がありました。このため、発注機関に対して組織的な対応を求めその再発を防止するために、…法律が成立し、平成15年1月6日から施行されています。しかしながら、同法律の施行後も、官製談合事件が多くみられたことから、職員による入札等の妨害の罪の創設等を内容とする改正案が議員立法としてまとめられ、平成18年12月8日に成立し、…平成19年3月14日から施行されています[11]。」

　したがって官製談合防止法の目的は、端的には「発注者」を規制することにあるといえる。当然ながら、同法違反は重要なコンプライアンス違反のため、もしも官製談合事件が発生した場合には、当該団体の内部統制は適正に整備・

---

9) 入札談合防止に向けて（2022）26頁。

10) (参考) 北海道上川支庁における入札談合事件（平成12年審決）：この事件は、北海道上川支庁の発注する農業土木工事と測量設計業務において、建設業者や測量業者が独占禁止法違反行為を行っていたとして排除勧告が行われたものです。また、公正取引委員会による調査の結果、北海道農政部及び各支庁において、農業土木工事及びそれに伴う測量設計業務について、事業者ごとの年間受注目標額が設定されていたこと、上川支庁において、同目標額をおおむね達成できるようにするために指名競争入札等の執行前に、受注者に関する意向を旭川農業土木協会の事務局長の職にある者及び旭川測量設計業協会の事務局次長の職にある者に示していたこと等の事実が認められたことから、北海道に対し、今後、同様の行為が行われることのないよう再発防止のための所要の措置を講じること等を要請しました（入札談合防止に向けて（2022）26頁より抜粋）。

11) 平成18年改正により、発注機関職員に対する刑事罰の導入、入札談合等関与行為の拡大、適用対象となる発注機関の拡大等を内容とする改正が行われた。

運用されていなかったと評価できる可能性は高い。また、同団体の内部統制に責任ある立場の者においては、職責に応じた法的責任が発生する可能性も合わせて指摘できる。

何よりも、官製談合防止法への準拠は、他の多くの法律への準拠と同様に、地方公共団体における適正な内部統制の整備・運用の一部として欠かせないため、自治法150条が規制する内部統制規制の射程に入ることになる。

(2) ▎官製談合防止法の規制対象となる発注機関等

官製談合防止法が対象とする発注機関について、同法は、1. 国、2. 地方公共団体、3. 国又は地方公共団体が資本金の2分の1以上を出資している法人、4. 国又は地方公共団体が…、常時、発行済株式の総数又は総株主の議決権の3分の1以上に当たる株式の保有を義務付けられている株式会社等を規定している（同2条1項、2項、3項）。よって、地方公共団体は官製談合防止法が規制する発注機関の1つとなっている。

次に、具体的な入札談合行為に該当する行為について、同法では1. 談合の明示的な指示、2. 受注者に関する意向の表明、3. 発注に係る秘密情報の漏洩、4. 特定の入札談合の幇助、の4類型を規定している（2条5項1号～4号）。また、公取委は、上記4類型のそれぞれについて次のような典型事例を示している[12]。

〈入札談合行為の典型事例〉

1. 談合の明示的な指示
   - 発注担当職員が事業者の会合に出席し、事業者ごとの年間受注目標額を提示し、その目標を達成するように調整を指示
2. 受注者に関する意向の表明
   - 事業者の働きかけに応じ、発注担当職員が受注者を指名、あるいは発注担当職員が受注を希望する事業者名を教示

---

[12]「入札談合等関与行為の典型事例」から抜粋。『入札談合等関与行為防止法について』公正取引委員会。https://www.jftc.go.jp/dk/kansei/kanyoboushi_files/kanseileaflet02.pdf

3. 発注に係る秘密情報の漏洩
- 事業者の働きかけに応じて、本来、事業者に対して公開していない予定価格を漏洩
- 第三者の求めに応じて、本来公開していない予定価格を漏洩

4. 特定の入札談合の幇助
- 指名競争入札において、事業者から依頼を受け、特定の事業者を入札参加者として指名すること
- 分割発注の実施や発注基準を引き下げるなど発注方法を変更し、入札談合を幇助する行為

　上記の通り、公取委は、入札に関して発注機関が関与する可能性のある具体的な事例を示している。上記の典型事例のすべては地方公共団体における内部統制の不備とも換言できるため、上記不正発生の可能性をいかに減ずるかは、自治体トップ（首長）が主体的に取り組むべき地方公共団体が抱える課題と考える。

4. 官製談合防止法の対象物件と地方公共団体の内部統制

(1) ▌入札談合の対象となる物件

　公取委は、「入札談合といえば公共工事を思い浮かべがちですが、入札談合はありとあらゆる調達物件で起こり得るものです。過去には次のような事例も起きていますので、工事を発注する部門以外の部門でも入札談合に対する問題意識を持つことが重要です」[13] と説明しており、以下のような事案を列挙している。

---

13) 入札談合防止に向けて（2022）4頁。

〈業務の例〉[14]

○建築物の清掃等の衛生管理業務（平成 5 年（勧）第 10 号）

○ごみ焼却施設に係るダイオキシン類測定分析業務（平成 11 年（勧）第 10 号）

○国立病院等の受付業務等の特定医事業務（平成 12 年（勧）第 4 号）

○建設コンサルタント業務（平成 14 年（勧）第 1 号）

〈物品の例〉[15]

○地方公共団体等が発注する贈答品、被服、防災品等（平成 8 年（勧）第 10 号）

○国立大学等が発注する医療用エックス線フィルム（平成 8 年（勧）第 20 号）

○下水処理場向け低食塩次亜塩素酸ソーダ（平成 10 年（勧）第 22 号）

○学校向け理科教材（平成 14 年（勧）第 21 号）

○郵便番号自動読取区分機類（平成 10 年（判）第 28 号）

○医療用エックス線装置に係る検診車（平成 20 年（措）第 8 号）

○地方公共団体が売却する溶融メタル等（平成 20 年（措）第 17 号）

○机、いす、収納家具（ロッカー、書庫等）等の什器類（平成 22 年（措）第 8 号）

○消防救急デジタル無線機器（平成 29 年（措）第 1 号）

○個人防護具（平成 29 年（措）第 8 号）

(2) 入札談合と地方公共団体における内部統制規制

官製談合防止法の目的について、「この法律は、公正取引委員会による各省各庁の長等に対する入札談合等関与行為を排除するために必要な改善措置の要求、入札談合等関与行為を行った職員に対する損害賠償の請求、当該職員に係る懲戒事由の調査、関係行政機関の連携協力等入札談合等関与行為を排除し、及び防止するための措置について定めるとともに、職員による入札等の公正を

---

14) 入札談合防止に向けて（2022）4頁の「業務の例」を筆者が加工修正して使用。
15) 入札談合防止に向けて（2022）4頁の「物品の例」を筆者が加工修正して使用。

害すべき行為についての罰則を定めるものとする」（同1条）としている。

これに加えて、同法は改善措置の要求も規定しており、特に3条1項では、「公取委は、入札談合等の事件についての調査の結果、当該入札談合等につき官製談合行為があると認めるときは、各省各庁の長等に対し、当該官製談合行為を排除するために必要な入札及び契約に関する事務に係る改善措置を講ずべきことを求めることができる」ことを規定している。

同規定は、地方公共団体の内部統制の適正化を促す条文とも解釈できる。すなわち、もしも公取委より改善措置を講ずべきとする勧告等が出される場合には、当該団体の内部統制は適正に整備・運用されていなかった、と判断できる可能性は高い。

他方で、公取委による他律的な関与は別として、地方公共団体は、自治法150条で定める通り、首長がトップとなり適正な内部統制の方針を策定するとともに、同方針に従う形で適正な内部統制を整備・運用する責任を有している。したがって、もしも同団体において、入札談合事件が発生するような場合には、前記した独禁法、あるいは官製談合防止法に違反していると同時に、自治法所定の内部統制規制にも適正に対応していなかったと判断できる可能性は高いと考える。

5. 地方公共団体における入札談合とDXにかかる問題

入札談合は公共事業に限らず、その対象は極めて広範に及んでおり、財（モノ）に限らず、発注機関がサービスを受けるケースも含まれる。

ここで改めて今後の大きな課題と考えられるのが、政府主導で急速に促進が図られているDXへの対応である。政府が進めるDXの推進は、主にその法規制の複雑さに起因するためと思われるが、実際にどのような運用になるのかが明らかでない部分が多い。他方、既に判明している内容を斟酌するに、DXは国主導ですべて完結するものではなく、各団体の裁量で進めなければならない範囲が大きい。

地方公共団体において、DXにかかる人材が大きく不足していることは周知

の事実であり、外部人材の採用等が各団体では喫緊の課題となっている。これと合わせて、外部民間事業会社であるDXベンダーの利用も相当程度に見込まれるため、その際には前述の通り、入札談合事件（ひいては官製談合事件）が発生する可能性は否定できない。DX自体、地方公共団体の行政事務及び内部統制に多大な影響を与えることも鑑みるに、DXを中核とする内部統制は各団体トップ（首長）が主体的に関与すべき重要事項といえよう。

政府が2020年12月25日に閣議決定した、「デジタル・ガバメント実行計画」では、「地方公共団体におけるデジタル・ガバナンスの推進」を多方面から説明しているが、その中では「地方公共団体が「人材」と「財源」を自ら生み出し、限られた資源を地域の諸課題の解決に対し、効率的に活用していくことが期待される」[16] としている。

さらにデジタル庁の発足を規定した「デジタル社会形成基本法」（2021年5月19日公布）では「国及び地方公共団体の責務」を規定しているが、その中では、特に地方公共団体において「地方公共団体は、基本理念にのっとり、デジタル社会の形成に関し、国との適切な役割分担を踏まえて、その地方公共団体の区域の特性を生かした自主的な施策を策定し、及び実施する責務を有する」ことを定めている（14条）。このことからも地方公共団体が自主的で自立した判断に基づいてDXを推進すべきことは自明といえる。

他方、各団体がDXを進めていく上で大きな課題となるのが、上記した「DX専門人材」の確保の問題である。政府も十分に同問題を認識しており、例えば、DX専門人材の不足が指摘されている市町村においては、デジタル庁、総務省、都道府県を通じた形での民間会社出身者を中心とした外部人材の発掘、紹介、調整等が予定されている[17]。

しかしながら、ここで改めて認識しておくべき課題は、上記で示す通り、政府は「人材」と「財源」は、各団体が自ら生み出すことを原則としているという点である。繰り返しとなるが、各団体のDXの促進について、すべて国が責任を果たすことは予定されていない。2021年9月1日に施行された「地方公

---

[16] 「デジタル・ガバメント実行計画」2020年12月25日閣議決定、92頁https://cio.go.jp/sites/default/files/uploads/documents/2020_dg_all.pdf
[17] 紺野（2021）74-75頁。

共団体情報システムの標準化に関する法律」によるなら、政府主導で進める
DX は、各団体の事務処理の共通性等を勘案しながら政令で特定するとしてお
り、現在のところ「国民健康保険」「国民年金」「児童手当」「住民基本台帳」
「固定資産税」などを含む全 20 項目がその対象となっている（2022 年 9 月末時
点）。そうなるとこれら全20項目の他に残された多くの行政事務についてのDX
の整備・運用は、各団体の裁量の範囲と解すべきこととなろう[18]。その場合に
は、DX 専門人材の不足する各団体では、外部の DX ベンダー等を利用しつつ、
DX を推し進めていく状況が続くと予想される。

　各団体の DX 専門人材が不足していることを原因として、DX の整備・運用
が地方公共団体の内部統制のウイークポイントとして顕在化する場合には、本
章で取り扱ったような入札談合事件、ひいては官製談合事件につながる可能性
は十分にあり得ると考える。

6. 事例1−1のまとめ

　公取委は、入札談合事件の端緒の把握（事件の審査開始）について、審査を開
始するのは以下のいずれかの場合であるとして、1．一般の人からの報告、2.
職権探知（公取委が自ら違反を発見する場合）、3．課徴金減免制度を利用した違
反行為についての報告及び資料の提出、4．発注機関からの通報、5．中小企業
庁からの請求、の 5 つを列挙している[19]。

　上記の「1．一般の人からの報告」について、ここに地方公共団体の「住民」
は当然に含まれるため、各団体の主権者と観念できる「住民」が入札談合事件
の解決に向けて間接的に関与できる余地が示されている。その際に住民から提
供される情報の正確性の程度は様々と予想できるが、情報提供者としての数は
上記した 2〜5 と比較しても、決して少なくないともいえるため、入札談合事
件の発見、是正等に当たっては有効な手段の 1 つになり得ると考える。

　次に、住民が入札談合事件の端緒となる情報を入手した場合において、事件

---

[18] 紺野（2021）76頁。
[19] 入札談合防止に向けて（2022）8頁。

の解決のために取り得る手段として、上記した公取委への情報提供は事件解決に当たり有効性が高いと考えるが、それとは別に住民が地方公共団体の監査委員に対して、直接、住民監査請求を行うという方法もあり得るであろう。

これについて公取委は「近年、入札談合によって損害を被った国・地方公共団体等の発注機関が、事業者に対し、独占禁止法 25 条や民法 709 条等の規定に基づき損害賠償等を請求する事例や、地方公共団体の住民が地方自治法 242 条の 2 の規定に基づき、地方公共団体に対して事業者に損害賠償を請求することを求める住民訴訟を起こす事例があります」[20] としている。

上記の通り、公取委は、入札談合事件に対する住民訴訟の請求可能性を否定していない。たしかに、自治法や関連法規を概観するに、仮に入札談合事件が発生して自治体に損害が発生した場合には、その損害は究極的には「住民」が負っていると観念できるため、同事件に対して主権者である住民自身が、住民監査請求及び住民訴訟を有効に利用することは自治法をはじめとする関連法規の立法趣旨に適うと同時に、地方自治の本旨とも合致する姿と考える。

入札談合事件に対する住民監査請求及び住民訴訟が有効に機能するためには、同監査請求を受ける監査委員自身が適正な監査を実施する必要があるため、この点において監査委員の意識変革も必要になるであろう。上記を通じた入札談合事件に対する住民の関与は、地方公共団体における内部統制の適正化に十分に寄与する余地はあるが、他方で十分な裁判例の集積が図られていない分野でもあるため、法解釈論として、入札談合に対する住民監査請求及び住民訴訟の有効性の確保は研究の深化が求められる分野と考える。

入札談合事件を未然に防ぐために、組織全体の内部統制システムが有効に機能することが重要であるとともに、何よりも各団体トップ（首長）の DX に対する十分な理解は欠かせない。また同時に、首長を選出した住民の関与が、住民監査請求ないしは住民訴訟の提起可能性の確保という形で明確になれば、より地方公共団体の内部統制の健全な発展に寄与するものと考える。

---

20) 入札談合防止に向けて（2021）12頁。入札談合事件に対する住民監査請求の提起可能性については紺野（2022a）、紺野（2022b）を参照のこと。

事例1-2 政務活動費に関する不正事例
──最判平成30・11・16を手掛かりとして

1. 政務活動費の経緯及び現状

　政務活動費は、地方自治法（以下、自治法）に関連し、2000（平成12）年に議員立法で「政務調査費」を創設したことに端を発している。その後、議員修正により、2012（平成24）年の自治法改正でいくつかの事項について法律改正が行われた（2013（平成25）年3月1日から施行）[21]。

　主な改正内容は、①「政務調査費」から「政務活動費」へ名称変更、②「調査研究」から「調査研究その他の活動」に充当可能範囲を拡大、③充当可能範囲は条例で定めることを新設、④議長への使途の透明性確保の努力義務を新設、である。

　政務活動費に関して、自治法は、地方公共団体は条例で、その議会の議員の調査研究等に必要な経費の一部として、その議会における会派又は議員に対し、政務活動費を交付することができること、当該政務活動費の交付の対象、額及び交付の方法並びに当該政務活動費を充てることができる経費の範囲は、条例で定めることを規定している（100条14項）。加えて、同14項の政務活動費の交付を受けた会派又は議員は、条例により、当該政務活動費に係る収入及び支出の報告書を議長に提出する（同15項）、議長は、同14項の政務活動費については、その使途の透明性の確保に努めるものとする（同16項）、ことが規定されている。

　これによるなら、政務活動費は、地方分権の趣旨も汲む形で、地方公共団体における「条例」の定めるところにより、同活動費の交付の対象、額及び交付の方法等を定めるとしているため、各団体の条例の内容の適否は厳しく判定されるべきと考える。何よりも政務活動費はそもそも租税からなる公金であると

---

[21] 地方議会・議員のあり方に関する研究会『地方議会について（関係資料集②）』総務省、2020年1月、15頁。当時、民主党・無所属クラブ、自民党・無所属の会、国民の生活が第一・きづな及び公明党の4派共同で議員修正が提案された。https://www.soumu.go.jp/main_content/000667306.pdf

いう事実に鑑みるに、政務活動費の使用対象や使用方法等に対する何らかのコントロールは当然に必要と考える。

本事例1-2は、裁判例及び関連する新聞報道等を例示しつつ、政務活動費に関する不正について、また政務活動費に対する牽制機能の必要性について検討を加える。

2. 政務活動費の現状（都道府県及び市町村）

政務活動費については、都道府県及び市町村は、それぞれ条例を定めて同活動費を運用しているが、まず都道府県は、47都道府県のすべてにおいて議会議員に対して政務活動費を交付する条例を設けており、各団体は同条例に則して議員あるいは会派等に政務活動費を交付している。

次に全国の市町村について、全国市議会議長会が公表するデータによると、全国の市における政務活動費の交付状況は図表Ⅱ-1-1の通りとなっている[22]。

当該市のそれぞれの人口規模等は別として、全体として723の市（割合88.7％）で政務活動費が交付されており、全国の多くの市で広く利用されている制度であることが示されている。

次に「町村」の状況だが、「第67回町村議会実態調査結果の概要」[23]によると、全国の「町村」で政務活動費を交付している町村は、全926町村のうち186町村（20.1％）となっている。

上記を比較して概観するに、議員に対する政務活動費の交付について、都道府県については100％、市は88.7％（全815市中の723市）、町村は20.1％（全926町村中の186町村）となっており、財政規模の大きい自治体ほど、政務活動費を交付する割合は高いという結果になっている。

ここで改めて、政務活動費の交付方法や対象等について、自治法は各団体が

[22]「令和4年度市議会の活動に関する実態調査結果（令和3年1月1日〜令和3年12月31日）」全国市議会議長会、2022年11月、91頁 https://www.si-gichokai.jp/research/jittai/__icsFiles/afieldfile/2022/12/14/ikkatu04-3.pdf
[23]「第67回町村議会実態調査結果の概要（令和3年7月1日現在）」全国町村議会議長会、2022年4月、18頁。https://www.nactva.gr.jp/html/research/pdf/67_1.pdf?20220309

図表Ⅱ-1-1 ■ 政務活動費の交付状況（令和3年12月31日現在）

（単位：市の数）

人口段階別	交付している	交付していない	その他
5万未満 287	217 (75.6%)	69 (24.0%)	1 (0.3%)
5〜10万人未満 247	227 (91.9%)	19 (7.7%)	1 (0.4%)
10〜20万人未満 149	147 (98.7%)	2 (1.3%)	0 (0%)
20〜30万人未満 47	47 (100%)	0 (0%)	0 (0%)
30〜40万人未満 29	29 (100%)	0 (0%)	0 (0%)
40〜50万人未満 21	21 (100%)	0 (0%)	0 (0%)
50万人以上 15	15 (100%)	0 (0%)	0 (0%)
指定都市 20	20 (100%)	0 (0%)	0 (0%)
全市 815	723 (88.7%)	90 (11%)	2 (0.2%)

注：図表中の「その他」は、交付を凍結している市及び特例条例により一時的に
　　支給を停止している市である
出所：全国市議会議長会が同HPで公表するデータに基づき筆者作成

「条例」で定めるとしているが、同条例は自治法所定の目的を達成するような
内容を備える必要がある。自治法の趣旨は「住民の福祉の増進」（1条の2）に
あることを念頭に置くなら、住民が選出した「議員」に交付される政務活動費
は、本質的には、「住民」への説明責任を尽くすべき対象と思料する。また、政
務活動費は関連法規に沿った適正な運用が必要であると同時に、当該支出の対
象は、究極的には住民の利益になるように使用されることが求められると考え
る。

3. 政務活動費に係る新聞報道及び関連する裁判例

(1) ▎新聞報道

2018 年 11 月 17 日、新聞報道で「政活費の不正支出、条例に盲点」と題する記事が掲載された[24]。同報道は、後述する最判平成 30・11・16（民集 72 巻 6 号 993 頁）を扱った内容であるが、同記事では以下の通り述べている（以下、新聞記事より抜粋）。

> 第 2 小法廷は不正支出を認定したうえで、「交付金から支出総額を控除し、残金があれば返還すべきだ」とした県条例を検討。不正な支出が計上されていても、所属会派全体では支出が交付額を上回っており「返還を求めることはできない」と判断した。
>
> 会派に対して政務活動費を一括支給し、会派に残金がなければ不正があっても返還を求められない県条例の盲点が明らかになった。同様の仕組みを持つ自治体はほかにもあり条例見直しの動きにつながる可能性がある。
>
> 判決によると、同県の b 県議は 2011〜13 年度、実体のない広報誌の印刷費として約 518 万円を計上し、当時所属していた自民党県議団から政活費を支給された。b 県議の不正支出分を除外しても、県議団全体の支出額は政活費交付額を上回っており、持ち出しが生じていた。
>
> 同県の住民が 15 年に提訴し、一、二審判決は「県は県議団に対し、不当利得の返還請求権を持つ」として県が返還を求めないのは違法と判断。県が上告していた。

上記の新聞報道の通り、そして、この後で検討する裁判例によるなら、本件は、住民の提起した訴えの通りに議員の支出は実際に架空のもの（政務活動費

---

24) 「政活費の不正支出、条例に盲点」日本経済新聞35面（2018年11月17日）。

の不正請求）であったことが判明する一方で、最判では、「…その収支報告書上の支出の一部が実際には存在しないものであっても、当該年度において、収支報告書上の支出の総額から実際には存在しないもの及び使途基準に適合しないものの額を控除した額が政務活動費等の交付額を下回ることとならない場合には、当該政務活動費等の交付を受けた会派又は議員は、県に対する不当利得返還義務を負わないものと解するのが相当である」とし、交付を受けた会派又は議員は、県に対する不当利得返還義務を負わないとの判断を示した。最高裁の判示した内容は以下のように捉えることができる。

> 政務活動費交付額 ＜ 収支報告書上の支出総額（使途基準に合致したもの）

すなわち、以上で示すような状況にある場合は、政務活動費の返還義務は負わないとするものである。本事案は、第1審判決及び原審判決を覆しての判決であったこともあり、政務活動費の在り方を検討する上で参考になる裁判例と考える。以下では、本件裁判例について検討を加える。

(2) ▍最判平成30・11・16[25]

① 事件の概要

本件は、神奈川県の住民Ｘが県知事Ｙに対して、県において、2011（平成23）年度（但し2011年4月分を除く）ないし2013（平成25）年度に県議会の会派Ａに対して交付した政務活動費（旧法の政務調査費を含む）のうち合計518万円余（会派Ａに所属するｂ議員の「資料印刷費」にかかる架空支出が対象）について、会派Ａの収支報告書に記載された当該支出の事実はないから、Ａが当該金額を県に不当利得として返還すべきであるにもかかわらず、その不当利得返還請求権の行使をＹが違法に怠っていると主張して、自治法242条の2第1項3号に基づき、上記請求権の行使を怠る事実の違法確認の請求をした住民訴訟である。

---

[25] 最判平成30・11・16（民集72巻6号993頁）

　第 1 審[26] は X の主張を認容し、「Y が、会派 A に対し、518 万 8,050 円の支払の請求を怠ることが違法であることを確認する」とする判決を下した。これを不服として Y が控訴したが、東京高裁[27] は Y の控訴を棄却したため、Y が上告した事件が本件となる。

　既述の通り、2012（平成 24）年に政務活動費に関連する部分の自治法が改正されたため、本件事件における神奈川県から会派 A に対する政務活動費の支出は、時期としては制度変更の狭間に発生した事件ということができる。

　ところで神奈川県議会における政務活動費については、自治法所定の通りに条例（旧条例）が定められていたが、自治法の改正に伴って同条例についても改正が施され（新条例）、改正条例は改正自治法の時期と合わせて 2013（平成 25）年 3 月 1 日から施行された。

　旧条例 9 条は、政務調査費（旧名）の交付の対象となる経費は、調査研究費、研修費、会議費その他規程で定める経費とし、さらに旧規程 5 条は、経費の 1 つとして「資料作成費」を挙げ、その使途を「会派及び議員が議会審議に必要な資料を作成するために要する経費」としている。新条例 3 条 2 項は、資料作成費の使途について「会派及び議員が行う活動に必要な資料を作成するために要する経費」と改定した。

　次に新条例 4 条（旧条例 3 条 1 項）は、政務活動費の額を議員 1 人当たり月額 53 万円と規定し、新条例 5 条（旧条例 3 条 2 項）は、政務活動費の交付方法は、会派ごとに、①会派、②議員、③会派及び議員に交付する方法のうちいずれかによるものとし、会派に交付する方法による場合の交付額は、議員 1 人当たりの月額に、当該会派に所属する議員の数を乗じて得た額と規定した。

　本件は、上記①に該当する交付方法となるが、実際に県が会派 A に交付した政務活動費は、2011 年度は合計 2 億 5,334 万円、2012 年度は 2 億 6,606 万円、2013 年度は 2 億 6,712 万円であった。

　会派 A 所属の b 議員は、上記の期間中、資料作成費として、11 回にわたり

---

26) 横浜地判平成 28・8・3（判例地方自治 444 号 39 頁）：ウエストロージャパン文献番号（2016WLJPCA08036005）
27) 東京高判平成 29・7・10（判例地方自治 444 号 44 頁）：ウエストロージャパン文献番号（2017WLJPCA07106004）

合計 518 万 8,050 円の支出をしたとして、支出伝票、領収証及び成果物等を会派 A に提出して、同額の政務活動費の交付を受けた。

② 本件争点と下級審判決

本件の争点はいくつかあるが、注目できるポイントは、本件について政務活動費の不正請求が実際にあったか否か、及び不正請求があるとされた場合において、県の会派 A に対する不当利得返還請求権が成立するか否かである。

争点を検討する前に、本件裁判に至る前段階で、X は、2015 年 3 月 4 日及び同月 16 日、b 議員が会派 A に提出した資料作成費に係る領収証は偽造であり、本件各支出は実体のないものであるなどと主張して、県から会派 A に交付された政務活動費のうち、当該額について返還を求めるべきであるとする趣旨の住民監査請求を提起した。

県監査委員は、b 議員の本件各支出について客観的に判断するための資料が乏しく、支出の事実の有無を踏まえた判断はできないとした上で、2011 年度から 2013 年度までの会派 A の政務活動費による支出合計額が、本件 b 議員に対して交付した当該額を対象外としても、会派 A の収入合計額（県からの政務活動費交付額）を上回っているから、仮に b 議員による本件各支出が架空のものであったとしても、会派 A が県に返還すべき額はないとして、2015 年 4 月 30 日付けで同監査請求を棄却し、X にその旨が通知された。その後、X は同監査請求の結果を不服として本件住民訴訟を提起した。

本件裁判において、b 議員は、資料作成費は実際に発生しており、当該支出はすべて現金で行った旨、また完成した印刷物はボランティアにより一般家庭等にポスティングも行われたとして、架空支出や不正な事実はなかったとする趣旨の主張を一貫して行っている。

他方、第 1 審の判断として、また高裁の事実認定の中でも、これほど大量の印刷物であるのにもかかわらず、印刷物の納入やポスティングされた事実等の証拠は何ら示されることなく、会派 A に提出した支出伝票、領収証等以外は何の証拠もないということに鑑みるに b 議員の架空支出は明らかであると認定している。

また、被告 Y の反論としても、b 議員に関する上記支出について、架空請求

はなかった等の反論は裁判の場で全く行っていない。他方、県としての条例解釈に問題はなかったとする主張に徹しており、この点で上記した県監査委員が監査請求を棄却した理由と同様、仮にｂ議員の請求が架空請求であったとしても、「適正な政務活動費支出」が県から会派Ａに対する「政務活動費交付額」を超えているという一点において返還義務を怠る事実はないと主張した。

第１審判決、及び原判決は、住民Ｘの主張を認容し、Ｙについて、会派Ａに対する不当利得返還請求権の行使を怠る事実があることを確認する判決を下した。

③ 最高裁判決の概要

最高裁判決は、Ｘの主張を認容した原判決について以下の点で是認できないとして、原判決を破棄し住民Ｘの請求を棄却した（以下は判決文より）。

> …新旧条例に基づいて交付された政務活動費等について、その収支報告書上の支出の一部が実際には存在しないものであっても、当該年度において、収支報告書上の支出の総額から実際には存在しないもの及び使途基準に適合しないものの額を控除した額が政務活動費等の交付額を下回ることとならない場合には、当該政務活動費等の交付を受けた会派又は議員は、県に対する不当利得返還義務を負わないものとすると解するのが相当である。

④ 本件の判例評釈等について

本件最判における調査官解説では、本判決の考え方として、「民法703条の不当利得返還請求権の成立要件は、伝統的な理解に従えば、1. 損失、2. 利得、3. 損失と利得の間の因果関係、4. 利得が法律上の原因に基づかないことである。このうち、1～3の要件については、地方公共団体が会派又は議員については、地方公共団体が会派又は議員に対して政務活動費等を交付し、会派又は議員がこれを受領したことであり、通常は問題なく認められるであろうから、問題は4の要件である。…〈中略〉…そうすると、本件のように、使途基準に適合する収支報告書上の支出の総額が政務活動費等の交付額を上回っている場

合には、基本的には、交付された政務活動費等のうち使途基準に適合する支出に充てられていない部分は存在しないものといわざるを得ないから、4. 法律上の原因に基づかない利得があるとは認められないこととなろう」[28]との解釈を示している。

さらに、「本件新旧条例において、収支報告書上の支出の総額のうちのどの部分に交付を受けた政務活動費等を充てるのか、どの部分を自己負担とするのかを明らかにすることが求められているとも言い難い。結局のところ、本件新旧条例は、本件返還規定に定めるとおり、年度末に交付額の総額と収支報告書上の支出（使途基準に適合する支出に限られる）の総額を比較して、前者が後者を上回る場合にのみ返還義務が発生するとの規律をとっているものといわざるを得ない。…〈中略〉…県に対する不当利得返還義務を負わないものと解するのが相当であるとしたものと思われる」[29]としている。

田中は、「本件は、本判決の調査官解説が示すように、政務活動費に係る個々の支出の適法性を争点としたものではなく、使途基準には適合しない架空支出を前提として、その上で不当利得の成否が争点となったものである」[30]としている。

さらに田中は民法の不当利得法理の適用について、「本判決や本件調査官解説は、本件交付金の残余金部分について、当然に民法の不当利得条項とその法理が適用されることと判断していると解される。政務活動費の交付を負担贈与契約と理解する本評釈の立場からすれば、これは当然のことと解される。仮に、政務活動費を特殊公法的な法律関係に基づくものであると解したとしても、住民訴訟で問われる不当利得の制度に特別な公法上の不当利得の法理を構想する必要性や実益は乏しいと解されることから、本判決の判断枠組みは適切なものと思料する」[31]としている。

大脇は「通常考えられる不当利得返還請求権の発生原因は民法703条から、損失、利得、両者の因果関係、利得が法律上の原因に基づかないこと、の4つ

---

28) 池原（2019）97-98頁。
29) 池原（2019）98頁。
30) 田中（2020）112頁。
31) 田中（2020）114頁。

とされる。本件最判にいう使途基準に「適合した支出に充てなかった残余」は
4要件に照らし合わせると「法律上の原因に基づかない」ものになるので、不
当利得が発生する。そして本件最判の重点はこの要件にかかる点を明確にした
こととされている。なるほど新旧条例の解釈上明らかにされたのはこの要件に
関する点である。本件最判がいうのはこのことである。もっとも本件各支出の
場合それが不当利得とならない直接の理由は、損失、利得、及び因果関係とい
う、本件におけるような給付利得類型においては一体のものと考えられる要件
がそもそも欠如しているためとも解し得る。すなわち全額自己負担で架空支出
をしたのだとしたら、そもそも県に損失が発生する余地はないはずである」[32]
とし、本件判決は法律の解釈としても妥当である旨の判断を示している。

4. 政務活動費の不正と当該責任追及の可能性

　政務活動費にかかる不正事案と、同事案を追及する裁判例は比較的多く存在
する。その中でも最判平成30・11・16は、政務活動費にかかる架空請求が
あったことを前提としつつも、原告住民の請求が認容されなかったという点で
前記した報道も含めて、大きな驚きをもって捉えられた事件といえよう。

　他方で、本件の法律解釈としては、政務活動費にかかる神奈川県の新旧条例
に照らした上で、文理上、条理に沿った判決と解釈できる。

　本件事件を概観するに、そこでの大きな問題は「条例そのもの」に重大な欠
陥があったことにつきるともいえるため、裁判所の判決内容に問題があったと
解釈できる余地は少ない。自治法が規定する通り、政務活動費は各自治体の
「条例」で詳細を規定する枠組みとなっていることもあり「抜け穴の多い条例」
「不正な請求が可能な条例」であっては住民に対する説明責任を果たすことは
できない。

　政務活動費にかかる条例は横並びで制定されているケースが多いため、様々
な側面から問題が発生する可能性のある条例は適時適切に見直されるべきと考

---

[32] 大脇（2019）842-843頁。なお不当利得における「一体のものと考えられる要件」として、大脇
は、内田（2011）569頁、藤原（2017）92頁に言及している。

える。

　ところで、政務活動費とは別となるが、本件事案のような架空請求を行うような地方議会議員について、同議員に対する議員報酬も租税からなる公金であること等も鑑みるに、そもそも議会の議員としての「資質」があるのかについては大きく問題とされるべきであろう。議員としての「資質」を有するのか否か、その当否の判断が十分に可能となるように、各団体として、主権者である住民に対する十分な情報提供ないし説明責任が尽くされるべきである。

　合わせて、当該議員においては、十分な政治責任が求められることとなろう。すなわち、事案の具体的な内容にもよるが、例えば、当該議員においてはオープンな場で説明責任を果たす必要性、場合によっては議員報酬を返還する、あるいは議員を辞職する必要性など、同議員自身で可能な身の処し方、ないし責任の果たし方が、本来は求められることになると考える。

　さらには、上記した議員自身による政治責任の果たし方が十分ではないと住民に評価される場合には、住民によるリコール請求もあり得ると考える。また事件に対するタイムリーな住民行動とは言い難いが、場合によっては、次期の議会議員選挙で住民（有権者）によるネガティブな投票行動などが示される可能性もあろう。

　一方、翻って法的責任追及の可能性について、田中は次のようにも述べている。「それでは、本件架空支出についてb議員は法的には何の責任を負わなくてもよいのだろうか。本件では、b議員は、真正な収支計算書を提出していないのであるから、負担付贈与契約である政務活動費交付契約で課されている負担を果たしていないことになる。…そうすると、収支報告書への架空支出の計上は、贈与契約における受贈者の負担の不履行にあたるから、本件でも交付金交付契約の解除をなし得るのではなかろうか」[33]との主張を展開している。

　たしかに上記説明は、条例に明らかな不備があり、これに加えて、実際に議員による不正な政務活動費の請求があった場合に有効な主張となり得る可能性

---

[33] 田中（2020）114頁。田中は同主張に追加して「架空支出が寡少であるのに交付金全額に係る契約解除をすることは問題であろうから、行使し得る解除権の範囲は当該架空支出分の交付金額となるが、本件交付契約において部分的解除なるものをなし得るのか、評者の解釈論はまだ不十分である。また、この解除権を起点として、住民訴訟では、当該解除権行使を怠る事実の違法確認訴訟を提起できないだろうか」とする、重要な問題提起をしている（同116頁）。

がある。すなわち、もしも当該議員あるいは会派において、政務活動費の不正な使用や請求等があった場合には、同議員及び会派は受贈者としての義務を適正に果たしていないことを理由に、県として、政務活動費の全部あるいは一部の契約の解除権を行使し得ると解釈できるなら、不正抑止のための有効な手段となろう。

5. 事例1-2のまとめ──監査委員監査への期待を含めて

　本章で扱った最判平成30・11・16は住民訴訟であるため、訴訟に至る前段階で住民監査請求が適法に前置されている必要がある。いわゆる住民監査請求前置主義であるが、もしも「住民監査請求」が適正に運用されているなら、次段階の住民訴訟まで進むケース（訴訟件数）は減少すると考える。

　本件では、裁判の場において、b議員の不正請求の事実を認定していることもあり、仮に違法性の有無の判断は別としても、当該行為が少なくとも「不当」であったことは明らかといえよう。そうなると原告住民Xが主張する内容に含まれていたb議員の不当行為の存在は妥当な主張であったと考える。最判が判示する通りに、仮に会派Aに不当利得返還義務がないとしても、それによりb議員の不当な行為が消滅したことにはならないため、本来は、監査請求を受理した際において、監査委員として当該有する権限（勧告権等）を最大限に生かした職務の発揮が求められていたというべきであろう。

　ところで前述の調査官解説では、改めて、次のような見解を示している。「…しかしながら、政務活動費等の使途の透明性を確保する方策は、住民監査請求や住民訴訟に限られるものではない。住民監査請求や住民訴訟は、本来は地方公共団体の長や職員による財務会計行為の違法を追及するための制度であるから、会派や議員の不正利用の責任を追及するためには、むしろ議会や会派において、自律的に調査等を行うなどして、その結果、問題があると判明した場合には、政治的、社会的責任の観点から解決されるべきであるとの見方もできるように思われる」[34]

　上記の見解は一般的によく見られる主張だが、筆者は、住民監査請求がたっ

た1人からの請求も可能であるという、主にその機動性に注目しており、もしも住民監査請求が有効に機能するなら、地方公共団体の内部統制に対して、決して少なくない貢献が可能と解釈している。

また何よりも、各団体の主権者である住民が自らの手で監査委員に対して措置請求を行い、各団体の損失を予防する、是正する、あるいは損害を回収する手段が確保されるべきであり、その手段として住民監査請求は有効な手段と考える。翻って、本件で検討した議員による政務活動費の不正請求等に対しても、十分にその効果が及ぶと考えるのが条理に適った法解釈と考える[35]。

最後になるが、地方公共団体の運営は住民等が信託した税金からなるため、各団体は、信託概念における受託者に当たると観念できる。

例えば、信託法29条では「受託者の注意義務」を定めており、受託者は、信託の本旨に従い、信託事務を処理しなければならない（同1条）、受託者は、信託事務を処理するに当たっては、善良な管理者の注意をもって、これをしなければならない（2条）ことを定めている。また同法30条の「忠実義務」では、受託者は、受益者のため忠実に信託事務の処理その他の行為をしなければならない、ことを定めている。

上記信託法の規定を本件に当てはめるなら、本件最判平成30・11・16のような事件において、b議員による政務活動費の不正な請求等は、委託者（住民）の本旨とは到底考えることはできないため、会派Aないしb議員は、善管注意義務及び忠実義務にも違反しているということもできよう。

本件で住民Xが利用した住民監査請求及び住民訴訟は、各団体内の不正を適時に発見する、あるいは未然に抑止する等の効果を持つと推量できるため、有効に活用できれば自治体の内部統制の適正化に寄与できる余地は大きいと考える。

〈補足〉

上記と同旨の裁判例として最判令和3・12・21（令和2年（行ヒ）第335号：裁判所ウェブサイト）がある。本件は、前記した最判平成30年判決と同様の結

---

34) 池原（2019）98頁
35) 筆者の同主張の一部については紺野（2021）を参照されたい。

果であったが、最後に裁判官宇賀克也が以下の補足意見を述べている。

> 平成 30 年判決は、議員が政務活動費として支出したと主張した支出が架空支出であったと認められた事案であったが、平成 30 年判決によれば、当該事案と同様の定めが設けられている条例の下では、架空支出についても不当利得返還請求ができなくなる場合があり得ることになる。また、本件や平成 30 年判決の事案のように、会派に対してのみ政務活動費が支払われた場合、架空支出のみ又は違法な支出のみ行い適法な支出を一切行わなかった議員であっても、当該議員が所属する会派全体の適法な支出額が当該会派に交付された政務活動費の額以上であれば、当該議員の架空支出や違法支出を住民訴訟で問責することはできないことになる。
>
> 他方、政務活動費の返還に関しては、本件条例や平成 30 年判決における条例とは異なる内容の規定を設けている条例もある。
>
> 〈中略—条例で不当利得返還請求規定を定める自治体を列挙している〉
>
> このような条例の規定が設けられている場合には、本件や平成 30 年判決のような事実関係の下でも、所定の機関において、使途制限に適合しない支出の額に相当する部分について返還を命ずるなどの対応をとることが可能となり得る。本判決や平成 30 年判決は、このような条例に基づく対応まで否定する趣旨を含むものではないと考える。

　宇賀が、説示する内容はもっともであり、平成 30 年判決は「不当利得返還請求が可能であるとする条例」についてまでも否定するものではないため、筆者が主張した「瑕疵のある条例は改正すべき」とする趣旨とも合致する。今後は、政務活動費に関する条例に問題があると思われる各団体に対して、いかにして改正を促すかという課題の克服が急務と考える。

■ 参考文献

事例 1-1

公正取引委員会事務総局（2022）「入札談合の防止に向けて—独占禁止法と入札談合等関与行為防止法—（令和 4 年 10 月版）」https://www.jftc.go.jp/dk/kansei/text_files/honbunr4.

10.pdf（2022 年 12 月 26 日閲覧）

公正取引委員会「独占禁止法の概要」https://www.jftc.go.jp/dk/dkgaiyo/gaiyo.html（2022 年 12 月 26 日閲覧）

公正取引委員会「入札談合等関与行為防止法について」（リーフレット）https://www.jftc. go.jp/dk/kansei/kanyoboushi_files/kanseileaflet02.pdf（2022 年 12 月 26 日閲覧）

デジタル庁（2020）「デジタル・ガバメント実行計画」（2020 年 12 月 25 日閣議決定）https:// cio.go.jp/sites/default/files/uploads/documents/2020_dg_all.pdf（2022 年 12 月 26 日閲覧）

紺野卓（2021）「DX が地方公共団体の内部統制に及ぼす影響と監査委員監査の役割」『会計 監査ジャーナル』（日本公認会計士協会）、33 巻 9 号、72‐80 頁

紺野卓（2022a）「地方公共団体における DX の推進と住民監査請求の有効性についての研究 ―DX にかかる入札談合事件と監査機能が果たすべき役割を中心として―」『商学集志』 （日本大学商学部）、91 巻 4 号、21‐39 頁

紺野卓（2022b）「デジタル田園都市国家構想と地方公共団体における住民監査請求の有効性 に関する一考察―適正な内部統制の整備・運用および住民の監視機能の必要性の視点か ら―」『商学集志』（日本大学商学部）、92 巻 2 号、1‐22 頁

北海道開発局（2021）「北海道開発局発注業務に係る不正事案に関する報告書」11 月 https:// www.hkd.mlit.go.jp/ky/ks/kansatu/slo5pa000000chwt-att/slo5pa000000ci3j.pdf（2022 年 12 月 26 日閲覧）

事例 1-2

池原桃子（2019）「神奈川県議会政務活動費の交付等に関する条例（平成 13 年神奈川県条例 第 33 号。平成 25 年神奈川県条例第 42 号による改正前の題名は「神奈川県議会政務調査 費の交付等に関する条例」）に基づいて交付された政務調査費及び政務活動費について、 その収支報告書上の支出の一部が実際には存在しないものであっても、当該政務活動費 等の交付を受けた会派又は議員が不当利得返還義務を負わない場合」『ジュリスト』 1537 号、95‐99 頁

内田貴（2011）『民法Ⅱ債権各論〔第 3 版〕』東京大学出版会

大脇成昭（2019）「政務活動費等の残余と不当利得返還義務の成否」『民商法雑誌』155 巻 4 号、832‐843 頁

紺野卓（2021）「地方公共団体における長の専決処分および議会承認に基づく違法支出に対し て監査機能が果たすべき役割―住民監査請求の可否および監査委員監査の充実の必要性 を通じて―」『商学集志』（日本大学商学部）、91 巻 1 号、1‐18 頁

全国市議会議長会（2022）『令和 4 年度市議会の活動に関する実態調査結果（令和 3 年 1 月 1 日 ～令和 3 年 12 月 31 日）』11 月 https://www.si-gichokai.jp/research/jittai/__icsFiles/afieldfile/ 2022/12/14/ikkatu04-3.pdf（2022 年 12 月 26 日閲覧）

全国町村議会議長会（2022）『第 67 回町村議会実態調査結果の概要（令和 3 年 7 月 1 日現在）』2 月 https://www.nactva.gr.jp/html/research/pdf/67_1.pdf?20220309（2022 年 12 月 26 日閲覧）

田中孝男（2020）「神奈川県議会政務活動費の交付等に関する条例に基づいて交付された政務活動費等について、その収支報告書上の支出の一部が実際には存在しないものであっても、当該政務活動費等の交付を受けた会派又は議員が不当利得返還義務を負わないとした事例」『判例時報』2445 号、111−116 頁

地方議会・議員のあり方に関する研究会（2020）『地方議会について（関係資料集②)』総務省、1 月 https://www.soumu.go.jp/main_content/000667306.pdf（2022 年 12 月 26 日閲覧）

日本経済新聞（2018）「政活費の不正支出、条例に盲点」35 面、2018 年 11 月 17 日

藤原正則（2017）「第 703 条」「第 704 条」窪田充見編『新注釈民法（15）債権（8)』有斐閣

最判平成 30・11・16（民集 72 巻 6 号 993 頁）

最判令和 3・12・21（令和 2 年（行ヒ）第 335 号：裁判所ウエブサイト）

横浜地判平成 28・8・3（判例地方自治 444 号 39 頁）：ウエストロージャンパン文献番号（2016WLJPCA08036005）

東京高判平成 29・7・10（判例地方自治 444 号 44 頁）：ウエストロージャンパン文献番号（2017WLJPCA07106004）

事例 **2**

公益法人における
不正事例

　本事例2では、近年新聞記事等で取り上げられた公益法人（日本相撲協会、日本レスリング協会、全日本柔道連盟）を対象として、内部統制上どのような問題があったのかについて考察する。

　新聞記事データベースにおいて、各団体名と不祥事をキーワードで検索した結果は図表Ⅱ-2-1の通りである[1)]。

図表Ⅱ-2-1 ■ 各団体名の検索該当件数

	日本経済新聞	毎日新聞
日本相撲協会	145件	531件
全日本柔道連盟	46件	169件
日本レスリング協会	2件	12件

　結果として、日本相撲協会が最も多く、次いで全日本柔道連盟、日本レスリング協会の順となった。以下この順で各公益法人の概要、役員構成等、不祥事の内容について概観する。

---

1) 日本経済新聞に関しては日経テレコンで、毎日新聞に関しては毎索で、検索可能な全期間を通じて検索を行った（2021年9月25日時点）。

1. 事例2-1：公益財団法人日本相撲協会

(1) ▎日本相撲協会の概要

　日本相撲協会は 1925（大正 14）年 2 月に財団法人日本相撲協会として出発し、紆余曲折を経て、2014 年 1 月 24 日に公益財団法人として認可された。概要は図表Ⅱ-2-2、Ⅱ-2-3 の通りである。

　協会の役員等の構成は図表Ⅱ-2-4 の通りである。順序は日本相撲協会ホームページ上の掲載順の通りであり、外部役員の軽視が見てとれる。

図表Ⅱ-2-2 ■ 役員構成従業員の概要

（単位：人）

評議員数	会員数	理事数	うち常勤理事数	監事数	うち常勤監事数	職員数	うち常勤職員数
7	1,146	13	10	3	0	50	50

出所：公益法人データベースの公益認定等委員会公表のデータによる（2020年12月1日時点）。

図表Ⅱ-2-3 ■ 資産・負債等財務状況の概要

（単位：百万円）

資産額	負債額	会計監査人	寄附金収入額	公益目的事業費用額	公益目的事業比率	収益事業実施
47,316	9,353	有	184	10,666	88.5	有

出所：公益法人データベースの公益認定等委員会公表のデータによる（2020年12月1日時点）。

図表Ⅱ-2-4 ■ 日本相撲協会のガバナンス

（単位：人）

理事長	理事	副理事	役員待遇委員	委員	主任	委員待遇年寄	年寄	参与	評議員	外部役員
1	9	3	6	59	1	4	14	3	7	6

出所：日本相撲協会ホームページより作成。

　ホームページのデータから不正発生時の日本相撲協会の組織図を簡略化して示すと図表Ⅱ-2-5の通りとなる。相撲協会自体は会計監査人を置いているものの、相撲部屋そのものは監査対象となってはいない。

　定款には協会員として、年寄（理事は年寄から選任される）、力士、行事、若者頭、世話人、呼出、床山が規定されている。年寄は協会の構成員であるが、力士の育成を相撲協会から受託し、相撲部屋を運営している。力士は十両以上になると協会から給与が支給され、幕下以下は養成員といわれ給与は支給されない[2]。「年俸.jp」によれば、相撲部屋の親方の給料は、理事が月額1,498,000

図表Ⅱ-2-5 ■ 日本相撲協会の組織構成

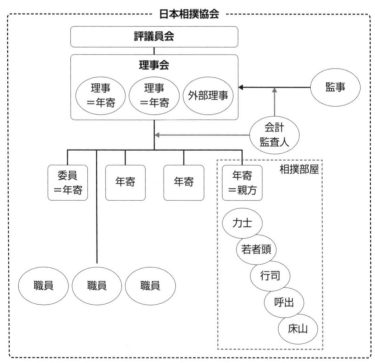

出所：日本相撲協会のホームページから筆者作成。

---

2) NHK「力士の給与っていくらなの？」https://www3.nhk.or.jp/sports/story/4900/index.html
（2022年9月10日閲覧）

円、監事（副理事）が月額 1,232,000 円、委員（役員待遇委員）が月額 1,001,000 円、主任・参与が月額 849,000 円、平年寄が月額 784,000 円である。年間賞与（ボーナス）として、理事が 2,810,000 円、監事が 2,464,000 円、委員が 2,002,000 円、主任・参与が 1,698,000 円、平年寄が 1,568,000 円である[3]。また、親方が育てた力士が関取になると、日本相撲協会から養成奨励金が支給され、養成奨励金は、1 名に付き横綱が年間 2,760,000 円、大関が年間 2,160,000 円、三役が年間 1,560,000 円、平幕が年間 1,260,000 円、十両が年間 1,140,000 円の支給となる。このような規定を見ると、親方は委託であるがほぼ雇用契約に近い形で報酬を受け取っているといえる。事実、国税庁によればこれら日本相撲協会寄附行為施行細則の規定に基づいて年寄、力士、行司等に支給される

図表 II-2-6 ■ 歴代理事長と前職及び在職年数

	氏名	前職	在職期間	在職年数
1	広瀬　正徳	陸軍主計中将	1928/1/7～1938/9/27	10年
	空位		1938/9/28～1944/2/29	6年
2	藤島　秀光（出羽海 秀光）	第31代横綱　常ノ花	1944/3/1～1957/5/6	13年
3	時津風 定次	第35代横綱　双葉山	1957/5/7～1968/12/16	11年
4	武蔵川 嘉偉	前頭筆頭　出羽ノ花	1968/12/17～1974/1/31	6年
5	春日野 清隆	第44代横綱　栃錦	1974/2/1～1988/1/31	14年
6	二子山 勝治	第45代横綱　若乃花	1988/2/1～1992/1/31	4年
7	境川　尚（出羽海 智敬）	第50代横綱　佐田の山	1992/2/1～1998/1/31	6年
8	時津風 勝男	大関　豊山	1998/2/1～2002/1/31	4年
9	北の湖 敏満	第55代横綱　北の湖	2002/2/1～2008/9/8	6年
10	武蔵川 晃偉	第57代横綱　三重ノ海	2008/9/8～2010/8/12	2年
11	放駒　輝門	大関　魁傑	2010/8/12～2012/1/31	2年
12	北の湖 敏満	第55代横綱　北の湖	2012/2/1～2015/11/20	3年
13	八角　信芳	第61代横綱　北勝海	2015/12/18～	6年

出所：https://ouenbu.com/sumo/rijicho.html より。在職年数は筆者加筆。

---

3) https://xn--jvqx66a.jp/data/oyakata-nensyuu/（2022年9月10日閲覧）

金額については給与とされている**4)**。

　日本相撲協会の歴代理事長と前職及び在職年数を表にすると図表Ⅱ-2-6の通りとなる。

(2) █ 不正発覚の経緯

　新聞報道から不正発覚の経緯をたどると以下の通りである。まず、2010年5月20日発売の週刊誌で大関琴光喜の野球賭博疑惑に絡むトラブルが報じられたことから野球賭博疑惑が発覚した。また、大相撲の特別席券が暴力団幹部に渡っていたことも発覚した（2010年5月29日日本経済新聞朝刊）。日本相撲協会は6月15日に野球賭博への関与を認めた大関琴光喜を含め、賭け事への関与を認めた65人を、厳重注意とした。（2010年6月16日日本経済新聞朝刊）

　日本相撲協会は野球賭博問題を受け、新制度における新公益法人への移行も絡んでいたため、これまでの様々な不祥事も含め、不祥事の再発防止も含めた組織改革のための有識者11人による独立委員会を設置した（2011年3月27日日本経済新聞朝刊）。しかしながら、2010年夏に発覚した野球賭博問題で押収された力士たちの携帯メールに星の売買の記録が残っていたことから、八百長問題が発覚した。日本相撲協会は過去に度々八百長疑惑が提起されるも、長年その存在を否定し続けてきたが、確定的な証拠が出てきたことからついに八百長の存在を認めざるを得なくなった**5)**。八百長は相撲興行の根幹に関わる大問題であり、日本相撲協会は独立委員会で検討されていたガバナンスについての議論を、八百長問題にけりがつくまで一旦の凍結を表明し、独立委員会が協会改革案を答申し解散した。さらに、日本相撲協会を所轄する文部科学省は八百長問題の解明と並行して組織改革を進めるよう協会に指示した（2011年3月27日日本経済新聞朝刊）。

---

4) https://www.nta.go.jp/law/tsutatsu/kobetsu/shotoku/shinkoku/590311/01.htm （2022年9月10日閲覧）

5) 過去の八百長疑惑に関しては週刊ポスト編集部（2011）を参照されたい。

(3) 不正発覚後の対応

　2011 年 2 月 2 日、協会は大相撲八百長問題の事実関係解明のために、八百長とはせずに「故意による無気力相撲」として、協会外部理事の伊藤滋氏を座長に有識者 7 人による特別調査委員会を設置した（2011 年 2 月 3 日日本経済新聞朝刊）。日本経済新聞 2011 年 2 月 7 日の朝刊「八百長処分は全容解明後」で報道されたように、「八百長の現状がつかめていない現状では、再発防止など図れるはずがなく実態調査が何よりも先決。任意でもヒアリングや物的証拠をもとに相当な調査がやれる。」として八百長問題の解明を急いだ。日本経済新聞 2011 年 3 月 24 日の朝刊「八百長関与者の処分案結論出ず」では「「関取をどう処分するか、親方の監督不行き届きをどうするか、議論が行ったり来たりした」とかたり、結論が出なかったことを明らかにした。」との報道がなされた。

　さらに、協会は特別調査委員会に加え、八百長問題の再発防止策を協議する「大相撲新生委員会」を 3 月 9 日に発足させた（2011 年 3 月 10 日日本経済新聞朝刊）。

　日本相撲協会が設置した特別調査委員会は 2011 年 4 月 1 日に八百長の関与者らに対する処分案を記した報告書を提出した（2011 年 4 月 1 日日本経済新聞朝刊）。この報告書の提出を受け、日本相撲協会は八百長相撲に関与したとして 20 人に対して引退・退職勧告を行い、事実上の角界追放処分を言い渡した。また、3 人に対して出場停止 2 年の処分を科した。3 人とも既に引退届を預けるなど角界から去る意向を示しているとの報道がなされた。師匠として親方 17 人も監督責任を問われ、17 人全員が降格処分とされた（2011 年 4 月 2 日日本経済新聞朝刊）。

(4) 日本相撲協会のガバナンス改革

　このような不祥事が続き、新制度による新公益法人への移行期限は 2013 年 11 月と迫っていたものの公益法人としての在り方が問われていた。

　野球賭博問題、八百長問題といった相次ぐ不祥事への対応と、文部科学省の指示により、日本相撲協会は「ガバナンスの整備に関する独立委員会」を立ち

上げ、その勧告を受け、大幅な組織改革を行うこととなった。日本経済新聞
2011年2月18日の朝刊「相撲協会改革案　独立委が答申」では、「46ページ
に及ぶ答申のどこをめくっても「何を」変えるべきかの記述ばかりで、「どう
やって」は記されていない。…（中略）…筋がみえないまま新たな家を建てて
も、またぞろどこからか虫がわく恐れが残る。」との報道がなされ、実効性のあ
る改革提案はなされなかった。この「ガバナンスの整備に関する独立委員会」
の勧告は日本相撲協会のホームページ等からは入手できず、日本経済新聞
2011年4月26日の朝刊「大相撲再生できるか　上」に基づいてどのような組
織改革の勧告が行われたのかを考察する。

　当該新聞記事によれば図表Ⅱ-2-7のような組織改革が勧告された。

　新制度による法人法によって、評議員・評議員会とも法律上の機関と位置付
けられたことから、定款で評議員は5名以上7名以下とし大幅に減員された
（新法人設立時評議員7名のうち3名が現職の年寄）。法律上は、評議員は法人の理
事、監事、使用人を兼務できないことから、内閣府との打ち合わせを経て、半
数に満たない人数の範囲内で、協会の職務を離れ、給与も得ないということで
決着（櫟原2016、11頁）した。理事に関しては、10名以上15名以内（年寄及
び外部有識者）、監事は2名以上3名以内（すべて外部有識者）とし、会計監査人
を置くことが決定された。こうした組織改革によって、日本経済新聞2014年

図表Ⅱ-2-7 ■ 日本相撲協会のガバナンス改革案

評議員	これまでの、年寄全員（名跡定数105）＋力士会4名＋行司会2名から、新制度に移行し、構成メンバーは、年寄会から推薦を受けた外部評議員5人（退職力士、退職親方も可）、法曹2人、学識経験者3人とする
理事会	親方は師匠と理事を兼務できない。 外部理事を増員。協会員5〜6人、法曹2人、学識・スポーツ経験者2人、職員1人
親方	力士としての実績だけでなく、協会運営にふさわしいものを任命する
年寄株	金銭による売買は認めない
組織再編	養成、興行、文化企画、事務総局からなる4局を新設。独立した形で審判部、相撲教習所を置く
部屋	現在50ある部屋を漸次30程度まで削減

出所：日本経済新聞2011年4月26日朝刊「大相撲再生できるか　上」。

1月29日の朝刊「相撲協会、公益法人に」で報道されているように、「力士の暴行事件死や八百長問題など近年相次いだ不祥事の再発防止のため、新法人では相撲部屋で問題が起きた場合の通報窓口を設置。各部屋の親方にも協会への通報を義務付けた。高額での売買が黙認されてきた年寄名跡（親方株）は協会が一括管理し、継承に関わる金銭授受を禁止」といった改革が行われ、2014年1月28日内閣府から公益認定を受け、移行期限ぎりぎりにようやく新公益法人として認可され新制度における公益財団法人へと移行した。日本経済新聞2014年4月5日の朝刊「公益法人は変わったか」では、公益性の明確化、ガバナンスの強化、寄付文化の醸成といった公益法人改革のモデルとして日本相撲協会が取り上げられた。

　しかしながら新公益財団法人への移行後も、毎日新聞2017年12月2日の朝刊「大相撲：日馬富士暴行問題　協会、変わらぬ「体質」ガバナンス欠如、所管の内閣府注視」の報道に見られるように力士による暴力事件が明るみに出た。また、2018年1月14日の日本経済新聞朝刊「伊之助、3場所出場停止」での「セクハラ行為をした立行司の式守伊之助（58）について14日初日の初場所から5月の夏場所まで3場所の出場停止処分とした。」という報道に見られるように、行事のセクハラ問題が発生し不祥事は続いた。

　さらに、2017年12月29日付の日本経済新聞朝刊の報道「小林元顧問に損害賠償求める」によれば、「2016年1月までの4年間、危機管理に関する業務への助言などを相撲協会に委託されていた。この間に、力士が登場するパチンコ台を巡る契約締結を主導したり、両国国技館の改修工事に関する契約に介入したりして、業者から裏金を受け取るなどした」ことから、「協会顧問を務めた小林慶彦氏が立場を悪用して不正に利益を得たとして、計1億6,500万円の損害賠償を求める訴訟を25日に東京地裁に起こしたと発表した。」として、力士以外にも不祥事が発生した。

　暴力事件の発生に関しては、コンプライアンス委員会を発足させ、2018年10月には暴力決別宣言を発表し、2018年12月には暴力禁止規定を制定し綱紀の引き締めを図った。

　しかしながら、2021年には、緊急事態宣言下での外出問題で親方、力士が処分されることとなり、不祥事が後を絶たないのが現状である。

(5) ▎不正リスク要因

　日本相撲協会の不正の発生場所を簡略化すると図表Ⅱ-2-8の通りである。また、八百長問題においては図表Ⅱ-2-9、暴力事件においては図表Ⅱ-2-10のような不正のトライアングルが考えられる。

図表Ⅱ-2-8 ■ 不正の発生場所

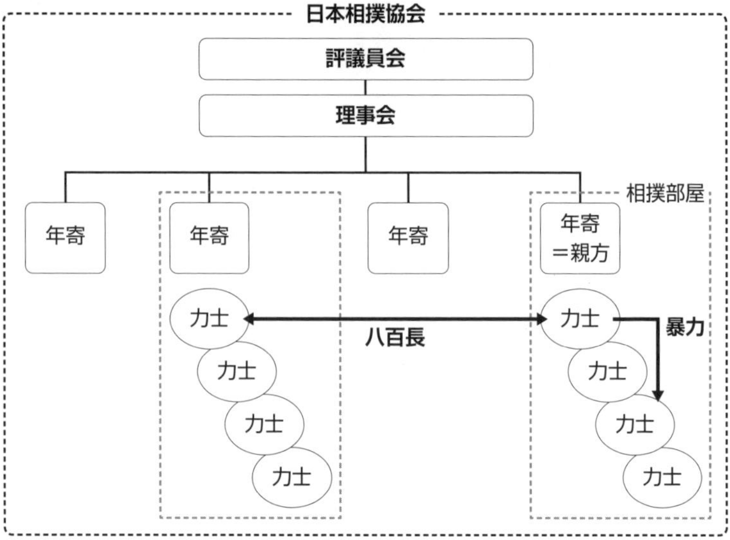

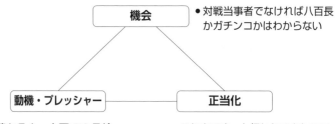

図表Ⅱ-2-9 ■ 八百長の不正のトライアングル

```
                    ┌──────────┐    ● 対戦当事者でなければ八百長
                    │   機会   │      かガチンコかはわからない
                    └──────────┘
                    ╱           ╲
        ┌──────────────────┐  ┌──────────┐
        │ 動機・プレッシャー │──│  正当化  │
        └──────────────────┘  └──────────┘
```

● 幕下に落ちると、十両での月給　　　● これまでずっと行われてきたので、
　110万円がゼロになってしまい、　　　自分がやっても構わない
　負け越すと死活問題となる。

図表Ⅱ-2-10 ■ 暴力の不正のトライアングル

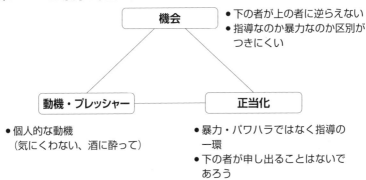

日本経済新聞 2011 年 3 月 10 日の朝刊報道によれば、大相撲新生委員会は、以下の 6 項目の八百長防止のための基本策を公表した。

①監察委員会の体制強化

　場所中は毎日監察委員と審判員が取組み終了後に監察会議で八百長の有無を検証するなど監察体制を強化

②支度部屋の秩序・規律保持の強化

　八百長の仲介役とされる力士らの動きを封じるために支度部屋の行き来を禁止する

③ホットラインの設置

　監察委が窓口となり情報提供を受け付ける

④懲罰規定の適用拡大

　現行の「無気力相撲をした力士」から「勧誘行為をした者や仲介役」などにも規定を広げる

⑤親方衆への指導・研修

　師匠会や相撲教習所などの場で計画的に実施

⑥力士への指導・教育

　力士が十両や幕内に昇進した場合に指導

①②③④は機会を減じるため、⑤⑥は正当化を防止するためのものである。

逆にいえば、協会は八百長はないという立場を貫いてきたためにこうしたことが行われていなかったわけであり、不正は疑惑を持たれた段階できちんとした対策をとらなければ問題が拡大するということを改めて示した事例といえる。

2. 事例2–2：公益財団法人全日本柔道連盟

(1) 全日本柔道連盟の概要

全日本柔道連盟（以下、全柔連）は1949（昭和24）年に設立され、2012年12月10日に公益財団法人として認可された。概要は図表Ⅱ–2–11、Ⅱ–2–12の通りである。

また、ホームページによれば現在の役員構成は以下の通りである（2021年9月28日現在）。

評議員：ブロック選出評議員13、傘下団体選出評議員4、女性3、有識者10
役　　員：会長1、副会長4、専務理事1、常務理事6、理事18、監事3

図表Ⅱ-2-11 ■ 公益認定等委員会公表のデータ役員構成従業員の概要

（単位：人）

評議員数	会員数	理事数	うち常勤理事数	監事数	うち常勤監事数	職員数	うち常勤職員数
30	149,351	29	1	3	0	41	38

出所：公益法人データベースの公益認定等委員会公表のデータによる（2020年12月1日時点）。

図表Ⅱ-2-12 ■ 資産・負債等財務状況の概要

（単位：百万円）

資産額	負債額	会計監査人	寄附金収入額	公益目的事業費用額	公益目的事業比率	収益事業実施
1,488	148	無	65	3,088	98.1	無

出所：公益法人データベースの公益認定等委員会公表のデータによる（2020年12月1日時点）。

　また、ホームページの組織図を簡略化すると不正発生時の全柔連の組織構造は図表Ⅱ-2-13 の通りとなる。会員数としてホームページでは、2019 年度の登録団体は 8,325 団体、143,549 名の個人登録、指導者資格登録は 19,857 名、審判員資格登録者は 16,876 名と公表されている。常勤職員は 38 名と法人としては小さいが、会員数は非常に多くなっている。なお、全柔連は会計監査人は設置していない。

　また、歴代会長の在職期間は図表Ⅱ-2-14 の通りである。歴代会長の在職

図表Ⅱ-2-13 ■ 全柔連の組織構成

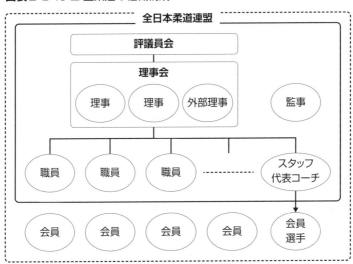

出所：全柔連ホームページのデータから筆者作成

図表Ⅱ-2-14 ■ 全柔連のガバナンス

代	会長	在職期間	在職年数
1	嘉納履正	1949〜1980年	31年
2	嘉納行光	1980〜2009年	29年
3	上村春樹	2009〜2013年	4年
4	宗岡正二	2013〜2017年	4年
5	山下泰裕	2017〜現在	4年

出所：全柔連のホームページデータから筆者作成

期間を見ると、初代・2代目の会長がそれぞれ、約30年と通常の公益法人では考えられないほどの長期間となっている。

(2) 不正発覚の経緯

全柔連の不祥事としては、女子選手へのパワハラ問題と、助成金の不正使用が挙げられる。内閣府が2013（平成25）年7月23日に公表した「公益財団法人日本柔道連盟に対する勧告について」4頁によれば、全柔連の不正発覚の経緯は図表Ⅱ-2-15の通りである。

内閣府公益認定等委員会は、「暴力問題に対し、現場の選手の声を受け止め、組織の問題として対処する仕組みが存在しなかった」、「助成金の受給資格及び「強化留保金」への拠出について不透明・不適切な慣行を問題視せず、放置していたこと」など公益認定基準において、法人の執行部、理事会、監事、評議員会がそれぞれの責務を果たさず、一般法人法に定められた職務上の義務に違

図表Ⅱ-2-15 ■ 全柔連の不正発覚の経緯

2013年 1月29日	柔道女子日本代表の園田監督等による暴力・パワーハラスメント行為について報道
3月12日	全柔連第三者委員会（暴力問題関係）報告書
3月14日	全柔連の幹部が（独）日本スポーツ振興センター（JSC）から指導者に支給される助成金の一部を不正に徴収していた旨、報道
3月19日	JOCの全柔連に対する処分（交付金停止と改善勧告）決定
3月23日	全柔連の助成金問題で、選手指導の実態がないにもかかわらず強化目的の助成金を受け取っていた旨、報道
4月26日	全柔連第三者委員会（助成金問題関係）中間報告
5月23日	全柔連の現職理事による女性職員に対するセクハラ問題について報道
6月21日	全柔連第三者委員会（助成金問題関係）最終報告
6月24日	全柔連理事会
6月25日	全柔連評議員会
7月23日	内閣府公益認定等委員会が全柔連に対する勧告を実施

出所：内閣府（2013b）4頁

反している疑いがあり、「『公益目的事業を行うのに必要な経理的基礎及び技術的能力』に欠けている疑いがある（内閣府 2013b、2 頁）」として、全柔連に対して、以下の 3 点を勧告した（内閣府 2013b、3 頁）。

①暴力問題や助成金問題に関し、以下の措置を講ずること。

(i)全柔連の公益目的事業である「柔道の普及・振興」（特に「競技者・指導者の育成」等）の実施に当たり、「技術的能力」（暴力等の不当行為に依存することなく競技者等を適正に育成することを組織的に実施し得る能力）及び「経理的基礎」（必要な費用を適切に計上し、透明性をもって管理すること及び助成金等を受け入れる場合のコンプライアンスを徹底すること。）を回復し、確立すること。

(ii)問題の認められた助成金 6,055 万円について、（独）日本スポーツ振興センターとの協議が整い次第速やかに返還すること。返還により全柔連に生じた損害について責任の所在に応じた賠償請求等を検討すること。「強化留保金」は直ちに廃止し、再発防止策を徹底すること。

②一連の事態について、執行部（会長、専務理事、事務局長）、理事会、監事、評議員会の各機関における責任の所在を明らかにし、これに応じた適切な措置を講ずること。あわせて、各機関が期待される責務を適切に果たし、法人としての自己規律を発揮することにより、公益認定を受けた法人として事業を適正に実施し得る体制を再構築すること。

③上記①及び②の措置を 2013（平成 25）年 8 月末日までに講じ、行政庁に報告すること。また、その後おおむね半年ごとに 2 回、勧告の内容に沿った具体的施策及びその達成状況を報告すること。」

(3) 不正発覚後の対応

平成 24 年度の事業報告概要では、暴力指導問題については第三者委員会を設置し、同委員会の提言を受けて、「改革・改善実行プロジェクト」を立ち上げ、改革への取組みを開始した旨が報告されている。個人助成金問題に関しても、第三者委員会を設置し調査を開始した旨が報告されている。日本経済新聞 2014 年 3 月 15 日の朝刊「不祥事の影響で全柔連が赤字に」では、JOC や JSC

からの助成金などが例年より約 5,000 万円減少し、企業の協賛金も約 3,000 万円減少、不祥事の調査のための第三者委員会設置などで約 4,000 万円の支出があったために、異例の赤字となったことが報道されている。

日本経済新聞 2013 年 3 月 20 日の朝刊「全柔連の認識　甘さ指摘　JOC 報告書　交付金停止を承認」では、「柔道女子 15 選手が告発した前代表監督らによる暴力・パワーハラスメント問題を調査してきた日本オリンピック委員会（JOC）の緊急調査対策プロジェクトは 19 日、調査報告書を公表した」との報道があるが、当該報告書は入手できない状況である。また、日本経済新聞 2013 年 4 月 27 日の朝刊「全柔連会長が辞意」では「日本スポーツ振興センター（JSC）の助成金を活動実態がない指導者が不正に受け取った問題に関し、外部の第三者委員会が同日まとめた中間報告では、全柔連の組織的関与を事実上認定、全柔連内部で助成金の一部を徴収した「強化留保金」の存在も不適切とした」との報道がなされているが、当該報告書も入手不可能である。不祥事の調査で約 4,000 万円支出したとされる報告書は現在入手不可能である。

全柔連は、2014 年 4 月 1 日より倫理・懲戒規定の策定公表を行っている。

(4) 全柔連のガバナンス改革

2014 年の事業報告書では、内閣府の勧告を受けて、改革委員会を立ち上げて、評議員の定数をほぼ半減させる定款の改定、理事候補者の推薦基準の見直し、外部有識者及び女性の登用、定年制の導入といった組織の抜本的な改革を行った旨が報告されている。

しかしながら、日本経済新聞 2013 年 8 月 23 日の朝刊「社説：全柔連にまっとうな常識を」によれば、「女子の日本代表選手への暴力行為は、監督をかばってうやむやに済まそうとした」といった、不祥事を隠蔽しようとする体質が報じられ、「選手強化のための助成金を食事会などに流用する慣行を、組織ぐるみで長く温存した」、「上村春樹前会長は辞意を表明したり翻意したりしながら、ずるずるとその座に居座った」との報道がなされた。また、毎日新聞 2013 年 8 月 31 日の朝刊「前執行部の責任記述　内閣府へ組織改善報告書」でも同様に、前執行部は「法人のために忠実に職務を執行してきたとは言い難

い」との報道がなされている。

日本経済新聞 2013 年 8 月 31 日の朝刊「新体制移行など全柔連が報告書　内閣府に」では上村春樹前会長ら前執行部について「忠実に職務を執行してきたとは言い難い点があった。」との報道がありながら、日本経済新聞 2015 年 3 月 5 日の朝刊「上村前会長ら顧問に」で報道されているように、忠実に職務を執行してこなかった、前会長らを顧問に就任させている。

日本経済新聞 2013 年 11 月 16 日の朝刊「臨時評議員会で定数削減を承認」では、評議員の定数を削減することが承認されたことが報道された。この改革は自律的に行ったものではなく、「評議員会が機能不全に陥っていると内閣府から改革を促されていた」ために行われたものである。

(5) 不正リスク要因

全柔連の不正の発生場所を簡略化すると図表Ⅱ-2-16 の通りである。

全柔連の不正は、報道されているだけでも、①理事による職員へのセクハラ、②協会スタッフである日本代表コーチによる女子選手へのパワハラ、③ JSC の助成金の一部を全柔連に寄付させて海外遠征等の費用に充てていた不正、④架空の指導実績に基づく JSC の助成金の詐取があった。新聞報道された不祥事のすべてにおいて法人としての全柔連が関与している。それぞれの不正の不正リスク要因は図表Ⅱ-2-17 の通りと考えられる。

日本代表コーチは、組織図の上では協会の正規の職員ではないが、協会スタッフとしてホームページに記載されており、協会本体の構成員であるといえる。

コーチに関しては零細の委託先と同じであるといえる。今回は協会スタッフであるコーチによる不正であったが、協会スタッフではないコーチの不正に関しては委託先の内部統制が援用できる可能性がある[6]。

---

[6] 委託業務に係る内部統制に関しては日本公認会計士協会の監査基準委員会報告書402「業務を委託している企業の監査上の考慮事項」等を参照されたい。

図表Ⅱ-2-16 ■ 不正の発生場所

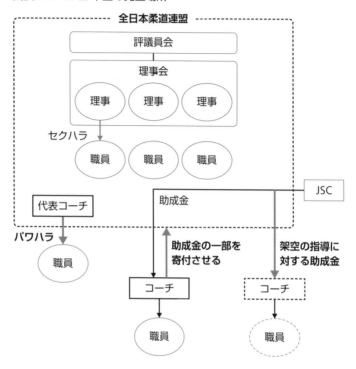

図表Ⅱ-2-17 ■ セクハラの不正のトライアングル

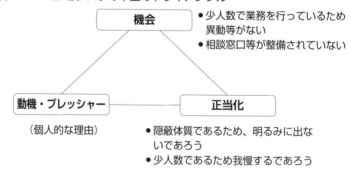

図表 II-2-18 ■ パワハラの不正のトライアングル

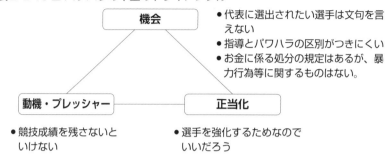

- 代表に選出されたい選手は文句を言えない
- 指導とパワハラの区別がつきにくい
- お金に係る処分の規定はあるが、暴力行為等に関するものはない。

動機・プレッシャー
- 競技成績を残さないといけない

正当化
- 選手を強化するためなのでいいだろう

図表 II-2-19 ■ 助成金の一部上納の不正のトライアングル

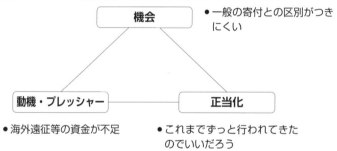

- 一般の寄付との区別がつきにくい

動機・プレッシャー
- 海外遠征等の資金が不足

正当化
- これまでずっと行われてきたのでいいだろう

図表 II-2-20 ■ 架空実績に基づく助成金の詐取の不正のトライアングル

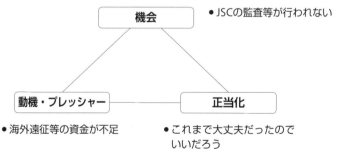

- JSCの監査等が行われない

動機・プレッシャー
- 海外遠征等の資金が不足

正当化
- これまで大丈夫だったのでいいだろう

3. 事例2−3：公益財団法人日本レスリング協会

(1) 日本レスリング協会の概要

　日本レスリング協会は2013年2月8日に公益財団法人として認可された。概要は図表Ⅱ-2-21、Ⅱ-2-22の通りである。

図表Ⅱ-2-21 ■ 公益認定等委員会公表のデータ役員構成従業員の概要

（単位：人）

評議員数	会員数	理事数	うち常勤理事数	監事数	うち常勤監事数	職員数	うち常勤職員数
29	0	29	1	2	0	8	8

出所：公益法人データベースの公益認定等委員会公表のデータによる（2020年12月1日時点）

図表Ⅱ-2-22 ■ 資産・負債等財務状況の概要

（単位：百万円）

資産額	負債額	会計監査人	寄附金収入額	公益目的事業費用額	公益目的事業比率	収益事業実施
381	53	無	54	673	89.5	無

出所：公益法人データベースの公益認定等委員会公表のデータによる（2020年12月1日時点）

　日本レスリング協会の組織構造を図示すると図表Ⅱ-2-23のようになる。

　2021年6月現在、理事の内訳はブロック選出理事7名、傘下連盟選出理事7名、外部選出理事3名、理事会推薦理事8名の計25名、監事2名となっている。2019年以前は会長指名理事8名、ブロック選出理事6名、傘下連盟選出理事7名、専門委員会選出理事4名、学識経験者選出理事3名、特定理事23名の計61名であった。なお、日本レスリング協会は会計監査人を設置していない。

　歴代会長の在職期間は図表Ⅱ-2-24の通りである。

図表II-2-23 ■ 日本レスリング協会の組織構成

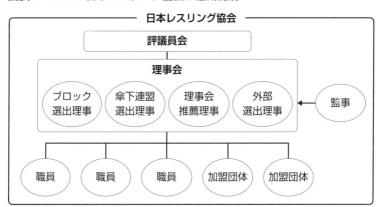

出所：日本レスリング協会ホームページのデータから筆者作成

図表II-2-24 ■ 歴代会長の在職期間

代	氏名	在職期間	在職年数
1	今村次吉	1934年3月～41年9月	7年
2	野口寛	1941年9月～42年4月	1年
3	八田一朗	1946年4月～83年4月	37年
4	林正平	1983年4月～87年3月	4年
5	風間栄一	1987年4月～89年3月	2年
6	笹原正三	1989年4月～2003年3月	14年
7	福田富昭	2003年4月～2021年9月	18年
8	富山英明	2021年10月～	在任中

出所：日本レスリング協会ホームページ、その他、Wikipedia、
　　　各種ウェブサイトなどから作成

　現在もホームページに「伝統の八田イズム」が設けられているように、第3代会長の八田氏の在職期間は37年、それ以外でも近年の6代目、7代目の会長の任期は10年を超え、長期政権の傾向が見られる。

(2) ┃ 不正発覚の経緯

　第三者委員会報告書によれば、日本レスリング協会の不正発覚の経緯は図表
Ⅱ–2–25 の通りである。

　日本経済新聞 2018 年 4 月 13 日の朝刊「社説　パワハラなき競技環境を作
れ」では、「輝かしい実績を誇り、協会の内外から手腕を高く評価された栄氏
には、選手の指導や選考などで絶大な権力が集中していたことは疑いない」と
の報道がなされている。

　さらに、毎日新聞 2021 年 6 月 11 日の朝刊「JOC：日本レスリング協会を勧
告処分」では、「日本オリンピック委員会（JOC）は 10 日、理事会を開き、国
の補助金で不適切な会計処理を行っていた日本レスリング協会について、補助
金の自主返納と再発防止策の報告を求める勧告処分にすることを決めた。勧告
処分は、JOC の規定にある 4 段階のうち最も軽い。レスリング協会によると、
2012 年までの約 3 年間、国の補助金などから支給された専任コーチへの報酬
16 人分計約 1400 万円を協会に寄付させ、海外遠征時の食事会の費用などに充
てていた。JOC が精査したところ、私的流用の事実は認められないものの、
「放置、容認してきた協会の責任は軽視できない」と指摘した」との報道がなさ

図表Ⅱ-2-25 ■ 日本レスリング協会の不正発覚の経緯

2018年 1月18日	弁護士が、内閣府公益認定等委員会に協会幹部による、コーチ及び選手に対するパワーハラスメントを告発
4月5日	第三者委員会がパワーハラスメントの存在を認めた調査報告書を協会に提出
4月27日	内閣府公益認定等委員会が日本レスリング協会に対して、①告発が事実であると認識しているか、事実である場合その適否についてどのように認識しているか、②相当の期間にわたり発生してきたことについて、理事会、評議員会、監事の責任をどのように認識しているか、の2点についての報告を要求
5月31日	内閣府に対して報告書を提出
6月19日	内閣府が日本レスリング協会から提出された報告書に対する議論の結果を公表

出所：第三者委員会報告書より筆者作成。

れ、また不祥事が発覚している。

(3) ▌不正発覚後の対応

　日本レスリング協会は内閣府の公益認定等委員会への協会幹部によるパワーハラスメントの告発を受け、2018年3月9日に第三者委員会を設置した。日本経済新聞2018年6月24日の朝刊「栄氏の常務理事解任決定」では「日本協会は23日に都内で評議員会を開き、栄氏の常務理事解任を決定した。議長を除く出席者18人中16人が解任に賛成」との報道がなされた。日本レスリング協会は第三者委員会の調査報告を受け、パワーハラスメントを行った理事を、倫理規定に基づき解任処分とした。

　また、内閣府の勧告を受け、以下の改革を実施することを2018年5月31日付で内閣府に報告した。

　①公益通報者保護規定の改訂

　②倫理規定・倫理委員会規定の改定

　③選手とコーチの間におけるルール作り

　④代表選手・ナショナルコーチの選考過程の公平・公正及び透明化

　⑤外部人材の登用等

　また、会計処理については、内部調査委員会を組成し、会計処理にかかる問題の調査を実施することも併せて報告されている。

　日本経済新聞2018年4月10日の朝刊「社外取締役は辞表を懐に」では「ごく最近、財務省や日本レスリング協会のお粗末な実態が明るみに出たが、これらの組織が規律を取り戻すには、インサイダーだけで固めた体制を改め、「外部の視線」を組織に埋め込む工夫が不可欠だろう」と外部の目の重要性が説かれている。

(4) ▌不正リスク要因

　日本レスリング協会の不正の発生場所を簡略化すると、図表Ⅱ-2-26の通

図表Ⅱ-2-26 ■ 不正の発生場所

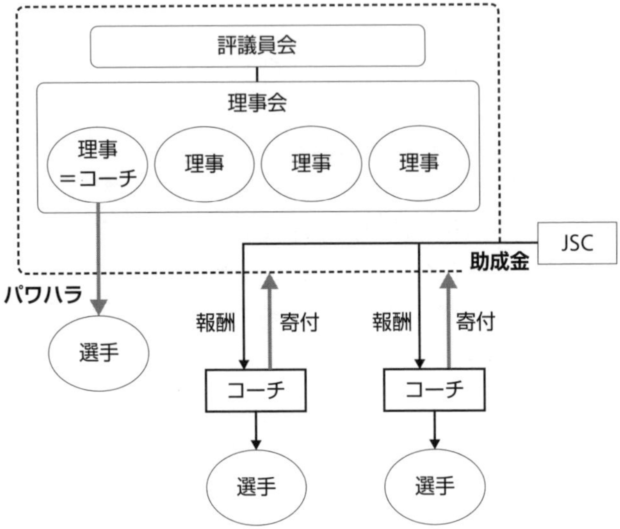

図表Ⅱ-2-27 ■ パワハラの不正のトライアングル

りである。協会の理事でもあるコーチが、日本代表候補の選手に対してパワーハラスメントを行っていた。この不正における不正のトライアングルは図表Ⅱ-2-27の通りと考えられる。

　また、助成金の一部上納は、協会が直接関与していた不正である。不正のトライアングルで図式化すると、図表Ⅱ-2-28の通りである。

図表Ⅱ-2-28 ■ 助成金の一部上納の不正のトライアングル

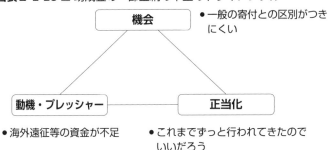

- 一般の寄付との区別がつきにくい
- 海外遠征等の資金が不足
- これまでずっと行われてきたのでいいだろう

4. 3法人共通の問題点

事件による組織の改革については図表Ⅱ-2-29の通りである。

図表Ⅱ-2-29 ■ 各団体の不正発覚後の対応

団体名	組織改革の有無	組織改革の概要
日本相撲協会	○	評議員の大幅削減
全日本柔連連盟	○	評議員の半減 外部評議員の登用
日本レスリング協会	×	当事者である理事の解任

　日本相撲協会、全日本柔連連盟は評議員の大幅削減等の組織改革を行ったものの、日本レスリング協会についてはパワハラの当事者が協会の理事であったため、当事者である理事の解任にとどまっている。
　事件に係る報告書の入手可能性は図表Ⅱ-2-30の通りである。

図表Ⅱ-2-30 ■ 不正事件に係る報告書の入手可能性

団体名	報告書等の入手可能性	備考
日本相撲協会	×	
全日本柔連連盟	×	
日本レスリング協会	○	レスリング協会が公表しているわけではない

　第三者委員会の報告書が入手できる日本レスリング協会にしても、協会が自ら開示しているわけではなく、内閣府の公益認定委員会のホームページから入手できるのみである。日本相撲協会、全柔連に至っては、こうした報告書は入手できない状況である。

　今回調査対象とした公益法人すべてにおいて、問題発覚後に第三者員会や独立員会を立ち上げてはいるが、その報告書等を公には公表しておらず、負の情報の開示には非常に消極的であることがうかがえる。

　これら3団体に共通する問題点として以下の事項が挙げられる。

- 評議員、理事とも団体の競技者のうち実績のある者で占められており、外部の目が入り難い
- 経営能力というより、過去の競技実績で地位や発言力が左右される
- 相撲協会では理事は一門の利益代表の性格が強く、相撲協会以外は充て職で理事になることも多く、ほとんどが非常勤ということもあり理事としての職責を果たす責任を有しているという意識が希薄である
- 相撲協会以外は理事への選出過程が不透明、相撲協会も理事選挙になることは非常にまれである
- 不祥事が表面化するまでは、トップの在任期間が比較的長かった
- 運営組織としての人員は少数であり、定期的なローテーションといった大企業における人材育成・配置を行うのが困難である

　こうしたことから、経営者としての資質が優れているというよりは現役時代に高成績を残したトップが選出され、そのトップが居座り続け職員は配置転換もなくトップの顔色をうかがうような風通しの悪い組織風土であり、適切な人員配置を行う人的資源もないといった統制環境に難がある組織であるといえ

る。

　現に、日本経済新聞2012年7月31日の朝刊「悪弊断ち切れぬ親方」で、日本相撲協会の「ガバナンスの整備に関する独立委員会」の委員であった、中島孝信氏は、「親方衆と改革の議論を進めようにも、私が面談した親方は誰一人「大相撲の経済学」を読んでいなかった。そのため、初手から意見がかみ合わない。どの業界でも自分たちのことが書かれた本なら幹部は目を通すと思っていただけに驚かされた。また、私が「伝統の破壊者」だと某スポーツ紙にでかでかと書き立てられ、報道をうのみにした親方に最後まで「協会の敵」とみなされた。」と語っているのを見ると、理事として組織を運営する責任を負っているという意識が非常に希薄であると思われる。

　今回取り上げたスポーツ競技の上部団体においては、法人が情報開示について非常に消極的であり、風通しの悪い統制環境に難のある組織であることがわかる。加えて、理事の多くは充て職による非常勤の理事であり、組織運営に責任を負っている当事者意識が希薄である場合が多いといった共通の特徴がある。このような法人の場合、最低限必要な内部統制システムも整備されない場合がある。

　さらに、常勤の職員も少なく少数の職員で業務を行っている法人が多いことを鑑みると、職員が不正を行う機会が存在することとなる。その上、今回調査対象とした公益法人のように、情報公開に非常に消極的で、むしろ隠蔽体質を持っているような場合は、不正が発生しても「もみ消してくれる」ということになれば、不正を行っても大丈夫であろうという正当化がなされやすくなる。こうした中で、理事や職員が個人的な問題を抱えた場合は不正のトライアングルが形成され不正が行われることとなる。

　特にパワハラに関しては3法人のみならず、スポーツ団体に共通する問題であるといえる。スポーツ団体のガバナンスコードでも不正のトライアングルが引き合いに出され、多くの中央競技団体（National Federation：NF）で、国際大会での競技成績が求められることから、本来的に「動機・プレッシャー」が生じやすい条件があることが指摘される（スポーツ庁2019、30頁）。競技という性格上、これまで暴力やパワーハラスメントと指導の線引きが曖昧であったためパワーハラスメントを行う機会が存在し、暴力やパワーハラスメントではなく、

指導しているのだという正当化が行われやすいため、たびたび不正が発生してきたといえる。

また、内輪の組織という性格も相まって、暴力事件等についても指導者側に立って問題をもみ消そうとする姿勢が目立っており、不正を行っても表面化し難いという不正の機会も多かったと考えられる。こうしたNFは非常に不正リスクの高い領域であるということを認識しつつ、不正リスクが顕在化しないような方策をとらなければならない。また、内々で処理し、隠蔽するといった体質ではいくら倫理規定等を作っても抑止効果はなく、きちんと処分し公表するといった組織風土を醸成しなければならない。

5. おわりに

スポーツ団体においては、

(1) トップレベルの選手や指導者以外にも、対象スポーツに「する」「みる」「ささえる」といった様々な形で関わる全国の愛好者、都道府県協会や都道府県連盟といった地方組織、スポンサー、メディア、地域社会など多くのステークホルダー（利害関係者）が存在する。

(2) 唯一の国内統括組織として、対象スポーツの普及・振興、代表選手の選考、選手強化予算の配分、各種大会の主催、審判員等の資格制度や競技者・団体登録制度の運用等の業務を独占的に行っている（スポーツ庁 2019、1 頁）。

これらの特徴に鑑み、全柔連と日本レスリング協会はNFとなっており、各種の公的支援の対象となっている[7]。

---

[7] スポーツ団体ガバナンスコードにおいては以下の団体が〈中央競技団体向け〉の対象団体とされる。
- 公益財団法人日本スポーツ協会に加盟する中央競技団体（日本レスリング協会、全日本柔道連盟）
- 公益財団法人日本オリンピック委員会に加盟する中央競技団体（日本レスリング協会、全日本柔連連盟）
- 公益財団法人日本障がい者スポーツ協会に加盟する中央競技団体のうち、日本パラリンピック委員会に加盟する団体
  全柔連、日本レスリング協会ともにNF団体となる。

　NFは、その業務運営が大きな社会的影響力を有するとともに、国民・社会に対しても適切な説明責任を果たしていくことが求められる公共性の高い団体として、特に高いレベルのガバナンスの確保が求められている。こうしたことから、スポーツ庁は2019年に13の原則とそれぞれ細則を定めた、スポーツ団体ガバナンスコード〈中央競技団体向け〉とセルフチェックリストを公表した。日本相撲協会以外の2公益法人は〈中央競技団体向け〉の対象団体となっており、より一層ガバナンスを強化して、団体運営の透明性を高める必要がある。

　全柔連や日本レスリング協会のコーチによるパワハラ事件は、たまたま明るみにでたのは理事や協会スタッフであるコーチによるものということで、協会の問題として新聞報道がなされることとなった。助成金問題にしても本来は協会が積極的に不正防止に関与すべき事案であるが、協会はその事実を認識しながら放置し、他の問題の調査の過程で発覚したことで大きな問題になったものである。

　日本相撲協会に関しては、力士、呼出といった従業員レベルでの不祥事が後を絶たない。しかしながら、一般企業のように、経営者の直轄というよりは、中心的な人員は親方の運営する相撲部屋に所属しており、協会員というより相撲部屋の一員という意識の方が強いと思われる。また、協会の中核的事業である人材育成は各部屋の親方である年寄に委託されており（定款46条）、相撲部屋の独立性の高さからして、相撲部屋における不祥事の防止は海外子会社における不祥事の防止や委託先の不正防止に近いのではないかと考えられる。

　現状では特に人的資源を中心とした脆弱な統制環境を改善し、スポーツ団体においては、パワハラのリスクは非常に高いということを念頭に置いて、理事、監事、評議員が当事者意識を持って内部統制の整備運用を行うことが求められる。今後はスポーツ団体ガバナンスコードに見られるように倫理教育を徹底するとともに、経営トップがそれを遵守する姿勢を示さなければならない。また、内輪の組織という性格も相まって、暴力事件等についても指導者側に立って問題をもみ消そうとする姿勢が目立っており、不正を行っても表面化し難いという不正の機会も多かったと考えられる。それゆえ、今後は違反者を処分し、そのような負の情報であっても開示することが求められる。

■ 参考文献

伊藤滋（2013）「本日の報道に対する見解」http://mczkk.net/img_news/20130619_Release.
pdf（2021年6月13日閲覧）

逢坂誠二（2017）「公益財団法人日本相撲協会への政府の評価に関する質問主意書」（第195
回国会　質問の一覧）https://www.shugiin.go.jp/internet/itdb_shitsumon.nsf/html/shitsumon/
a195067.htm（2021年6月13日閲覧）

加藤英樹（2015）『全柔連「騒擾の一年」の記録』東京図書出版

櫟原利明（2016）「公益法人制度改革の一様相―日本相撲協会定款を題材として―」『立法と
調査』No.377、pp.3‒17

公益財団法人日本レスリング協会第三者委員会（2018）「調査報告書」

「週刊ポスト」編集部編（2011）『新版「週刊ポスト」は大相撲八百長をこう報じてきた』小
学館

スポーツ庁（2019）「スポーツ団体ガバナンスコード〈中央競技団体向け〉」6月10日

内閣府（2010）「川端内閣府特命担当大臣記者会見要旨」7月6日 https://www.cao.go.jp/
minister/1001_t_kawabata/kaiken/2010/0706kaiken.html（2022年12月19日閲覧）

内閣府（2013a）「公益財団法人全日本柔道連盟に対する報告要求について」6月7日

内閣府（2013b）「公益財団法人全日本柔道連盟に対する勧告について」7月23日

内閣府（2013c）「公益法人の自己規律について」7月23日

内閣府（2018a）「公益財団法人日本レスリング協会に対する報告要求について」4月27日

内閣府（2018b）「公益財団法人日本レスリング協会からの報告書について」6月19日

内閣府（2021）「公益法人の統計（令和2年）」『公益法人 information』〈国・都道府県公式公
益法人行政総合情報サイト〉https://www.koeki-info.go.jp/outline/koueki_toukei_n4.html
（2022年12月19日閲覧）

事例 **3**

学校法人における
不正事例

1. はじめに──学校法人明浄学院「第三者委員会」の設置の背景

　学校法人明浄学院（以下、本学校法人）**1)** は、2020 年 3 月、前年の 9 月に設置した第三者委員会（以下、当委員会）が行った調査報告書を公表した。当委員会は、2019 年 7 月に、大学運営資金の 1 億円流用及び土地売却の手付金 21 億円の流用の事案が報道されたことなどを契機に、下記の事項に関する事実関係解明のための調査を行い、同年 12 月 30 日に一連の不正案件についての調査報告書（以下、本報告書）を本学校法人に提出している。本章では、当委員会が行った、以下の諮問事項に関しての調査結果に係る本報告書を基礎に、本学校法人に係る不正事例を検証することとする。

　① 　1 億円の流用問題に関する事実関係の調査

　② 　21 億円の行方不明問題に対する事実関係の調査

　③ 　その他の同種の不正行為の有無の調査

　④ 　上記①から③の結果発見された不正行為の発生原因の分析及び再発防止
　　　策の提言

---

1) 　大阪観光大学と明浄学院高等学校を運営していた「学校法人明浄学院」は、2022年4月1日に「学校法人大阪観光大学」へと法人の名称変更を行っている。また、明浄学院高等学校は、同日、学校法人藍野大学に経営移管がなされている。なお、本事例3では、すべて、当時の法人名の「明浄学院」と記している。

2. 本学校法人の概要

「『明（あか）く、浄（きよ）く、直（なお）く』の精神に則り豊かな心と深い教養を備え、知性に輝く有為の人材の育成」を建学の精神とする学校法人明浄学院は、1921（大正10）年に開校された明浄高等女学校を母体としている。したがって、2021年に創立100周年を迎えることとなったものの、前年の2020年3月に、元理事長の不祥事等を契機として、本学校法人に対して、大阪地方裁判所は民事再生手続を開始し、不幸にも、選任された管財人により、法人運営がなされることとなったのである[2]。

本学校法人の運営する大阪観光大学と明浄学院高等学校については、かかる不祥事を契機に財務面での棄損もあり自立再建が困難になったことから、2020年8月20日に、それぞれへの支援者が決定されたとの開示を行っている。すなわち、大阪観光大学については、学校法人理知の杜理事長である麦島善光氏が、また、明浄学院高等学校については、学校法人藍野大学（小山英夫理事長）が、それぞれ支援者に決定され、学校法人との間で支援契約がなされている。したがって、幸いにも、大学名や高校名の名称変更もなく、学校運営を継続することとなったが、一連の不祥事に見舞われた学校関係者の不信感は計り知れないものと推察される。

3. 一連の不正の概要

(1) ▌ 1億円の流用問題

2018年4月17日、A元理事長は自ら起案者として「決裁伺」を作成し、資金不足を解消するため、株式会社明浄（以下、㈱明浄）が実態のない「日本政策銀行」から3億円の借り入れを予定しており、「自己資金の一部として必要な

---

[2] 大阪地方裁判所は、2022年5月17日、学校法人大阪観光大学（前、学校法人明浄学院）に対して、民事再生手続の終結決定を行ったことから、同法人は、名実ともに再生を果たすこととなった。

ために」、㈱明浄に資金移動する旨を記載して、法人本部長、財務課長の承認印を得て理事長として決裁している。これにより、同月 20 日に、本学校法人の銀行口座から、㈱明浄の銀行口座に 1 億円が送金されたのである。

　そもそも、この㈱明浄は、2016 年 11 月 1 日に、本学校法人 80 株、A 元理事長 60 株、及び F 元理事長（A 元理事長の前の理事長）60 株、合計株式数 200 株発行の資本金 1,000 万円の株式会社である。設立と同時に代表取締役に就任した F 元理事長は、その後半年で辞任し、2018 年 11 月 1 日以降は、本学校法人の D 理事が代表取締役に就任している。また、A 元理事長は、設立時より、継続して取締役の地位についており、㈱明浄の業務に対して実質的な影響力を有していたものと解される。

　同社の事業目的は、不動産の賃貸、管理及びその仲介、労働派遣業法に基づく一般労働者派遣業、業務委託派遣業を含む 26 種類の業務が記載されているが、実際には留学生の紹介、職員派遣業務及び学生寮の運営が主たる業務であった。但し、同社は、独立した事業所を所有せず、本学校法人の法人本部にて事務を行っており、本学校法人と㈱明浄の従業員が混在して事務を行っている状況であった。同社設立の意図として、同社の収益の一部を本学校法人に寄附することにより、本学校法人としての経営基盤の安定化を目指すことが示されており、当時の理事会決議を経ていたものとされる。

　ところで、2018 年 4 月 20 日に㈱明浄の銀行口座に振り込まれた 1 億円については、D 理事が、当時の㈱明浄の代表取締役の G 氏から、現金にて受領し、それを株式会社ティー・ワイエフ（以下、㈱ティー・ワイエフ）及び株式会社ピアグレース（以下、㈱ピアグレース）の代表取締役の R 氏に渡すとともに、それとの引き換えとして、42 万 SWE（1SWE ＝ 2US ＄）の仮想通貨が D 氏の個人口座に送られたのである。

　そもそも D 理事が、A 元理事長に対して SWE への投資を提案したものであり、当時、本学校法人には土地売買代金の一部としての 21 億円の資金があったことから、そのうちの最大 2 億円を投資に回して利益を得ることを意図したものであった。

　なお、SWE は、2019 年 3 月末に上場したものの暴落し、D 氏の口座の仮想通貨は、ほぼゼロに近い金額になってしまったのである。

(2) ▎21億円の行方不明問題

　2017 年 7 月 6 日、本学校法人は、㈱ピアグレースとの間での「土地売買契約書」により、売買代金約 32 億円（手付金は 21 億円）で、本学校法人所有土地及び国有地払下げ取得予定地を売却する旨の売買契約を締結している。同日、A 元理事長は自らが起案者として、同月 5 日に受領の手付金 21 億円につき、これを株式会社サン企画（以下、㈱サン企画）に全額預ける旨の「決裁伺」を作成し、理事会の承認を得ることなく、理事長として決裁していたのである。そして、実際に㈱ピアグレースからの 21 億円は、本学校法人を経由して㈱サン企画に振り込まれている。

　さらに、この 21 億円は、㈱サン企画から、㈱ピアグレースと同一の代表取締役の会社である㈱ティー・ワイエフに送金され、うち 18 億円が、㈱ティー・ワイエフから株式会社プレサンスコーポレーション（以下、㈱プレサンス）の Y 社長に送金されたとされている。

　ところで、㈱サン企画は、21 億円を預かるに際しては、①明浄学院高等学校校舎の新建築資金としてのもの、また、②預かり者の㈱サン企画は本学校法人からの承認および通知において各支払いを本学校法人に代わって行うことを記載した「預り証」を本学校法人に発行している。というのも、校舎建築資金が不足した場合には、㈱サン企画の保証が得られるとともに、建築資金を本学校法人が流用しないための対応策であったと説明されていた。

　問題となった本土地売買取引では、本学校法人が、同年 6 月 17 日に行った本物件についての入札の結果、最高値の提案をした㈱プレサンスが採択されたが、A 元理事長の風評被害もあって、上場会社である㈱プレサンスが本学校法人と直接契約ができないとの理由で、両者の間に、別途、㈱ピアグレースを介在させることになった。したがって、実質的な買い主が㈱プレサンスであることについては、当時の理事及び監事の共通認識であった。

　つまり、本学校法人の土地は、まず、㈱ピアグレースに売却され、その後さらに、㈱プレサンスに売却されている。また、報道等によれば、土地の売買に先立ち、㈱プレサンスの Y 社長が個人的に 18 億円を㈱ティー・ワイエフに貸し付け、さらにその 18 億円は、本学校法人の A 元理事長に貸し付けられたと

されている。したがって、先に、土地売却代金からの 18 億円が、最終的に Y 社長に送金されることとなったのは、A 元理事長が、その前に借り入れていた金額の返済資金であったということである。

なお、この 21 億円の行方不明問題に関する関連図については図表 II -3-1 を参照されたい。

図表 II-3-1 ■ 学校法人明浄学院の元理事長を巡る不当な資金の流れ

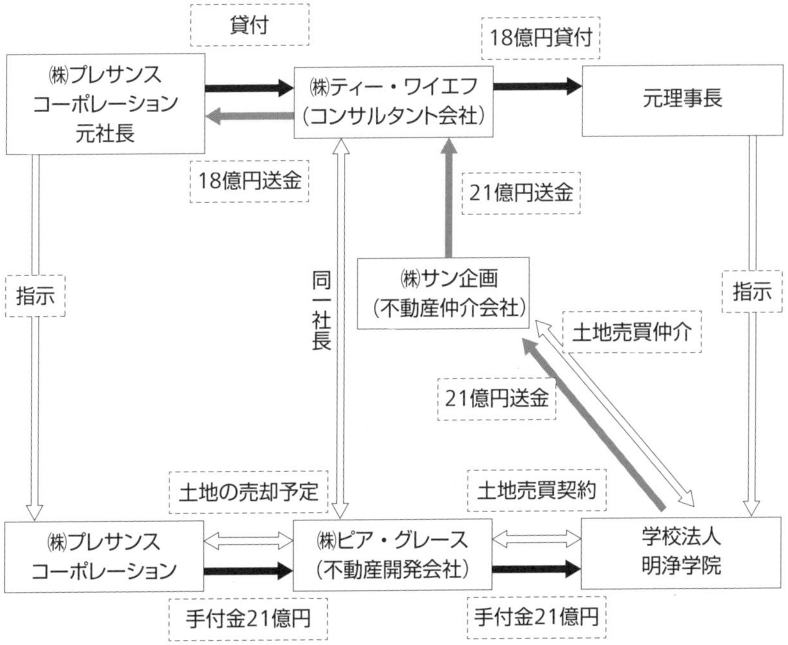

出所：米澤勝（2019）を参考に追記している

4. 不正を行った要因
——大阪地方裁判所の判決内容を基礎として

2019 年 11 月 23 日、本学校法人の理事会及び評議員会は、21 億円の業務上横領の疑いに関する被害について、A 元理事長他、複数の関係者に対して刑事

告訴することを決定したのである。その後、12月5日には、本学校法人のA元理事長と他の元理事が業務上横領容疑で逮捕されている。

この結果、2021年1月25日、大阪地方裁判所は、A元理事長に対して、本学校法人に対する業務上横領罪により、5年6月の実刑判決を言い渡したのである。

(1) 不正の動機

かねてより学校法人の経営権を取得したいと考えていたA元理事長は、被害を受けた本学校法人の買収資金18億円の金主を数か月間探したが、無担保で応じてくれる者はいなかった。そこで、本学校法人の高等学校の敷地の資産価値に着目し、「金主から借り入れた買収資金で被害法人の経営権を取得した後、その土地を売却し、被害法人が得る手付金で、金主からの借入金を返済する。」という本件犯行の中核となる枠組みを考え出したのである。

その結果、莫大な利益が見込めるマンション建設用地として本件土地を取得したい共犯者及びこれらを実現させて多額の仲介手数料などの利益を取得したい共犯者らとの利害が一致した結果、A元理事長に本学校法人の経営権を取得させることによって本件土地を売却させ、その土地をY元社長の㈱プレサンスに取得させる一方で、それらの費用を本学校法人の資産から回収しようとしたのである。

ちなみに、かかる不正の枠組みを実行に移すための準備として、A元理事長は、㈱プレサンスのY元社長から㈱ティー・ワイエフを介して、個人的に18億円の借り入れを行っているのである。そして、かかる資金を利用して、2016年4月に、A元理事長自身や、その関係者らが本学校法人の理事等に就任するなどして、実質的に本学校法人の経営権を取得し、2017年6月には、ついにA氏は本学校法人の理事長に就任することとなったのである。

なお、A元理事長を取り巻く共犯者らは、それぞれ自身の利益を不当に得る

---

3) 本学校法人の資金21億円をA元理事長らと共謀して着服したとして、業務上横領罪に問われた㈱プレサンスのY社長に対して、大阪地裁は2021年10月28日、無罪の判決を言い渡した。その後、大阪地検は控訴を断念したことから、同年11月11日、Y社長の無罪が確定した。

ことを画策しているが、そもそもの不正の発案はA元理事長であり、同氏が経営難にあった本学校法人の経営権を取得して、学校法人を立て直して自らの力を誇示したいという個人的な欲求を満たすことが主たる動機であったと認定されている。そのため、地裁の判決では、「本件犯行は、被告人（A元理事長；筆者挿入）らがそれぞれの思惑を実現すべく、自身らで負担すべき費用を専ら被害法人（本学校法人；筆者挿入）に負担させるために仕組まれたものであって、計画的で悪質といえる。

加えて、本件土地の売却や手付金の交付先について、新校舎の建築費用の確保などともっともらしい理由をつけた上、預り証等の実態を伴わない書類も作成するなどして体裁を整え、K（本件の共犯者；筆者挿入）に至るまでに複数の会社等を経由させて犯行の発覚を防ごうとするなど、犯行態様も巧妙である。」と断罪している[3]。

(2) ▍不正の機会

明確な理由は不明とされているが、先の㈱明浄の設立等にも深く関与していた、A元理事長の前のF元理事長が就任した2018年4月以降、本学校法人の業務執行を担う理事会の構成員が、大幅に改選されているのである。つまり、A元理事長が、本学校法人の経営権の取得を画策し始めた時期と符合する形で、本学校法人の理事11名のうち、9名が、わずか2か月の間に改選されたのである。その結果、先の1億円の流用問題及び21億円の行方不明問題に関与したとされるA元理事長及びD理事をはじめ、A元理事長に近い関係者が理事に選任されていることは、本学校法人のガバナンス体制の脆弱さが露呈した結果であると解される。

そのため、A元理事長の理事長在任期間、理事会は、本学校法人の最高意思決定機関及び理事長の監督機関として有効に機能していたとは言い難いとされている。実際問題、先の1億円問題、21億円問題及び新校舎関連契約締結問題のいずれについても、A元理事長は、理事会決議なく本学校法人の業務の決定を行っていて、法令及び寄附行為を軽視していたのである。

このように、すべてが違法な業務執行であり、法令及び寄附行為に違反する

ものでありながら、理事会や監事による監督が機能不全に陥っていたことで、一連の不正が実行に移されてしまったのである。

(3) ┃不正の正当化

　地裁の判決文によれば、「本件犯行が倒産に向かっていた被害法人を正常な運営に取り戻すための方法であったという点を酌むべきである旨主張し、被告人自身も被害法人の救世主のつもりだったなどと述べる。」との弁護人の証言も示されている。

　そもそも本学校法人の経営権がA元理事長の手に委ねられることとなったのは、本学校法人が、少子化等の影響もあり、また、風評被害により銀行融資もとれず、校舎建築資金を得るためには、本件土地売却が不可欠との虚偽の説明をしているのである。

　実際にも入札後の最高値での売却だと説明し、土地売却の手付金21億円については、建設資金を本学校法人が流用しないためとの理由で、㈱明浄に全額を預けており、あたかも、正当な業務執行であるかのように仮装している。そのため、理事会でも異議を唱える者はおらず、また、監事においても、理事会の議事録すら確認していないため、監事の果たすべき業務監査については実施された形跡もない。加えて、監事と会計監査人との面談での協議も一度もないことから、いずれの監査も完全に機能不全に陥っていたものと解される。

(4) ┃大阪高等裁判所の判決について

　本地裁の判決後の2021年8月25日、「被告人を懲役5年6月に処した原判決の量刑は重すぎて不当である」として、被告人A元理事長からなされた控訴審判決が、大阪高等裁判所から下された。その結果、原判決は、量刑の理由及び量刑事情の認定、評価に誤りはないということで、原判決の下した懲役5年6月の刑を相当とし、本件控訴を棄却したのである。

5. 内部統制の現状と課題

(1) 不正の発覚とその後の対応

　そもそも第三者委員会設置の経緯にも記載の通り 2019 年 7 月 2 日付の「日本経済新聞」が、本学校法人の元理事長が、大学の運営資金 1 億円の関連会社（㈱明浄；筆者挿入）への振り込みを指示し、同社を通じて仮想通貨の購入に流用した疑いのあることを報道したことが端緒となり、一連の不正が明るみに出たのである。さらに、7 月 20 日には、同じ「日本経済新聞」が、本学校法人が運営する高等学校の土地に関する売買契約の手付金 21 億円が所在不明になっていることを報じたのである。

　なお、かかる新聞報道が出る前の、6 月 22 日に開催された本学校法人の理事会では、B 理事の求めに応じて、前者の㈱明浄との 1 億円の資金の流れについて不正の疑義が出され議事録への記録がなされたものの、同理事は、解任されることとなったのである。

　こうした経緯の中で、結局、6 月 20 日の理事会において A 元理事長が辞任、後任として理事長に就任した C 理事についても、8 月 24 日に解任されているのである。こうした極めて不透明な措置がとられる状況下で、9 月 1 日に第三者委員会が発足することとなった。

(2) 本学校法人等の内部統制の実態

　本学校法人の機関及び組織については、私立学校法及び寄附行為に基づく以下の 4 つの機関と、任意に設置された 3 つの機関からなっている。前者の 4 つの法定の機関としては、①理事・理事会、②理事長、③監事、そして④評議員・評議員会がある。

　まず、理事会の構成員たる理事については本学校法人の寄附行為に従って選任されることとなっているが、既に見たように、A 元理事長が理事に選任された 2016 年の 4 月から、わずか 2 か月の間に、11 名の理事のうち 9 名が改選さ

れており、その後の不正事件を誘発ないしは助長する結果となっている。それどころか、毎月開催の理事会につき、一応、議事録は作成されているが、出席理事が議案について充分な理解のもとに、真摯な議論がなされた形跡はない。

　また、本学校法人の業務の決定には理事会決議が必要であるにもかかわらず、Ａ元理事長が理事長に就任していた時期には理事会の決議もなく、本学校法人の業務の決定が行われており、それが執行されているのを知りながら理事会決議を求めていない。理事会での議案の提出は、議案の提案者であるＡ元理事長が恣意的に行っており、それに対する理事・理事会からの牽制が効いていなかったとされる。

　さらに、監事においても、理事会・評議員会への出席、帳簿書類等の確認等、さらには計算書類等の確認や決算の確認は行っているが、理事会の議事録は確認しておらず、また、理事会決議が必要な事項に関して理事会に対して同決議が必要である旨の報告は行っておらず、監事監査の不十分さが指摘できる。その結果、監事監査の結果作成している監査報告書では、問題発覚まで継続して、「学校法人明浄学院の業務及び財産の状況は適切であり、不正の行為又は法令若しくは寄附行為に違反する重大な事実はないものと認めます」との監査意見を表明しているのである。

　一方、会計監査人については、会計監査に係る通例の監査手続は実施していたようであるが、今般問題となった不透明な土地売却に伴う所在不明の21億円の取引内容に関しては、取引を裏付ける契約書等について適切な確認がなされていない疑いが示されている。それどころか、本学校法人における取引としては、極めて異例かつ巨額な土地売買取引であったことから、監査上は、「特別な検討を必要とするリスク」に該当するものであり、職業的懐疑心を発揮すべきであったといえるものの、そうした対応は講じていない。なお、監査の結果については、私立学校振興助成法により求められる監査報告書に加えて、毎年監査終了後の６月に監査実施結果報告書を理事会宛に提出している。その中で若干の問題点等の指摘がなされているが、理事会や監事は、同報告書の内容を認識していないことから、その効果は乏しかったものと考えられる。このように、本学校法人の適切な運営に不可欠なガバナンスは全く効いておらず、その中核をなす内部統制についても、重大な不備があったものといえる。

　とりわけ内部統制の構成要素の中心とされる「統制環境」については、A元理事長自身によるトップの暴走にも見られるように、内部統制は全く有効に機能していなかった。すなわち、経営トップによる内部統制の無効化が図られた悪しき事例であるといえる。と同時に、そうしたトップの暴走を抑止ないしは防止する役割を担っている理事会、さらには、理事会を監視・監督すべき監事、加えて、不適切な土地売買取引による資金の流れを監査すべき会計監査人が、それぞれに課された任務を十分に果たし得ていなかったことが、結果として、重大な犯罪に結びついたものといえる。

　こうしたA元理事長の暴走を許容してしまった理由としては、不透明な理事選任プロセスの下で、A元理事長の協力者（あるいは共犯者）が意図通りに理事を選任することができたということでの理事会の機能不全が挙げられる。と同時に、本学校法人には職務権限規程等がなく、理事会の決議事項の範囲、理事長が裁量で決められる範囲については、一見してわかるようにはなっていないという点で、統制活動上の不備も指摘できる。また、有効な内部通報制度も未整備であり、独立性の高い外部窓口の設置もないことから、従業員が積極的な行動をとることも困難であって、法人内部からの自浄作用は期待できなかった。まさに、「情報と伝達」といった要素にも重大な不備が認められる。

　さらに、有効なモニタリング機能を発揮することを期待される、常任監事は不在であり、また、日常的に業務のチェックを行う内部監査室も設置されていなかったのである。

　このように、本学校法人の内部統制は、まれに見るほどに機能不全の状態であり、ひいては、ガバナンスの不全をももたらしていることから、根本的な改革がなされる必要があるものと解される。

(3) ▍学校法人のガバナンス改革からの教訓

　2019年12月20日に、文部科学省が、「公益法人としての学校法人制度について、令和元年の私立学校法改正や社会福祉法人制度改革、公益社団・財団法人制度の改革を踏まえ、同等のガバナンス機能が発揮できる制度改正のための検討を行う」趣旨のもと設置した「学校法人のガバナンスに関する有識者会議」

は、2021 年 3 月 19 日、「学校法人のガバナンスの発揮に向けた今後の取組の基本的な方向性について」と題する報告書を公表した。

そこでは、学校法人に対して、公益的な法人としてのガバナンスを確保するために求められる現行制度上の課題について多面的な提案等がなされている。中でも、理事長を的確に監視・監督するために、理事会におけるモニタリングの強化を図ることが指摘されている。加えて、学校法人の内部統制の番人ともいえる監事の果たすべき役割、さらには、監事の常勤化や内部監査組織の整備等、ガバナンス強化に向けた提言がなされている。かかる視点からも、本学校法人においては、それら内部統制のすべての点において課題が認められることが、結局は、A 元理事長の不正を防止ないし適時に発見することを困難にしてしまったものといえる。

したがって、本学校法人の再建を担う関係者にあっては、二度と、同じ轍を踏むことのないよう、有効な内部統制を整備し、かつ、運用すること、そして、そうした内部統制の有効性の評価を適時に行う体制を構築することが喫緊の課題であるといえる。

■ 参考文献

大阪地方裁判所・第 14 刑事部、事号「令和 1（件番わ）5184」、事件名「業務上横領」、裁判年月日「令和 3 年 1 月 25 日」

大阪高等裁判所・第 6 刑事部、令和 3 年 8 月 25 日宣告、「令和 3 年（う）第 258 号」業務上横領被告事件

学校法人明浄学院（2019）「第三者委員会『調査報告書』」12 月 30 日

学校法人明浄学院（2021）「中期計画（初版）　2021 年度〜2026 年度」4 月

文部科学省・学校法人のガバナンスに関する有識者会議（2021）「学校法人のガバナンスの発揮に向けた今後の取組の基本的な方向性について」3 月 19 日

米沢勝（2019）「〔会計不正調査報告書を読む〕第 104 回『学校法人明浄学院　第三者委員会調査報告書』」12 月 30 日 https://profession-net.com/professionjournal/financial-statements-article-125/（2021 年 10 月 4 日閲覧）

事例 **4**

国立研究開発法人における不正事例

1. はじめに

2020 年 6 月 26 日、京都大学は京都大学霊長類研究所（以下、霊長研）**1)** における競争的資金等の不正経理に関して、「霊長類研究所における不正経理に関する調査結果について」（以下、「調査結果」）と題する報告書を公表した。本件は、チンパンジー研究の世界的権威である A 氏ら 4 名が霊長研及び野生動物研究センターにおける複数の取引において研究資金約 5 億円を不正支出していた問題に関するものである。

霊長研の web サイト**2)** によれば、霊長研は霊長類に関する総合的研究を行う目的で、全国の研究者の共同利用研究所として、1967 年 6 月 1 日、京都大学に附置・設立された。京都大学に 14 ある附置研究所の 1 つであり、国内の 27 大学に 74 ある「共同利用・共同研究拠点」（86 施設）の 1 つであったとされる。

不正に関与した研究者は A 高等研究院特別教授、B 霊長研教授、C 野生動物研究センター教授、D 同センター特定准教授の 4 人である。2011 年度から 2014 年度にかけてチンパンジー飼育施設に関して結んだ契約のうち、過大な支出が 12 件、架空取引が 14 件、目的外使用が 1 件、入札妨害が 7 件の合計 34 件について不正が行われ、A 氏が 14 件、B 氏が 26 件、C 氏が 1 件、D 氏が 3

---

1) 本事例4で取り扱う事例を契機として、2022年3月31日をもって霊長研はその活動を終了している。

2) 京都大学霊長類研究所（https://www.pri.kyoto-u.ac.jp/index-j.html 2021年10月18日閲覧。現在は霊長研の活動終了に伴い閲覧不可能となっている）。

件関与していた。複数人の関与が認められた案件が複数存在しており、共謀による不正である。

　A氏は京都大学文学部哲学科を卒業後、「サルが見る世界」を研究しようと思い立ち、霊長研に助手として入所した。言葉や数字を理解し、天才チンパンジーとよばれた「アイ」を40年近く観察し、チンパンジーが人間と同じように色を識別できることなどを発見した。こうした研究から人類研究においての「比較認知科学」と呼ばれる新たな研究分野を開拓し、その研究成果は世界的に評価されており、2004年には紫綬褒章、2013年には文化功労章を受けている。2006年から2012年にかけて霊長研の所長を務めたA氏は、所長職を退いた後も同研究所の教授を続け、京都大学の看板教授の栄えある地位とされている京都大学高等研究院の特別教授に就任していた。

　詳細は後述するが、京都大学においては本件以外にも様々な部署において不正経理が発生している状況にある。中でも、霊長研で発生したこの事例は、金額的にも多額であったが、何より、不正の中心人物であったA氏は学内外で極めて高い評価を受けていた人物であったことなどから、社会的な影響も大きい事例であった。また、会計検査院による令和元年度決算検査報告の特徴的な案件の1つに挙げられている（会計検査院 2020b）。

　そこで、本事例の中心的人物であったとされるA氏を中心に本不正事例を分析、検討することとする。

2. 不正の要因

(1) ▍動機

　A氏が不正を行った動機は継続的な研究を実施するためである。「調査結果」によれば、サル類のケージを作成し納入できる業者は国内に2社しかないとされており、「長期にわたってチンパンジーを飼育し、実験に供するという研究分野の特殊性と、これに起因する大型類人猿用の大型飼育設備等を扱う特定の取引先業者と教員との間の長期にわたる密接な関係があった。」（5-6頁）として、

研究分野の特殊性と業者との関係性に問題の所在があると指摘されている。「チンパンジー用の大型ケージを扱える業者は限られており、そのような業者に依存した関係を保つことで長期にわたって研究を続けてきたという実態がある中で、取引先業者は本学とのこれまでのチンパンジー用ケージに関連する取引において多額の赤字を抱えていると主張しており、教員に対して赤字の補填を要望」（6頁）した経緯があり、研究を継続的に行うために架空取引等で取引先業者に対して必要以上の配慮をしたことが研究費の不正使用に至った背景であるとされている。不正に使用された金員はすべて取引先業者に対して支払われており、私的流用は認められなかったとしていることからも、私腹を肥やすという金銭に対する個人的な欲求ではないと考えられる。

(2) ▎機会

チェック機能が有効に機能していなかったことが、不正が行われた機会に関する主たる要因として挙げられる。「調査結果」では、「今回調査において、当時の事務体制として事務部内でのチェック機能が働いていなかったこと、また、一部の思考言語分野の教員に対して、事務職員が強く意見が申せない状況であり、会計手続上で問題があることに気づいても、それを指摘・是正できるような関係になかったことが確認された。その結果、適正ではないことを知りつつも、教員の判断を追認せざるを得なかったことも今回の事案の背景にあった。」（6頁）と指摘している[3]。このように、A氏の行為を事務方は不正だとわかっていたものの、霊長研の所長を務め、その後、特別教授となったA氏に対して意見がいえない状況になっていたのである。毎日新聞（2020）によれば、「所長だった立場と著名な研究者という権威の中で物が言いづらかったのか」という記者の問いに、当時の霊長研の所長は「それは否定できない」と述べたとしており、A氏の行為が不正だとわかっていても断り切れない状況、機会が形成されていたといえる。

---

[3] 会計検査院の検査報告においても、「霊長研職員及び霊長研経理責任者においてチンパンジー用大型ケージ等の整備に係る契約の内容の確認、検収等が十分でなかった」との指摘がなされている（会計検査院 2020a、472頁）。

(3) ▌正当化

A氏が不正を正当化してしまった理由は、順法意識の欠如にあると指摘できよう。2021年4月28日付で、A氏は地位確認と未払い分の給与480万円の支払いなどを京都大学に求める訴訟を京都地裁に起こしており、今般の事件についてA氏は自らの行為は不正行為でないと認識して正当化している。A氏は京都大学の調査結果で事実認定に誤りがあり、故意又は重過失による不正を認定した懲戒解雇は違法であり無効だと主張している（京都新聞 2021a）。

本件についてA氏のwebサイト[4]においても、「『不正使用』と報道されてまいりましたが、私的流用はありません。業者への預け金もありません。大学調査報告書もそれを認めています。報道や大学の説明資料の中で『入札妨害』という用語が用いられていましたが、これは大学が懲戒審査の過程で削除しています。業者との長年の癒着などもありません。日本学術振興会や文科省から交付された全額がケージ建設の事業のみに使われ、国民の皆様に由来するお金はいっさい無駄に使われていません。」として、自らの行為に問題はないという主張がなされている。

本事例では、会計検査院も調査を実施しているが、会計検査院の会計経理が不適正という指摘に対しても、「一般競争入札の手続きが適正におこなわれていなかったという『不適正』の認定が、一般競争入札である高額契約12件すべてについてなされました。その契約総額が9億7,019万円で会計検査院が指摘した総額の86％を占めます。しかし、これは『入札手続きが不適正』とされた契約の総額であり、損失額ではありません。大型ケージは設置されて有効に機能しています。」と主張しており、用途に問題はなく、問題があったとしてもそれは手続上の問題に留まるとの認識が示されている。

その上で、「サル類のケージを作製し納入できる業者は、国内に2社しかありませんでした。チンパンジーの大型ケージのように既製品がまったくない、まだ誰も作ったことがないものを作り、かつ仕様書や見積書などの物品購入手続きを規定どおりに進めるのは、むずかしかったと思います。そのむずかしい

---

[4] https://www.tetsuro-matsuzawa.net/（2021年10月18日閲覧）。なお、現在同webサイトは閲覧不可能となっており、閉鎖されているようである。

事業を進めるためには、事業に関わる知識をもち、かつ経理業務に精通した人員を、発注する側に整備しなければなりません。しかし、結果として、それが不十分なままに事業が進行し、不適正な会計経理を指摘されました。」として、チンパンジーのケージという特殊性が招いた結果であり、仕方がなかった部分があるのではないかという自己弁護にも見られる説明がなされている。

霊長研の元所長であり、京都大学名誉教授の小嶋祥三氏はこうしたA氏のwebサイトにおける主張について、「チンパンジーのためならば『すべてが許される』といっているように読める。フィールズ賞、ノーベル賞の受賞者を擁する、京都大学の高等研究院の特別教授が、このような認識を持っているとしたら、情けなく思う。多くの栄誉で着飾った結果、彼は全能感を持ち、遵法精神を著しく欠如させたのだろう。」と厳しく評価している（小嶋2020）。また、本件に関して「調査結果」では、「チンパンジー用の大型ケージについて、公的な研究費で整備する以上、研究費の使用ルールを順守しなければならないにも関わらず、正しい手続をとることなく特定の業者に依存していたこと、契約後に仕様を適正な手続を経ることなく軽々しく変更するなど、自らの研究を遂行することのみを優先しており、その背後には順法意識の欠如や会計制度の軽視があった。」（6頁）と指摘している[5]。

A氏のwebサイトにおける主張からは、自らの行為に問題はなく、不正であると認識していないことがうかがえるが、それを裏付けるかの如く、研究のためという大義名分の前ではルールは二の次である姿勢が垣間見える。

3. 不正が発覚した経緯と発覚後の対応

(1) ▏不正が発覚した経緯

不正経理が発覚した経緯は、2018年12月10日に、京都大学監査室が霊長研に係る公益通報を受理したことに端を発する。京都大学は契約手続の逸脱と

---

[5] 会計検査院の検査報告においても、「霊長研教員において事実に基づく適正な会計経理を行うという基本的な認識が著しく欠けていた」との指摘がなされている（会計検査院2020a、472頁）。

横領の疑いという観点で調査を実施していたところ、2019年5月22日、霊長研及び野生動物研究センターにおける複数の取引において架空取引等の疑いが会計検査院の検査を受けて発覚した。これを受けて当該公益通報を「国立大学法人京都大学における競争的研究費等の適正管理に関する規程」（以下、「規程」）13条に定める競争的研究費等の不正使用等に関する通報として受理することが決定された。その後、予備調査を開始したところ、架空取引（不正使用）等に関する疑念を払拭することができなかったため2019年6月14日に本調査の実施を決定、翌年の2020年6月26日に「調査結果」を公表した。

なお、2020年11月10日に公表された会計検査院（2020a）において指摘された額は約11億2,823万円であるのに対して、「調査報告」において公表した金額は約5億669万円であり、約6億円もの差が生じている。この差額及び会計検査院が指摘した約6億円分が公表されていなかったことについて、京都大学新聞（2020）によれば、大学の調査においてその存在は「契約手続き上の不適切な行為」として把握していたものの、当該の約6億円分の不正支出は「規程」で定められている「競争的研究費等の不正使用」に該当していないことから、規程に基づいて該当する約5億円分のみを公表していたとされている。会計検査院が新たに指摘した不正支出は、「会計検査院が別の観点で判断したものである」との見解を示し、「調査結果」には記載されていない。

(2) ▌発覚後の対応

「調査結果」によれば、京都大学は「京都大学における競争的資金等の不正使用に係る調査要項」8条、9条及び10条に基づく調査委員会を設置し、調査を実施している。設置された調査委員会は、①部局調査委員会（役割：関係者へのヒアリング、書面の検証等に基づく事実関係調査）と②本部調査委員会（役割：部局調査委員会の調査結果を検証）の2つである。①の部局調査委員会は4名の学内委員と弁護士1名の学外委員で構成され、②の本部調査委員会は7名の学内委員と弁護士1名の学外委員で構成されている。

京都大学では、2007年10月に文部科学省が公表した「研究機関における公的研究費の管理・監査のガイドライン」に基づき、「規程」を制定し、2009年

2月には「京都大学競争的資金等不正防止計画」を策定している。さらに、2014年2月の同ガイドラインの改正を受け、同年9月に規程の全部改正を行い、体制の整備やコンプライアンス教育を実施するなど、これまでに公的研究費の適正管理や不正経理の防止に向け、様々な措置を講じているとしている[6]。

しかし、今回の不正経理事案に関する調査で明らかになった発生要因等を踏まえ、今後、二度とこのような問題が生じないよう、改めて一層の取組みの強化を図るとして、契約手続、納品検査、教職員への会計研修の充実、事務機能向上に向けての取組み、ルールを逸脱した事務処理に対する取組みに関する再発防止策を公表している。

4. 内部統制の現状と課題

(1) ▎内部統制上の問題点

① 様々な不正経理とその発見方法

京都大学における不正経理は本件だけではない。著名な研究者による巨額の事例であった本事例に隠れてしまっているが、図表Ⅱ-4-1のように、京都大学においては様々な部署において不正経理が発生している。それぞれの事例において不正に関与した研究者数は1名と単独の不正であり、本事例のように共謀によるものではないが、京都大学における不正への対応が十分ではない可能性を指摘することができる[7]。

3(2)で述べたように、京都大学では公的研究費の適正管理や不正経理の防止に向けて様々な措置を講じており、さらに、これらの事例については、すべて、発生要因と再発防止策が示されている。それぞれ、内容に若干の違いはあるも

---

6) なお、本規定以外にも競争的研究費等適正管理関係規程や競争的研究費等不正防止計画等が策定、公表されている。https://www.kyoto-u.ac.jp/ja/research/rule/public/kitei（2022年8月31日閲覧）

7) 会計検査院の検査報告においても、「京都大学において霊長研教員、霊長研職員及び霊長研経理責任者に対し会計規程等に基づく適正な物品購入等手続を行うなどの指導が十分でなかった」との指摘がなされている（会計検査院 2020a、472頁）。

図表Ⅱ-4-1 ■ 京都大学における不正経理の事例

部署等	公表年度	内容	金額（円）	発見方法
准教授	2015	カラ謝金による還流行為、プール金	1,291,800	通報
防災研究所の教員	2017	架空請求（カラ出張）等による旅費の領得	11,248,802	通報
経済研究所の教授	2017	虚偽の請求による旅費の領得	849,360	通報
薬学研究科の教授	2017	預け金	94,317,932	東京地検の強制捜査
医学研究科教授	2019	架空請求、還流行為、補助金の目的外使用	788,820	通報
文学研究科教授	2019	不正な謝金の支出	19,200	通報
霊長研等（本事例）	2019	過大な支出、架空取引、目的外使用、入札妨害	506,697,056	公益通報

出所：文部科学省「研究機関における不正使用事案」を元に筆者作成

のの、基本的には、発生要因は教員の順法意識の欠如や倫理観の問題及び制度の不備とされており、再発防止策は発生要因に対応した形で倫理研修や制度の見直し、手続の強化などが示されている。しかし、様々な部署等において不正経理が発生している状況や、発見方法が通報や強制捜査となっており、大学が整備した制度、仕組みの中で不正を発見できていない状況を鑑みると、その対応策は十分なものであるか再検討する余地があろう。

② 十分な調査の未実施

こうした不十分な対応は、霊長研の事例においても見受けられる。「調査結果」によれば、不正経理が発覚した経緯は2018年12月10日に京都大学監査室が霊長研に係る公益通報を受理したことに端を発するとされているが、問題となった業者から2015年に提訴されており、通報があった3年前から問題を把握しているにもかかわらず本格的な調査を実施していなかった。毎日新聞（2020）によれば、2015年7月に業者は工事費の支払いに関する約束に関して、京都大学とA氏らに対して、約5億円の損害賠償を求めて東京地裁に提訴して

いる。その後、2017 年 5 月の判決で棄却され、控訴も同年 11 月に東京高裁で棄却されているが、京都大学の調査は 2018 年 12 月にこの業者からの公益通報を受けて開始されたのである。

このように、2015 年には問題を把握していたにもかかわらず、京都大学の対応が遅れたことに疑問がつくところがあるが、さらに疑問であるのは、A 氏が研究費の損害賠償を巡って提訴されて判決も出ていない段階で、高等研究院特別教授に任命されている点である。高等研究院は京都大学が世界の最先端研究のハブとなる組織として 2016 年 4 月に設置したものであり、最初の特別教授として数学分野のノーベル賞といわれるフィールズ賞受賞者で京都大学数理解析研究所所長を務めた森重文氏が院長に、A 氏が副院長に任命されている。特別教授は高等研究院が設置された際に設けられた肩書であり、京都大学高等研究院規程 7 条によれば、「国際的に極めて顕著な功績等があり、本学の研究教育の発展に貢献すると認められる者」とされている。提訴されている状況にもかかわらず十分な調査を実施しないだけでなく、A 氏を特別教授待遇とした理由には、大学トップの関与も推測される**8)**ところであり、不正に対する対応、姿勢に問題があったように思われる。

(2) ▎課題

京都大学における内部統制上の課題は様々あると考えられるが、特に必要なのは倫理教育の徹底等を通じた統制環境にかかる対応及び不正が発生する場面を特定する等のリスクの評価と対応にかかる対応であろう。

4(1)①において述べたように、2020 年に公表された霊長研の事例の他にも様々な不正経理が発生している。こうして様々な部署等において不正経理が行われている状況を鑑みると、単なる個人やルールの問題ではなく、大学全体としての雰囲気に何らかの原因が存在している可能性も否定できないのではない

---

8) A氏と当時の総長の山極氏の関係について、霊長研の元所長で京都大学名誉教授の杉山幸丸氏によれば、A氏は山極氏にとって霊長研の先輩で親交も深かったとしている（産経新聞 2022）。また、個人のブログによる記事であり、その内容について真偽を確かめるのが難しい点があるものの、当時の総長であった山極氏は霊長研で10年近く助手として過ごしており、A氏とは「盟友」といわれる関係が続いていたことが、本事例への対応に影響を与えているとの指摘もある（広原 2020）。

だろうか。例えば、京都大学は一般に自由な大学という雰囲気や評価があると思われるが、そうした点が場合によっては、ルールに対する考え方に影響を与えているのかもしれない。図表Ⅱ-4-1に掲げた京都大学における不正経理の事例に共通する不正の発生要因として、順法意識の欠如や倫理観の問題が指摘されていることは、真摯に受け止めなければならない点であろう。倫理教育の徹底等を通じて全学でコンプライアンス意識を高め、ルール重視の気風を醸成することが求められていると解される。

また、同じく4(1)①において述べたように、不正の発見方法が通報や強制捜査となっており、大学が整備した制度、仕組みの中で不正を発見できていないことから、不正が発生する場面を正しく評価できていない可能性が考えられる。今一度どこに不正リスクが存在しているかを改めて評価し、評価したリスクへの対応を検討することも必要不可欠といえよう。

5. おわりに

本事例を契機として、霊長研について2021年1月8日に再編を検討している旨の新聞報道があり（日本経済新聞2021）、その後、同年10月14日に事実上の解体に向けて議論がなされている旨の新聞報道がなされた（京都新聞2021b）。そして、同10月26日に京都大学は「霊長類研究所の改編の方向性について」を公表し、霊長研を解体、再編する方向性を示し、2022年3月31日をもって霊長研はその活動を終了した[9]。

こうした霊長研の解体について、計画撤回を求める多数の署名が集まるなど、解体を惜しむ声は根強かったとされており、また、研究の継続性や研究機関としての価値の高さ等を理由に、解体する必要はないのではないかといった記事や論調も多く見られる[10]。しかしこうした声には、A氏と同じく、研究と

---

[9] 時を前後するが、京都大学は2021年10月15日付で霊長研に所属していた元教授の研究不正を公表している（京都大学2021a）。不正経理のみならず研究不正も発生していたことから、霊長研は不正の温床となっていたのかもしれない。

[10] 例えば、朝日新聞（2021）、産経新聞（2022）、東京新聞（2021）など。

いう大義名分の前にはすべてが許される、研究はすべてに優先するという意識や認識が根底に存在しているのではないかと思われてならない。研究の前にまずもって研究者としての倫理観が要求されるはずである。研究倫理に悖る行為があれば、相応の処分を受けるのは当然であるし、今般の事例では、個人の問題にとどまらず、組織として問題が存在すると判断されたからこそ、組織の解散という処分、対応がなされたといえよう。

　内部統制の構成要素の 1 つである統制環境は、構成要素の中で最も重要であり、組織全体に影響を与える経営者の気風や組織文化といった理解がなされている。組織の解散という方法は、こうした統制環境への改善策ではなく、対応策としての最終手段であろう。霊長研の解体は、研究倫理に反する行為は決して許さないという京都大学の強い決意が感じられた対応である。

■ 参考文献

朝日新聞（2021）「京大霊長類研の解体『世界的損失』」11 月 9 日

会計検査院（2020a）「第 3 章第 2 節第 18　国立大学法人京都大学」『令和元年度決算検査報告』11 月 10 日

会計検査院（2020b）「16　研究所等におけるチンパンジー用大型ケージ等の整備にかかる不適正経理」『令和元年度決算報告の特徴的な案件』11 月 10 日

京都新聞（2021a）「チンパンジー研究権威、兄弟の懲戒解雇は『不当』　不正支出問題で松沢元特別教授が提訴」5 月 28 日 https://www.kyoto-np.co.jp/articles/-/572718（2021 年 10 月 18 日閲覧）

京都新聞（2021b）「京大が霊長類研究所を事実上『解体』へ　世界的な拠点、研究資金不正の舞台」10 月 14 日 https://www.kyoto-np.co.jp/articles/-/658473（2022 年 8 月 31 日閲覧）

京都大学（2020）「霊長類研究所における不正経理に関する調査結果について」6 月 26 日

京都大学（2021a）「研究活動上の不正行為に係る調査結果について」10 月 15 日

京都大学（2021b）「霊長類研究所の改編の方向性について」10 月 26 日

京都大学高等研究院（2017）『KUIAS 概要』7 月

京都大学新聞（2020）「松沢特別教授ら　懲戒解雇　霊長類研　不正支出巡り」『京都大学新聞』12 月 1 日 http://www.kyoto-up.org/archives/3086（2022 年 8 月 31 日閲覧）。

小嶋祥三（2020）「松沢哲郎のこと（4）」http://cognitivens.web.fc2.com/Matsuzawa4.pdf（2022 年 8 月 31 日閲覧）

産経新聞（2022）「【西論】霊長研の解体問題　京大は体質改善にも取り組め」1 月 26 日

東京新聞（2021）「〈社説〉京都大霊長類研 『事実上の解体』を憂う」11 月 16 日

日本経済新聞（2021）「京大の霊長類研、再編を検討」1 月 8 日

広原盛明（2020）「京都大学霊長類研究所、松沢哲郎元所長らによる研究費 5 億円不正支出の背景 山極壽一京大総長の虚像と実像（その 1）」6 月 30 日 https://hiroharablog.hatenablog.com/entry/20200630/1593505426（2021 年 10 月 18 日閲覧）

毎日新聞（2020）「『研究優先し順法意識欠如』特定業者と密接な関係」6 月 27 日 25 面

文部科学省（2015、2017、2019）「研究機関における不正使用事案」https://www.mext.go.jp/a_menu/kansa/houkoku/1364929.htm（2021 年 10 月 18 日閲覧）

社会福祉法人における不正事例

1. はじめに

　社会福祉法人は、社会福祉事業を行うことを目的として社会福祉法の定めるところにより設立された法人であり、公共性の高いサービスを提供する事業主体であることから税制上の優遇措置、補助金収入、独立行政法人福祉医療機構から低利での融資を受けることができる。その反面、行政の責任において民間委託されて社会福祉事業を行う主体であることから、一定金額の基本財産の確保、剰余金分配禁止、残余財産分配禁止などの強い規制を受けることになる。

　そのため、社会福祉法人の経営者は、公的支援や優遇措置ばかりに気をとられ、公的規制の下で事業活動を営んでいることを忘れて不正な取引を行えば—例えば、いわゆるオーナー企業である株式会社であれば特に問題とはならないような少額の不正であったとしても—厳しい制裁を受けることになる。特に、株式会社とは異なって社会福祉法人に対する出資（寄附）によって持分を有することにはならないため、不正取引により制裁を受けることになれば、社会福祉法人の創業者又は創業者の親族であっても理事長等の役員としての地位を失うことにもなる。

　そこで本事例5では、社会福祉法人における不正事例、とりわけ理事長及び理事長の親族による法人私物化の事例を分析し、内部統制上の問題点、社会福祉法人特有の問題点などを明らかにすることをねらいとする。

2. 事例5−1：社会福祉法人龍峯会の事例

　社会福祉法人龍峯会（以下、龍峯会）は、第一種社会福祉事業として熊本県八代市において特別養護老人ホーム、第二種社会福祉事業として短期入所生活介護事業及び通所介護事業、さらに公益事業として居宅介護支援事業を営む社会福祉法人であり、2007（平成 19）年に設立され、翌年に事業所が開設された。

　設立当初より理事長を務める H・K 氏は、整形外科医であり同市内にある医療法人社団優林会（以下、優林会）理事長も兼任している。また、H・K 氏の妻である H・M 氏が設立後に理事に就任し、H・K 氏と H・M 氏の娘である H・E 氏も後に理事に就任している。そして、本件は、H・K 氏、H・M 氏、H・E 氏の H 一族による法人の私物化という不正事例である。

　なお、本件以外に優林会が運営する介護老人保健施設アメニティゆうりんにおいて、2018 年 2 月から 5 月の間に常勤すべき医師が不在の状態となり、その間に 86 歳から 100 歳の入所者 11 名が亡くなっていたことが明らかになっている[1]。同施設では、上記期間において、経費節減目的で一部の入所者について点滴の量が半分以下に減らされ、それが入所者の死期を早めた可能性があることが熊本県高齢者支援課より明らかにされている[2]。

(1) ▎不正の関与者・概要

　「調査報告書」においては、(a)経費の不正支出、(b)嘱託医契約に関する問題、(c)架空出勤、(d)自動車の私物化、(e)職員の私物化、(f)パソコン導入契約（定款・経理規定違反、理事としての忠実義務違反）、(g)その他の業務上の規則違反、不正・不適切行為、(h)パワハラが問題とされ、これらの他施設建設費に関する不審点が指摘されている。

　以下では、上記の不正取引等のうち(d)自動車を私物化したとされる不正事

---

[1] 日本経済新聞、2019年6月2日、朝刊、31頁。
[2] 朝日新聞、2019年6月8日、朝刊、総合面。

例を中心に関与者・内容等について明らかにする。

A：2016（平成28）年10月17日に取得したBMW[3]

　H・K理事長の娘であるH・E氏が利用していた優林会名義のBMWが故障したので、母親のH・M氏に依頼し、H・M氏が事務長を自宅に呼び出して「施設で購入するように」と指示した。当該車両（BMW）は、専らH・E氏によって利用されていた。

B：2012（平成24）年10月1日に取得したベンツ[4]

　龍峯会は、経理規定上の購入手続を経ないで、H・M氏が利用していた優林会名義のベンツを2012（平成24）年10月1日に1,000,000円で取得している。当該車両の取得は利益相反取引に該当することから理事会承認決議も必要となるが、これらの手続や売買契約書も不存在であった。また、購入代金1,000,000円は優林会の口座に送金されているが、龍峯会の経理担当者は当該送金に関与していないと証言している。

　なお、当該車両は2015（平成27）年末から2016（平成28）年初め頃に廃車となり除却されている。

(2) ▌不正を行った要因（動機、機会、正当化等）

① 動機

　上記、自動車の私物化に関する不正取引について、「調査報告書」では、自動車の購入に関する理事会承認手続を経ていないこと、当該自動車が専ら理事長一族によって利用されていたことが問題視されている。しかし、この事実からは不正の動機が必ずしも明らかにはなっていない。

　なぜなら、AのBMWについては、仮に故障車両の代わりに龍峯会が新車を

---

3) 社会福祉法人龍峯会第三者調査委員会（2019）41-42頁。なお、同調査報告書からは、故障車両の龍峯会による買取りを指示したのか、故障車両の代わりに龍峯会が新車を取得することを指示したのか不明である。
4) 社会福祉法人龍峯会第三者調査委員会（2019）42-43頁。

取得したのであれば、H・E氏にとって新車の取得費用等を龍峯会に負担させる動機が働くことを容易に想像し得る。しかし、実際には故障車両を龍峯会が取得しており、当該車両の名義が優林会から龍峯会に変更されただけである。そのためH・E氏にとってのメリットが見いだせないからである。

　そして、このことはBのベンツの取引についても当てはまる。すなわち、H・M氏が利用していた優林会名義のベンツを龍峯会が取得した取引についても、名義が優林会から龍峯会に変更されただけの取引である。よって、H・M氏が当該車両を利用することには変更はなく、同氏にとってのこの不正とされる取引の動機を直ちに見いだすことはできない。

　これらの点については、優林会の保有する車両を不当に高額で龍峯会に売却し、龍峯会の資金を優林会に流用することも考えられるが、これでは資金が同じH・K氏が理事長である法人間を移動しただけであり、しかも高額による売却に伴う売却益は、医療法人において課税対象となり当該取引のメリットを見いだせない。加えて、Bのベンツの龍峯会への売却額は1,000,000円と決して高額ではなく、むしろ低額による取引といえる。

　この優林会から龍峯会へのBMWの売却、ベンツの低額売却については、おそらく税務上の事情によりなされた取引ではないかと思われる。すなわち、医療法人である優林会が保有する車両を理事長家族が専ら利用していたことから、車両関連支出が役員賞与として損金不算入（法人税法43条）とされた上、理事長に対する給与所得として所得税が課税されるおそれがあったからである。そこで、この役員賞与としての課税を回避するとともに、優林会の保有する車両を低額で売却することに伴う売却損計上により優林会の課税所得圧縮を図ることが当該取引の動機であることが推定できる。

　通常、会社が他の会社に資産を低額で譲渡した場合、図表Ⅱ-5-1に示すように、譲渡側の会社においては時価と譲渡価額の差額が寄附金として扱われ損金算入が制限される（法人税法37条1項、同8項）。また、譲受側の会社においては時価と譲渡価額の差額が受贈益として処理される。

　これに対して、本件のように医療法人が社会福祉法人に資産を低額で譲渡した場合には、譲渡側の医療法人における時価と譲渡価額の差額である寄附金について、特定公益増進法人への寄附金として一定限度の範囲内で損金算入の制

図表Ⅱ-5-1 ■ 会社間の低額譲渡（時価a＞車両簿価b＞譲渡金額c）

〈譲渡側〉

（借）	現 金	a	（貸）	車 両	b
	寄 附 金	a－c		売 却 益	a－b
	（損金不算入）			（益金）	

〈譲受側〉

（借）	車 両	a	（貸）	現 金	c
				受 贈 益	a－c
				（益金）	

限が緩和される（法人税法37条4項、法人税法施行令73条1項3号）。また、譲受側の社会福祉法人における時価と譲渡価額の差額である受贈益については非課税である（法人税法4条1項参照）。

　以上を仕訳で示したのが図表Ⅱ-5-2であるが、説明の便宜上、仕訳の形式は企業会計の方法によっている。

図表Ⅱ-5-2 ■ 医療法人と社会福祉法人間の低額譲渡
（時価a＞車両簿価b＞譲渡金額c）

〈譲渡側〉－医療法人

（借）	現 金	c	（貸）	車 両	b
	寄 附 金	a－c		売 却 益	a－b
	（損金）			（益金）	

〈譲受側〉－社会福祉法人

（借）	車 両	a	（貸）	現 金	c
				受 贈 益	a－c
				（非課税）	

売却益(a－b)－社会福祉法人への寄附金(a－c)＝－b＋c

　b＞c　ならば　－b＋c＜0　よって、医療法人の課税所得を減額

したがって、車両の私物化とされる取引は、H・K氏（又は助言者）による優

林会の租税回避及び節税を目的として行われた取引であり、龍峯会はその受け皿として利用されたことが推定される[5]。

② 機会

AのBMWについては、H・M氏が事務長を自宅に呼び出して行わせた取引であり、Bのベンツについては、経理規定上の購入手続、理事会承認決議及び送金手続まで無視されて取引が実行されている。いずれの取引も理事長一族による経営支配の下で実行されたものであり、理事長一族は不正のための機会を見いだすまでもなく当該取引を容易に行ったと考えられる。

また、車両の私物化とされる取引が優林会の節税等を目的として行われた取引であるならば、比較的高度の税務判断を要する取引であるため、専門家による助言も機会になったことが推定される。

③ 正当化

「調査報告書」によると、AのBMWについては、H・E氏はどちらの法人で買うかについて気にせず、龍峯会への通勤に使用していたことから私的利用ではないと誤認していた。また、Bのベンツについては、H・K理事長は利益相反取引であることを理解していないようであった。よって、同報告書では「法人の損害の下、自己の財産的利益を追求することの罪悪感が皆無」[6]と結論付けている。

そもそも正当化とは、自らの行為が不正であることを認識し、心の中に生じた矛盾を解消する心理作用（認知的不協和理論）であり、本ケースのように無知、誤認に基づいて自らの行為が不正であると認識していない場合や、仮に不正認識していたとしても罪悪感がない場合には成立する概念ではない。

このような正当化が存在しないケースを分析するためのモデルとして、誘惑に打ち勝つことのできなかった偶発的な犯罪者を対象とした従来の不正のトラ

---

[5] 但し、車両の法定耐用年数到来前の譲渡である場合には、減価償却費及び除却損の損金算入の機会を失うことになるため、車両の譲渡自体による通年での節税効果は期待できない。つまり、車両をH・K理事長の家族が利用していたことによる役員賞与課税を回避することが主たる目的であったと推定される。

[6] 社会福祉法人龍峯会第三者調査委員会（2019）43頁。

図表Ⅱ-5-3 ■ 新不正のダイヤモンド

出所：Dorminey et al.（2012）p.568を一部修正

イアングルに加えて常習的な犯罪者（Predator）に対する不正のトライアングルを合体させた、下記図表Ⅱ-5-3に示す「新不正のダイヤモンド」が有効である[7]。この新不正のダイヤモンドにおいては、常習的な犯罪者には心の中に生じる矛盾や葛藤がなく機会があれば躊躇なく不正を行う傾向があることから、正当化の代わりに「傲慢な態度」、動機の代わりに「犯罪に対する考え方」という要因によって不正を分析する。

　車両の私物化のケースを常習的な犯罪者に対する不正のトライアングルに当てはめると、まず、H一族の龍峯会と優林会における地位や言動から十分に「傲慢な態度」を確認することができ、それが不正に関する善悪の判断を妨げたと考えられる。これに加えて、もし専門家による助言があったならば、不正取引にお墨付きが与えられたことになり、傲慢な態度を助長させたおそれがある。

　次に、「犯罪に対する考え方」については、不正取引はH一族の経営支配下にある法人内での取引であるから外部の誰かに指摘されなければよく、仮に指摘を受けても当該取引を訂正すればよい程度の認識であったと推察される。

　したがって、法人所有の車両についてH一族の私的利用が常態化しており、これを誰も指摘しなかったことから、それが法的に問題であるという認識に欠け、よって、当該車両をどのように取り扱っても問題でないという考えに至っ

---

[7]　田中（2020）154-156頁。

たと思われる。

(3) ▌ 不正が発覚した経緯と発覚後の対応

① 八代市による立入検査

　龍峯会の所轄庁が 2013（平成 25）年 4 月 1 日に熊本県から八代市に移管されて以降、同会は八代市による指導監査を毎年受け、問題点と改善点を指摘されてきた[8]。ここで、指導監査とは、社会福祉法 56 条 1 項に基づく社会福祉法人への立入検査等をいい、社会福祉法人指導監査実施要綱によると、一定の周期（通常は 3 年に 1 回）で実施される一般監査と運営等に重大な問題を有する法人を対象として随時実施される特別監査があり、いずれも実地で行われる。

　そして、2018（平成 30）年 11 月 16 日に実施された平成 30 年度一般監査の際、「これまでの指摘事項に対する改善が見られず、更には複数の社会福祉法その他の法律に対する重大な違反行為が行われている疑義もあった」[9] ことから、2019（平成 31）年 2 月 6 日に立入検査（特別監査）が実施された。

② 八代市による勧告

　特別監査の結果、八代市健康福祉政策課は、龍峯会が、法令等に違反し、又はその運営が著しく適正を欠くと判断し、2019（平成 31）年 2 月 7 日に社会福祉法 56 条 4 項の規定に基づいて以下の勧告を行った[10]。

---

①　市が推薦する委員による第三者調査委員会を設置し、法人の損害額の把握とその回復措置及び責任の所在等の提言を得ること。

②　公用車（外国車）については、特定の理事が私物化しているものと判断されるため、当該車両を売却し、購入価格との差額を当該理事に弁済させること。また、購入時から売却の日までに要した車検や修繕、任意保険料等の車両の維持管理に係る費用も当該理事に弁済させること。

---

8)　社会福祉法人龍峯会第三者調査委員会（2019）5頁。
9)　八代市健康福祉部健康福祉政策課（2019）。
10)　八代市健康福祉部健康福祉政策課（2019）。

③　役員（理事及び監事）を刷新する手続きを進めること。なお、新役員候補者は市が別途推薦する。

④　理事長及び業務執行理事 2 名について、法人への関与を一切排除すること。なお、理事長個人からの借入金については、金融機関への借換を行う等により速やかに全額返済を行うこと。

③ 勧告への対応、八代市による公表

　龍峯会側は、八代市からの勧告を受けて 2019（平成 31）年 4 月 10 日に次の内容の措置状況報告書を提出し、八代市からの勧告のうち H 一族の龍峯会運営からの退陣については受け入れられない旨を表明した[11]。

勧告事項①について

八代市推薦による委員によって構成される第三者委員会を速やかに設置し、法人の損害把握とその回復措置及び責任の所在等の提言を頂きます。

勧告事項②について

特定理事により私物化された車両の購入費及び車検その他の諸費用は、全て弁済を済ませました。

勧告事項③について

理事会を招集し、理事及び監事の変更手続きを進めます。

勧告事項④について

理事長の交代については、施設運営の根本を揺るがすことになり利用者及び八代市民にとっても大きな損害を生じることとなるため、今回の特別監査の結果を十分反省するとともに、信頼回復に向け渾身の努力を致しますことを誓約いたします。

又、業務執行理事につきましては、1 名を一般理事に降格とし、1 名を法人及び施設運営から除外し、今後このような事態が生じないよう監視及び管理に努めます。

---

11) 八代市健康福祉部健康福祉政策課（2019）。

　これに対して八代市側は、上記の勧告事項④に対する対応が不十分として、社会福祉法 56 条 5 項の規定に基づいて、2019（平成 31）年 4 月 12 日にその旨を公表した。

④ H一族の解任

　2019（令和元）年 6 月 8 日に開催された定時理事会において、H・K 氏が理事長から、H・M 氏、H・E 氏が業務執行理事から解職された[12]。これによりH 一族は、同日をもって平理事となり、同年同月 29 日の任期満了からの再任もなされなかった[13]。

　さらに、2021（令和 3）年 6 月 30 日現在における龍峯会の役員・監事名簿、評議員名簿から H 一族が再任されていないことが確認できる。

3. 事例5-2：社会福祉法人夢工房の事例

　社会福祉法人夢工房（以下、夢工房）は、第一種社会福祉事業として兵庫県たつの市における特別養護老人ホーム、第二種社会福祉事業として兵庫県たつの市における介護事業（短期入所生活介護事業及び通所介護事業、訪問介護事業）及び兵庫県の他、大阪府、京都府、神奈川県、東京都、北海道、沖縄県における保育事業（保育園、幼保連携型認定こども園）などを営む社会福祉法人であり、姫路保育園（1947（昭和 22）年開設）を前身として 1967（昭和 42）年に社会福祉法人姫路保育園として設立され、2001（平成 13）年に社会福祉法人夢工房に名称変更された。

　前身である姫路保育園も含めて初代理事長は K・N 氏であり、1969（昭和 44）年に K・T 氏が理事長となり、創業者一族が歴代理事長に就任していた。そして、本件は、夢工房 4 代目の理事長である K・M 理事長と妻である K・S 統括園長などの K 一族らという法人の私物化による不正事例である。

　第三者委員会によって作成された「調査報告書」では、不正の当事者がアル

---

12) 朝日新聞、2019年06月10日、夕刊、社会面。
13) 社会福祉法人龍峯会第三者調査委員会（2019）82頁。

図表Ⅱ-5-4 ■ K一族の家系図と夢工房との関係

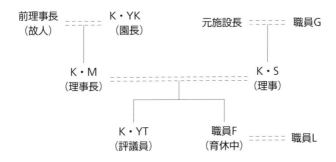

出所：社会福祉法人夢工房第三者委員会（2016）

ファベットで示されているが、今後、新たな事実が明らかになった際に、過去の経緯との関連を把握できるようにするために、本事例5-2では夢工房ホームページ、過去の事業報告、各種報道に基づいて可能な限り実名を調査して、イニシャルで記載している。名前がアルファベットであるものは、実名を確認できなかったものであり、「調査報告書」に記載されたアルファベットをそのまま用いている。

(1) ┃ 不正の関与者・概要

「調査報告書」においては、(a)架空勤務に基づく人件費の支払い、(b)車両・家具・家電等の私物化、(c)経費の不正支出、(d)補助金の不正取得が指摘されている。

以下では、上記の不正取引等のうち(a)架空勤務に基づく人件費の支払いという不正事例を中心に関与者・内容等について「調査報告書」を元に明らかにする。

① 社会福祉法人における人件費

社会福祉法人においては、その公共性、及びそれに基づいて公的補助、税制面での優遇を受けることから、人件費の適正な支出が要求され、株式会社とは

異なる制限を受けることになる。例えば、理事の報酬については定款にその額を定めていない時は、評議員会の決議によって定められる（社会福祉法45条の16第4項、一般社団法人及び一般財団法人に関する法律89条）。また、評議員の報酬については定款で定める必要がある（社会福祉法45条の8第4項、一般社団法人及び一般財団法人に関する法律196条）。

　評議員及び理事の報酬についての支給基準は、社会福祉法45条の35に基づいて不当に高額なものとならないように定める必要がある。

　また、役員報酬等支給の基準においては、理事等の勤務形態に応じた報酬等の区分及びその額の算定方法並びに支給の方法及び形態に関する事項を定めるものとされる（社会福祉法施行規則2条の42）。さらに当該支給基準は評議員会の承認（社会福祉法45条の35第2項）が必要となるとともに、当該承認を受けた報酬等の支給の基準を遅滞なくインターネットその他の方法によって公開する必要がある（社会福祉法59条の2第2項、同第5項）。

　上記により、法人と理事との関係は雇用契約でなく委任契約であるが（社会福祉法38条）、支給基準に応じた職務内容や勤務実態が要求されることになる。

　また、社会福祉法人は、その事業を行うに当たり、その評議員、理事、監事、職員その他社会福祉法施行令13条の2で定める社会福祉法人の関係者に対し特別の利益を与えてはならない（社会福祉法27条）。

② 夢工房の人件費に関する不正[14]

（ⅰ）K・M理事長に関する不正

　K・M理事長の給与のうち本人給は勤続年数をベースに算定されるが、能力給がK・M理事長による人事考課に基づいており、いわゆるお手盛りが指摘されている。

　その他管理職手当、赴任手当、賞与が支給されており、赴任手当については、一般に転勤を命じられた者に対して支給されるものであるが、通勤時間に1時間以上要する者を対象として理事長権限で支給できるものとされていた。これにより、神戸市中央区のマンションを借上社宅として家賃の半額を法人が

---

14) 社会福祉法人夢工房第三者委員会（2016）21-25頁。

負担し、残りの半額については、同額の赴任手当が支給されていたことから当該手当により充当し、個人負担がなかったものと判定されている。

(ii) K・S理事に関する不正

統括園長であるK・S理事に対する給与については、他の施設長と比較して特に高額とは判定されていない。しかし、東京都港区のマンション（息子のK・YT評議員と同居）を借上社宅として家賃の半額を法人が負担し、残りの半額についてはほぼ同額の赴任手当を受けており、個人負担がなかったものと判定されている。当該赴任手当については、同マンションの借上げを事後承認した理事会において上限額の改訂を行っている。また、上記給与は関東圏から支給され、これとは別に本部から能力給の支給を受けており、別々に給与が支払われていることに違和感がある旨が指摘されている。

(iii) 職員F（理事長の娘）に関する不正

職員Fは法人本部事務員として採用された当初の2年間はほとんど勤務実態がなかったにもかかわらず給与が満額支給されていた。また、職員Fは採用の2年後に大学院へ進学しており修了までのうち2年間についても、ほとんど勤務実態がなかったにもかかわらず給与が支給されていたことが確認されている。また、大学院の学費については、理事会で新設された内規に従って法人の研修費とされた。

また、同一マンションの別フロアへの住所変更に伴い赴任手当が支給されている。これについては理事長判断で遡及して支給できるように給与規定が改定されている。

(iv) K・YT評議員（理事長の息子）に関する不正

K・YT評議員は法人本部事務員として採用されると同時期に法人負担によりコンピュータ専門学校に通学している。この学費については、前述した職員Fの大学院入学に際して新設された内規に従って法人の研修費とされている。しかし、理事会報告では、当該研修が法人本部システム部配属のための技術取得を目的とした研修とされたが、実際にはK・YT評議員は法人外部に出向して

おりシステム部には配属されていなかった。

　また、内規に基づく法人が学費を負担した事例は、職員 F、K・YT 評議員以外にはなかった。

(v) 職員G（K・S理事の母）に関する不正

　職員 G は姫路保育園分院の事務員として給与が支給されていたが、聞き取り調査により、勤務実態がほとんどないことが明らかになっている。なお、勤怠記録簿には、他の職員が押印していた。

(vi) K・YK園長（K・M理事長の母）

　K・YK 姫路保育園長には給与が支給されていたが、骨折による入院後、姫路市による指導監査により指摘を受けるまで 2 年以上ほぼ出勤のない状態が継続していた。また、職員からの情報によると入院前からほとんど出勤していなかったようである。なお、勤怠記録簿には、他の職員が押印していた。

　以上の他、K・YK 園長の家政婦に対しても給与が支給されていたが、特別養護老人ホームであるシスナブ御津の非常勤事務職員として仮装採用されていた。

(2) ▌不正を行った要因（動機、機会、正当化等）

① 動機

　「調査報告書」においては、本件の背景として特別養護老人ホーム「シスナブ御津」（以下、シスナブ御津）の設立認可を受ける際に、J 前理事長と K・M 理事長により 2 億円の寄附がなされたこととの因果関係があると示されている。すなわち、シスナブ御津設立の認可要件として「建設自己資金については、建設費から県補助金、市町単独補助金等を差し引いた額の概ね 10％以上の額の自己資金が必要となっており、それらの自己資金は、原則として法人の理事等の役員からの寄付により調達することが必要」[15] とされていた。

　本調査では法人の簿外借入金が検出されており、これが K・M 理事長個人による寄附金と見せかける、いわゆる「見せ金」として流用されていたことが指摘されている[16]。そして、これが理事長一族による様々な不正と関係している

と結論付けられている。すなわち、見せ金のための法人による借入金を返済するために、法人からの給与が過大となりがちであり、こうした不正事例が当時横行していた可能性がある点が指摘されている**17)**。

② 機会

　いずれの取引も K・M 理事長の権限の下で内規が新設される等の方法により実行されたものであり、不正のための機会を見いだすまでもなく容易に行われたと考えられる。ここで、K・M 理事長の親族における家賃負担及び学費負担については、もし当法人が株式会社であったなら当該負担については役員賞与として損金不算入（法人税法 43 条）とされた上、給与所得として所得税が課税されるおそれがある。

　しかし、この点については、社会福祉法人は、法人税法上は公益法人等に区分され、収益事業からなる所得に対してのみ低税率課税されるとする優遇措置を得られる（法人税法 4 条 1 項、同法 66 条 3 項、租税特別措置法 42 条の 3 の 2）ため、そもそも役員賞与の問題は生じない。また、給与課税についても社会福祉法人については収益事業を除いて税務調査の対象外となるため（国税通則法 74 条の 2 参照）、理事長の親族に対する経済的利益について発覚し難いということになる。

　したがって、こうした社会福祉法人の税制面における優遇措置が理事長及び理事長の親族が不正を行うための機会となったと考えられる。

③ 正当化

　不正とされる取引については、K・M 理事長が内規を新設するなど形式面では規定に即した取引となっている。すなわち、諸規定に則っていることによって、あらゆる取引が正当化されるかのように誤解するような形式主義に陥っていたと思われる。

　また、認可を目的とした見せ金のための法人による借入金を給与から返済す

---

15) 社会福祉法人夢工房第三者委員会（2016）15頁。
16) 社会福祉法人夢工房第三者委員会（2016）16頁。
17) 社会福祉法人夢工房第三者委員会（2016）18頁。

るという不正取引の「事例は当時横行していた可能性がある。あるいは業界全体の暗黙の了解もあったかもしれない。」[18]とされており、業界内では多くの者がやっているからという理由で不正取引が正当化されていた可能性があると思われる。

(3) ▌不正が発覚した経緯と発覚後の対応

① 姫路市、兵庫県による立入検査

2015（平成27）年8月に実施された姫路市による一般監査、同年9月の特別監査によって、K・YK園長の架空勤務が発覚し、2016（平成28）年2月には兵庫県龍野健康福祉事務所がシスナブ御津へ立入検査を行い、K・YK園長の家政婦に対しても給与が支給されていたことが発覚した。これらによって、姫路市と兵庫県が合同で同年5月に特別監査を行いK・M理事長親族による不正取引が発覚した。また、特別監査によって補助金の不正取得についても発覚している。この結果、兵庫県と姫路市は第三者委員会の設置と調査を指示した。

② 横浜市などによる特別監査

横浜市は2016（平成28）年7月に定期監査を実施し不適正経理を指摘するとともに、8月に特別監査を実施し、法人財産の不正流用分の返還及び管理体制の改善を求めた[19]。また、東京都港区は東京都とともに夢工房が運営する高輪夢保育園への指導検査を実施し、架空人件費による運営費の不正受給に関して返還を求めた[20]。また、東京都目黒区も検査に基づいて同様の返還を求めた[21]。

③ 理事・評議員の解任、理事長一族の懲戒解雇

2016（平成28）年11月に夢工房は理事会及び評議員会で、K・M理事長、K・S理事の評議員及び理事の役職を解任し、K・YK園長についても評議員

---

18) 社会福祉法人夢工房第三者委員会（2016）18頁。

19) 日本経済新聞、2016年10月20日、地方経済面（神奈川）、26頁。

20) 日本経済新聞、2016年9月13日、地方経済面（東京）、15頁。

の職を解任した[22]。その後の新体制の下、職員としての身分が残っていた K・M、K・S、K・YK の他、K・YT、職員 F（長女）、職員 L（長女の夫）を懲戒解雇とした[23]。

なお、2021（令和 3）年 4 月 1 日現在における夢工房の役員・監事名簿、評議員名簿から K・M 理事長及び親族のうち実名を確認できる者については再任されていないことが確認できる。

④ 兵庫県警へ告発、損害賠償請求

夢工房は、2017（平成 29）年 9 月に K・M 理事長と K・S 理事による補助金詐取について背任や詐欺などの疑いで告訴・告発状を兵庫県警に提出し、姫路市も補助金を詐取されたとして詐欺容疑の告訴状を同県警に提出した[24]。

また同年 12 月に夢工房は、K・M 前理事長、K・S 前理事に計約 1 億 7 千 7 百万円の損害賠償を求める訴訟を神戸地裁に起こした[25]。これに対し神戸地裁は、2021（令和 3）年 6 月に請求と同額の支払いを命じた[26]。

4. 両事例における内部統制の状況と課題

(1) 内部統制上の問題点

企業会計審議会「財務報告に係る内部統制の評価及び監査の基準」（以下、内部統制監査基準）Ⅰ・1 によると内部統制とは、基本的に、業務の有効性及び効率性、財務報告の信頼性、事業活動に関わる法令等の遵守並びに資産の保全の 4 つの目的が達成されているとの合理的な保証を得るために、業務に組み込まれ、組織内のすべての者によって遂行されるプロセスをいい、統制環境、リス

---

21) 日本経済新聞、2017年2月15日、地方経済面（東京）、15頁。
22) 読売新聞、2016年11月9日、大阪朝刊（神戸）、31頁。
23) 読売新聞、2017年1月31日、大阪朝刊（阪神）、33頁。
24) 日本経済新聞、2017年10月2日、大阪朝刊、社会面16頁。
25) 読売新聞、2017年12月28日、大阪朝刊（神戸）、25頁。
26) 読売新聞、2021年7月2日、大阪朝刊（神戸）、21頁。

クの評価と対応、統制活動、情報と伝達、モニタリング（監視活動）及びIT（情報技術）への対応の6つの基本的要素から構成される。

龍峯会においては、自動車の私物化という問題に見られる様に、少なくとも事業活動に関わる法令等の遵守や資産の保全という目的について内部統制の有効性に問題があったと考えられる。また、夢工房においても同様の問題点が見られ、第三者委員会によって「「内部統制は無い」、といって過言ではない」という大変厳しい評価がなされている[27]。

そこで、以下では龍峯会及び夢工房における内部統制の有効性について上記6つの内部統制の基本要素ごとに検討する。

① 統制環境

統制環境とは、組織の気風を決定し、組織内の全ての者の統制に対する意識に影響を与えるとともに、他の基本的要素の基礎をなし、リスクの評価と対応、統制活動、情報と伝達、モニタリング及びITへの対応に影響を及ぼす基盤をいう（内部統制監査基準Ⅰ・2(1)）。

龍峯会においては、H・K理事長が自らの私財を投入して同法人を設立したという意識が強く、それが同法人の私物化を正当化するかのような態度であったという指摘がなされている[28]。また、H・K理事長の妻であるH・M理事については、理事長の権限の下、法人私物化の主導的立場にあったとされ[29]、「自分の意に沿わない行動・発言があると、途端に機嫌が悪くなり、職員に暴言・文句・侮辱・無視をするとの証言があった」[30]とされている。さらに、H・K理事長の娘であるH・E理事についても同様の問題があったとされている[31]。

また、夢工房においても創業者から数えて4代目に当たるK・M理事長が自身の給与に関してお手盛りを行い、親族に対してのみ学費を法人で負担するなどK一族による法人支配が常態化していたと思われ、K・M理事長及びK・S理事によるパワハラ行為や経済的抑圧がなされたとの情報もある[32]。

---

27) 社会福祉法人夢工房第三者委員会（2016）42頁。
28) 社会福祉法人龍峯会第三者調査委員会（2019）69頁。
29) 社会福祉法人龍峯会第三者調査委員会（2019）71頁。
30) 社会福祉法人龍峯会第三者調査委員会（2019）55頁。
31) 社会福祉法人龍峯会第三者調査委員会（2019）56頁。

以上のことから、両法人を支配する理事長及びその親族には経営者としての誠実性・倫理観が欠如しており、統制環境に重大な問題があったものと評価することができる。

② リスクの評価と対応

リスクの評価と対応とは、組織目標の達成に影響を与える事象について、組織目標の達成を阻害する要因をリスクとして識別、分析及び評価し、当該リスクへの適切な対応を行う一連のプロセスをいう（内部統制監査基準Ⅰ・2(2)）。

前述した通り、龍峯会では、毎年実地監査が実施され不適切な事務処理について再三にわたり指摘が行われていたにもかかわらず改善が見られなかった。また、H一族は、龍峯会における資産の私物化や経費の不正支出により同法人に損害を与えながら、八代市から理事長交代について勧告されたことに対して「施設運営の根本を揺るがすことになり利用者及び八代市民にとっても大きな損害を生じる」[33]と無自覚で的外れな回答を行っている。よって、自らの所業が同法人にもたらしている損害等のリスクを適正に評価できていなかったと考えられる。

また、夢工房においても、K一族による同法人の私物化に起因する損害のリスクが適正に評価されていなかったといえる。

③ 統制活動

統制活動とは、経営者の命令及び指示が適切に実行されることを確保するために定める方針及び手続をいう（内部統制監査基準Ⅰ・2(3)）。

「調査報告書」によると、龍峯会においては、表面上は統制活動が行われている体裁があったものの、これは所轄庁による指導監査における指摘を逃れるためのものであることが指摘されている[34]。

また、夢工房においても、K・M理事長が内規を新設して不正取引を行っていることから、一応の統制活動としての体裁があったと考えられるが、事業目

---

32) 社会福祉法人夢工房第三者委員会（2016）67-68頁。
33) 八代市健康福祉部健康福祉政策課（2019）。
34) 社会福祉法人龍峯会第三者調査委員会（2019）88頁。

的が適切に行われるためのものとして十分に機能していなかったといえる。

④ 情報と伝達

　情報と伝達とは、必要な情報が識別、把握及び処理され、組織内外及び関係者相互に正しく伝えられることを確保することをいう（内部統制監査基準Ⅰ・2 (4)）。

　特に問題となった 2018（平成 30）年の現況報告書によると常勤専従者数 43 名、非常勤者数 7 名という小規模な組織であること、また「調査報告書」によると H 一族による不正について従業員が把握していたことから、必要な情報が従業員レベルで正しく伝達されなかったことによる問題は確認されなかった。しかし、H 一族を除く理事、評議員、監事に必要な情報が伝達されていなかった可能性はある。これらの機能が形骸化しており、H 一族による不正の情報を伝達しても、状況の改善が期待できなかったと考えられるからである。むしろ、不正の情報を伝達することによって従業員の立場に影響することが懸念されたとも考えられる。

　また、夢工房における 2017（平成 29）年の現況報告書によると法人本部職員 6 名、施設・事業所職員 580 名という比較的大きな組織であるが、勤務実態がない職員の出勤簿の改ざんに協力した職員も見られる[35]ことから、従業員レベルにおいて K 一族による不正取引についての情報は伝達されていたと思われるが、K 一族を除く理事、評議員、監事に必要な情報が伝達されていなかった可能性はある。

　したがって、こうした状況下においては、法人外部に対する内部通報制度を導入し、通報者を保護する仕組みや制度を整備すべきである点が指摘できる。これについて、夢工房の第三者委員会が通報専用メールアドレスを設置したところ、職員から多くの通報が寄せられている[36]。

⑤ モニタリング（監視活動）

　モニタリングとは、内部統制が有効に機能していることを継続的に評価する

---

[35] 社会福祉法人夢工房第三者委員会（2016）71頁。
[36] 社会福祉法人夢工房第三者委員会（2016）74頁。

プロセスをいう（内部統制監査基準Ⅰ・2(5)）。

　まず、龍峯会では理事会の承認手続はおろか事後報告もないまま H・K 理事長の独断で取引がなされたことがあり[37]、監事による監査も年一度で 15 分程度であった[38] ことからモニタリングが有効に機能していなかったといえる。特に監事 2 名のうち 1 名は医療法人社団優林会の顧問税理士[39]であり龍峯会の監査を適切に行う立場にはなかったことが問題である。また、H・E 理事は私的購入・飲食に関する領収証を同法人に提出して金銭を受け取っており[40]日常的モニタリングのレベルにおいても機能していなかったといえる。なお、監事については 2 名全員が 2019（令和元）年 6 月に交代しており、新たに公認会計士 1 名、社会福祉事業に識見を有する者 1 名が就任している。

　次に、夢工房では、K・M 理事長及び理事長親族の利益に供するための内規新設などに理事会議決が必要となるが、理事会が形骸化し理事長の独断を食い止めるために機能していなかったことがうかがえる。また、理事のうち 3 名、監事のうち 1 名は、別の社会福祉法人の理事長であり、自ら運営する法人を差し置いて同業の他法人に意見するのは難しい状況があったのではないかということが指摘されている[41]。

⑥ IT（情報技術）への対応

　IT への対応とは、組織目標を達成するために予め適切な方針及び手続を定め、それを踏まえて、業務の実施において組織の内外の IT に対し適切に対応することをいう（内部統制監査基準Ⅰ・2(6)）。

　かかる IT への対応については、OS が古くなったことによるパソコン、サーバー、複合機の入れ換えにおいて、事務局において所定の手続が行われていたにもかかわらず、H・E 理事の同級生が代表である業者から性能等の吟味をしないまま保証、保守サポートもない中古パソコンのみを取得しており[42]、後にモニターが契約内容に含まれていなかった問題も生じている[43]。よって、組織

---

[37] 社会福祉法人龍峯会第三者調査委員会（2019）22頁。
[38] 社会福祉法人龍峯会第三者調査委員会（2019）76頁。
[39] 社会福祉法人龍峯会第三者調査委員会（2019）95頁。
[40] 社会福祉法人龍峯会第三者調査委員会（2019）18頁。
[41] 社会福祉法人夢工房第三者委員会（2016）68頁。

目標達成のための計画的な IT 投資がなされていたとはいえなかったと評価される。

なお、このパソコン等の入れ換えについては、事務局において 3 社見積等の経理規定所定の手続が行われていたが、H・E 理事がこれと異なる提案を行い H・K 理事長が理事会決議を経ることなく契約を強行している[44]。

(2) ▌社会福祉法人特有の問題

以上、龍峯会及び夢工房における内部統制に重要な不備があったと思われる点について内部統制の構成要素別に分析したが、これらに加えて社会福祉法人特有の問題があると考えられる。

まず、社会福祉法人は、法人税法上は公益法人等に区分され、収益事業からなる所得に対してのみ低税率課税されるとする優遇措置を得られる（法人税法 4 条 1 項、同法 66 条 3 項、租税特別措置法 42 条の 3 の 2）。よって、社会福祉法人については収益事業を除いて税務調査の対象外となる（国税通則法 74 条の 2 参照）。また、社会福祉法人への寄附金は、特定公益増進法人への寄附金として損金算入制限が緩和される。そのため、社会福祉法人は租税回避の手段として利用されるおそれがあり、これに関するリスクを想定することが必要である。

次に、社会福祉法人はあらゆる点で株式会社とは異なるが、この違いを十分に理解していないまま理事に就任して法人経営に従事しているおそれがある。龍峯会において H・K 理事長は、社会福祉法人には持分概念がないにもかかわらず、「寄付金額等と法人運営への参画権限を比例的に捉える」[45]という誤解に基づいていたために適切な法人運営ができなかったことが指摘されている。また、龍峯会の H・K 理事長は、「多額の私財をつかって施設を作っており、人生の塊である特養を奪われるのは許されない、行政による体の良い乗っ取りである」[46]と発言しており、社会福祉法人制度について理解が不十分であったと

考えられる。

さらに、夢工房で見られた、いわゆる見せ金が業界全体で横行していたことも社会福祉法人特有の問題である。そのため、資金の出所を追跡するための何らかの証明が必要であり、後述する会計監査人による監査が1つの方法として必要と考えられる。

(3) ▍ 監事監査の問題点

社会福祉法人における監事のうちには、①社会福祉事業について識見を有する者、②財務管理について識見を有する者が含まれなければならないとされている（社会福祉法44条5項）。また、監事には、公認会計士又は税理士を登用することが望ましいとされている（社会福祉法人審査基準3-4(5)）。株式会社において監査役の識見に関する適格性要件が特に法定されていない[47]ことに対して、社会福祉法人はその高い公共性を鑑みて、特に業務監査について社会福祉事業の識見と会計監査について財務管理の識見が要求されるという監事の適格性要件が厳格化されている。また、これらの専門的識見以外にも適正な職務執行を確保するために、監事は理事又は当該社会福祉法人の職員を兼ねることができない（社会福祉法44条2項、社会福祉法人審査基準3-4(1)）、監事には配偶者又は三親等以内の親族、その他各役員と社会福祉法施行規則2条の11で定める特殊の関係がある者が含まれることがあってはならないという適格性要件が定められている（社会福祉法44条7項、社会福祉法人審査基準3-4(4)）。

龍峯会における監事のうち1名は税理士であることから専門的識見に関する適格性要件は満たしている。また、社会福祉法や厚生労働省令などに定められている特殊関係者にも該当していないため形式的には適格性要件が満たされている。しかしながら、この監事は、H・K理事長が代表である医療法人の顧問

---

46) 社会福祉法人龍峯会第三者調査委員会「調査報告書」102頁。

47) 監査役の欠格事項（法人、成年被後見人・被保佐人、会社法等の法令違反を犯した者）や株式会社もしくはその子会社の取締役もしくは支配人その他の使用人又は当該子会社の会計参与（会計参与が法人であるときは、その職務を行うべき社員）もしくは執行役との兼任の禁止については法定されている（会社法335条）。社会福祉法人においては、会社法における欠格事項に加え、所轄庁の解散命令により解散を命ぜられた社会福祉法人の解散当時の役員も欠格事項とされている（社会福祉法44条1項、同40条1項）。

税理士であり著しい利害関係を有するため公正な監査は期待できない。これについて、例えば、公認会計士又はその配偶者が被監査会社等から税理士業務により継続的な報酬を受けている場合には、監査の公正性を確保するために監査を行うことが禁止されている（公認会計士法24条2項、公認会計士法施行令7条6項）。

また、年1回15分と極端に短い監査時間しか確保されていなかったことから、監事自身が監事の役割・職務について十分に理解していたかどうか疑問である。また、仮に監事の役割・職務が十分に理解されていたとしても、龍峯会の2017（平成29）年度の現況報告書によれば、同年度における監事2名の報酬総額が65,000円と少額であり十分な監査資源が投入されていなかったことが考えられる。

次に、夢工房の監事2名のうち1名は、前述したように他の社会福祉法人の理事長であり、社会福祉事業について識見を有する点については相応しいと評価できるものの、同業他法人に意見し難い状況にあったのではないかと指摘されている。もう1名の監事は会計事務所代表ではあるものの無資格[48]ということであり、信用失墜行為が禁止（公認会計士法26条、税理士法37条）されるなど責任のある者である有資格者の方が監事として相応しく、前述の監事には公認会計士又は税理士を登用した方が望ましいとする社会福祉法人審査基準に照らし合わせても問題があるといえる。

(4) ▎特定社会福祉法人の範囲拡大と会計監査人監査導入の必要性

龍峯会の2019（平成31）年3月決算における収益は294,110,138円であり、負債は273,284,245円であり、よって龍峯会は社会福祉法施行令13条の3に定める特定社会福祉法人（収益30億円を超える法人又は負債60億円を超える法人）に該当せず会計監査人監査は実施されていなかった。また、夢工房については、2017（平成29）年度から特定社会福祉法人には該当したが、問題が発覚したのはその前の年度であった。

---

48) 社会福祉法人夢工房第三者委員会（2016）14頁。

この特定社会福祉法人の範囲については、当初は2019（平成31）年度から拡大することが予定されていたが見送られた経緯がある。特定社会福祉法人の範囲拡大が当初の予定通りに行われ、龍峯会において会計監査人監査が実施されていたならば、八代市による立入検査（特別監査）に至る前の段階で状況の改善が図られていたことが期待できる。そして、H・K理事長も私財を投じて設立した龍峯会の経営者としての地位を失うこともなかったかも知れない。夢工房についても同様のことがいえる。

また、特定社会福祉法人においては、内部管理体制整備が義務付けられる（社会福祉法45条の13第5項）。

したがって、会計監査人監査の導入、内部管理体制の整備を促進するために特定社会福祉法人の範囲拡大が必要と考えられる。

5. おわりに

以上、社会福祉法人の理事長一族による法人私物化という不正事例について、不正の概要、不正の発覚と発覚後の対応、内部統制上の現状と課題について検討した。

本件においては、理事長一族の支配によるガバナンス不全が大きな原因であるが、持分権者によるモニタリング機能がない非営利法人において、そして特に小規模事業体においては、法人が特定の理事による支配下に陥るリスクを常に想定しなければならないと考えられる。このような状況に陥ることを未然に防ぐためには、情報と伝達の強化、具体的には法人外部を窓口とした内部通報制度の設置が必要である。一般的な会社においては、上場企業など大規模組織において内部通報制度が設置されるが、社会福祉法人においては、その高い公共性を鑑みて小規模組織であっても内部通報制度を設けるべきと考えられる。なお、内部統制監査基準とともに公表されている「財務報告に係る内部統制の評価及び監査に関する実施基準」においては、「内部通報制度は、法令等の遵守等をはじめとする問題について、組織の全ての構成員から、経営者、取締役会、監査役等、場合によっては弁護士等の外部の窓口に直接、情報を伝達でき

るようにするものである。」とされている。本件のような理事長一族によって法人が支配されているケースにおいては、理事、監事、顧問弁護士を通報窓口にしても、従業員は通報先が理事長一族と利害関係を有する者と判断して通報を控えると思われる。そのため、法人外部の独立の第三者を通報窓口にすべきと考えられる。

　また、龍峯会の事例において不正とされた車両の私物化においては、おそらく専門家による助言があったと推察され、社会福祉法人の租税回避の受け皿として利用されるリスクについても明らかになった。こうしたリスクについては、不正を未然に防ぐべく独立の立場から専門家が関与することが必要である。その１つが監事の適格性要件である。現行法において監事には専門的識見が要求されているが、公正な職務を期待するには特殊関係者の範囲が狭いという問題がある。そのため、監事の独立性を高めるような立法措置が必要と考えられる。そして、もう１つが会計監査人監査の導入である。特定社会福祉法人の段階的範囲拡大が凍結されている背景には、会計監査人監査を受け入れるための準備期間が必要であることが考慮されたものであるが、会計監査人監査の導入を促進するために特定社会福祉法人の範囲拡大が必要と考えられる。

　さらに、特定社会福祉法人の範囲拡大は内部管理体制の整備促進にも資するが、そもそも、内部管理体制の整備は規模の大小に関わらず必要であるから、特定社会福祉法人にのみ内部管理体制の整備を義務付けている現行法には問題があるといえる。例えば、厚生労働省令に示される内部管理体制のうち「監事の職務の執行について生ずる費用の前払又は償還の手続その他の当該職務の執行について生ずる費用又は債務の処理に係る方針に関する事項」は、監事の職務執行のためにすべての社会福祉法人に必要な体制であり、このような必要最小限の内部管理体制の整備については規模の大小に関わらず義務付けるべきである。

■ 参考文献

Dorminey, Jack W., Arron Scott Fleming, Mary-Jo Kranacher and Richard A. Riley, Jr. (2012) The Evolution of Fraud Theory, *Issues in Accounting Education*, 27 (2), pp.555-579

監査法人彌榮会計社・あおぞら経営税理士法人（2017）『平成29年4月からの医療法人と社

会福祉法人の制度改革〜ガバナンス（法人統治）は、どう変わるのか〜』実務出版

社会福祉法人夢工房第三者委員会（2016）「調査報告書」（公表版）10月17日 https://www.yumekoubou.or.jp/top/Houkoku.pdf（2022年12月26日閲覧）

社会福祉法人龍峯会第三者調査委員会（2019）「調査報告書」12月6日 http://www.ryuhou-kibou.com/img/file13.pdf（2022年12月26日閲覧）

新日本有限責任監査法人編著（2016）『社会福祉法人に求められる内部統制の実務対応』清文社

田中智徳（2020）『不正リスク対応監査』同文舘出版

八代市健康福祉部健康福祉政策課（2019）「社会福祉法人龍峯会に対する勧告について」4月12日

〔新聞〕

「運営費不正疑いの福祉法人、横浜で保育所新設中止。」2016年8月25日、『日本経済新聞』、地方経済面（神奈川）、26頁

「運営費890万円不正受給、港区の私立保育所、人件費水増し。」2016年9月13日、『日本経済新聞』、地方経済面（東京）、15頁

「横浜市、私的流用疑いの福祉法人に改善策求める、保育園運営。」2016年10月20日、『日本経済新聞』、地方経済面（神奈川）、26頁

「社福法人　3役員解任」2016年11月9日、『読売新聞』、大阪朝刊（神戸）、31頁

「「夢工房」不正流用　前理事長ら懲戒解雇」2017年1月31日、『読売新聞』、大阪朝刊（阪神）、33頁

「都内で2保育所運営「夢工房」、補助金1600万円不正受給、都が発表。」2017年2月15日、『日本経済新聞』、地方経済面（東京）、15頁

「資産私的流用　賠償命令」2021年7月2日、『読売新聞』、大阪朝刊（神戸）、21頁

「不正流用問題で告訴状、社福法人、前理事長夫妻を、兵庫県警に。」2017年10月2日、『日本経済新聞』、大阪朝刊、社会面、16頁

「夢工房不正経理　前理事長らを提訴　運営法人、地裁に」2017年12月28日、『読売新聞』、大阪朝刊（神戸）、25頁

「熊本の介護施設、入所者11人死亡、常勤医不在の間に。」2019年6月2日、『日本経済新聞』、朝刊、31頁

「入所者点滴、説明せず半減　県「同意必要」　熊本・老健11人死亡」、2019年6月8日、枝松佑樹、竹野内崇宏、『朝日新聞』、朝刊、総合面

「私的流用、別の社福法人解職　11人死亡、熊本の老健理事長」2019年6月10日、村上伸一、『朝日新聞』、夕刊、社会面

協同組合における
不正事例

1. はじめに

　2020年10月8日、JAおおいたは「不祥事第三者委員会の設置について」として、JAおおいた東部事業部元金融課職員による共済約款貸付の不適切な事務処理及び業務上着服並びに組織対応不備の発生が判明したことを受けて、不祥事第三者委員会（以下、第三者委員会）を設置した旨を公表した[1]。本件は2020年7月22日、JAおおいた東部事業部国東支店において共済コンプライアンス点検を実施したところ、共済証書貸付申込書がない共済約款貸付（以下、不正貸付）があることが判明したにもかかわらず、当該不正貸付にかかる問題を組織的に隠蔽しようとしたことに関するものである。

　本件について、JAおおいたは2020年9月28日に第三者委員会を設置し、同年12月24日に報告書を受領した旨及び調査報告書の要約版と全体版（以下、報告書）を公表した。また、同12月15日、報告書公表前に悉皆調査委員会も設置し、本不正貸付及び隠蔽を契機としてJAおおいた全体の見直しを図っているところである。

　JAでは数多くの不正が発生しており、例えば、インターネットにおいて「JA不正」や「JA　不祥事」をキーワードに検索すると、全国各地のJAにおける

---

1) 2020年10月8日付で公表された「不祥事第三者委員会の設置について」https://jaoita.or.jp/important/6306（2022年8月31日閲覧）では、本公表に先立って2020年9月4日付で「不祥事件発生のお知らせとお詫びについて」を公表したとしているが、JAおおいたのwebサイトでは当該情報を確認できなかった。

不正事例が表示される。しかし、不正を起こした事業所等のwebサイトでは情報があまり公開されておらず、不正の内容や対応について知ることが難しい。例えば、日本経済新聞（2020）において、「長崎県対馬市の対馬農業協同組合（JA対馬）で2019年1月、男性元職員＝同2月死亡＝による共済金の不正流用が明らかになった問題で、JA対馬は29日までに、流用額が9年間で17億7,621万円に上ったとの第三者委員会の最終報告書を公表した。」との報道があるが、JA対馬のwebサイトでは第三者委員会の報告書はおろか、そもそも、本事案に関する情報すら公表されていない。そうした中、JAおおいたにおける事例は100頁を超える第三者委員会報告書を公表しているのみならず、本事件を契機に追加的に設置された悉皆調査委員会による報告書も公表しており、不正事件の内容や問題点、その後の対応についても知ることが可能となっている。

そこで本事例6では、第三者委員会の報告書を中心に、JAおおいたにかかる本不正事例を分析、検討することとする。

2. 不正の要因——不正貸付に関する件

(1) ▌動機[2]

不正貸付を行った職員の動機は、借金返済と生活費、遊興費（パチンコ）という金銭問題に関する個人的なものである。JAおおいた東部事業部では共済約款貸付手続に関してずさんな運用が行われており、業務処理一覧表と貸付申込書等の原本とを突合して確認する作業手順が行われていない実情を悪用して、当該職員は共済契約者から共済約款貸付の申込みがあったことを仮装し、自ら端末を操作して共済約款貸付を実行し、自己の指定する口座に振り込ませて共済貸付金を不正取得しようと考えた。そして、職員の妻、実母の夫、職員の妻の父親及び飲食店を経営する会社（代表者は妻の父親）が共済に加入していることから、これら親族の共済契約を利用して本件不正貸付を行うことにしたので

---

2) 報告書の18頁を中心に整理している。

ある。

(2) ▌機会[3]

　不正を実行可能にした背景には、東部事業部において不適切な運用方法が行われ続け、また、管理方法が不適切であったことが挙げられる。貸付処理の本来の手続は、貸付処理を行った翌営業日に共済課の端末で業務処理一覧表をプリントアウトし、貸付申込書等の原本と突合して検印する方法となっていた。しかし、東部事業部ではこのような作業手順が履践されておらず、日報便で貸付申込書等が送付されて端末で貸付処理を行った後、それらの原本を日報便で即日支店に送り返すという運用が行われていた。翌日に業務処理一覧表をプリントアウトした時点では、既に貸付申込書等の原本は支店に送り返されており、それらの書類の写しを作ることもしていないために、貸付申込書等との突合を行うことができない状況となっていた。また、FAX便で貸付申込書等が送付された場合、翌日その原本が日報便で送付されるため、本来であれば、それらの原本と業務処理一覧表の突合は可能なはずであるが、FAX便の場合も突合は行われていなかった。

　担当者は前任者から突合をしない運用の引継ぎを受けており、共済課長もこのような突合を行うことなく、業務処理一覧表に検印していた。本運用の開始時期等は不明とされているが、共済約款貸付に関するマニュアルは管理職が所持しており、現場の担当者がそれを見るということはなかったとされる。そのため、前任者からこのような作業手順を口頭で引継ぎを受けた職員に対して、そもそも本来の手続と異なる運用であることすら周知されていない状態であったのである。

(3) ▌正当化

　報告書では正当化に関連する直接的な記述はないが、倫理観やコンプライア

ンス意識の欠如が背景にあると推察される。本事例で不正取得した共済金は本人が返済したのではなく、親族が返済を実施している。また、事件を起こした職員は過去に勤務していた武蔵支店においても、出納金庫から現金 10 万円を無断で持ち出すという行為を行っていた。不正貸付を繰り返し実施[4]していただけでなく、過去にも不正行為を実施していたことから、機会さえあれば不正を実行する可能性が高く、倫理観やコンプライアンス意識はないに等しいであろう。

3. 不正の要因──隠蔽に関する件

(1) 動機

　不正貸付が組織的に隠蔽された動機には、度重なる不祥事による組織存続の危機があったと考えられる。第三者委員会は、本件不正貸付とその隠蔽が発生した背景にある要因（組織・地域に根付く風土、従業員の意識）を把握するために、全 12 問から構成されるアンケート調査を実施した。アンケートの範囲は JA おおいたの正職員、非正規職員（臨時職員、嘱託職員を含む）、理事（エリア常務を含む）の 2,054 人である。アンケートの方法は本店・各事業部から、対象従業員にアンケート用紙と第三者委員会宛の返信用封筒を配布し、第三者委員会宛に直接郵送する形式によっている。

　全 12 問からなる質問の中で、その質問 6 において、「あなたは、今回の東部事業部における共済貸付金の着服事件が隠蔽された原因は何だと思いますか。あてはまるものに○をつけてください。（複数回答可）」という質問を実施している。本質問に対する回答で最も多かったのは「幹部職員のコンプライアンス意識が低い」の 56％であり、「狭い社会で、何事も内輪で穏便に済ませようとする傾向がある」が 47％、「JA おおいたは不祥事続きで、これ以上不祥事が表沙汰になると組織の存亡に関わるということで、皆ピリピリしている」が 40％と

---

4) 報告書によれば、不正貸付は合計28回、被害総額は983万7,000円に及ぶ（19-20頁）。

いう結果であった。こうした結果について報告書では、「内輪で穏便に済ませようとする内向きの意識や、これまで JA おおいたが不祥事続きであり、『これ以上不祥事を起こすことができない』という危機意識に、幹部職員のコンプライアンス意識の低さが相まって、『これ以上不祥事を表沙汰にすることができない』という誤った意識が生まれ、結果として、今回の本件不正貸付の隠蔽が起きた、と職員は考えていることが窺われる。」（51 頁）と指摘している。

(2) ▌機会

　不正貸付が隠蔽された原因は、東部事業部の担当部署の所属長、その上司であった総務部長、同事業部担当の常務理事といった組織のトップが関与した、まさに組織ぐるみの行為であったこと、また、各事業部の独立性が強く、統制が効き難い等、JA おおいたのガバナンス上の問題も指摘できる。

　報告書によれば、JA おおいたにおいては、旧 JA の地区やそれを引き継いだ事業部が依然として大きな意味を有しており、広域合併後も各事業部が独立性を有し、JA おおいた全体としての一体運営が十分に行われていないとされている（73 頁）。各事業部のトップを務めるいわゆる「エリア常務」は、当該地域の経営管理委員の指名を受けた当該事業部の生え抜きの幹部職員が務め、事業部内の幹部職員を長年にわたって掌握していることから、各事業部は経営管理委員を後ろ盾にしたエリア常務を頂点として強い独立性を有する形となっている。各事業部における実質的な人事権は各事業部のエリア常務が握っており、予算も本店に予算編成権があるものの、各事業部がその内部でどのように予算を配分するかについては、エリア常務が事実上大きな権限を持つことになり、それを本店が受け入れるという運用が行われていた。結果として人事と予算を握った事業部は、本店からの統制が効き難い存在となり、そのトップであるエリア常務は非常に強い権限を持つことになるとされている。

　以上のように、事業部の独立性が強く、強い権限を持つエリア常務が関与したことで、不正が隠蔽されたと考えられる。報告書においても、エリア常務は本件不正貸付の隠蔽の最終方針決定者であり、その責任は極めて重いと指摘されている（100 頁）。

(3) ▌正当化

　不正貸付の隠蔽が正当化された要因には、上記の動機におけるアンケートにあるように、身内意識が強いことやコンプライアンス意識の欠如が挙げられる。また、第三者委員会は調査の過程で、過去にも東部事業部が着服事例を隠蔽したことを発見、追加調査を実施しており、当該着服事例が本件に影響を与えている旨を指摘している。

　当該着服事例は、東部事業部の常務理事（エリア常務）のPCに保存されたデータから復元・発見されたメモから発覚した事例であり、不正貸付とその隠蔽に関与した人物及び経緯において共通点が多い。当該着服事例では事件発覚後、東部事業部の幹部が集まって協議し、本店への報告をする前に事実調査を先行させ、最終的には当時のエリア常務が方針を決定し、かかる方針に従って被害弁償を条件として依願退職させ、本店に報告することなく事件を収束させている。不正貸付の事例と当該着服事例におけるエリア常務は異なる人物であるが、不正貸付の事例におけるエリア常務は当該着服事例にも関与しており、不正貸付の事例では当該着服事例の処理がほとんどそのまま踏襲されている。こうした点について報告書では、当該着服事例があったことで東部事業部では不正貸付の処理方法について暗黙の了解ができ上がっていたということになり、当該着服事例は不正貸付の隠蔽のルーツとなる重要な事件であったと評価することができるとしている（29頁）。

4. 不正が発覚した経緯と発覚後の対応

(1) ▌不正が発覚した経緯[5]

　先述したように、本件は2020年7月22日、JAおおいた東部事業部国東支店において共済コンプライアンス点検を実施したところ、共済証書貸付申込書がない共済約款貸付があることが判明したことに端を発する。本件不正貸付は、2008年6月1日に制定されたJAおおいたの不祥事対応要領の「不祥事」

（2条）に当たり、本来は、不祥事の発生部署の所属長が直ちに不祥事の概要を
コンプライアンス統括責任者である本店リスク管理部長に報告する必要があっ
た（4条2項）。ところが、東部事業部の担当部署の所属長、その上司であった
総務部長、同事業部担当の常務理事らは本店リスク管理部長に報告せず、本件
不正貸付を隠蔽したのである。

　しかしその後、翌8月6日に本店コンプライアンス統括課に不正貸付の隠蔽
に関する内部通報メールが送付され、本店の金融部、共済部及びリスク管理部
で調査を行うとともに、東部事業部への事実確認が実施された。これにより隠
蔽が明らかとなり、JAおおいたは翌9月4日に記者会見を行い、不正貸付とそ
の隠蔽の事実を公表した。

(2) ▍発覚後の対応

　上記の事案の発覚を受けて、JAおおいたの経営管理委員会は2020年9月10
日に不祥事第三者委員会設置・運営規程に基づき第三者委員会の設置を承認
し、同月28日に委員の選任の決裁を受けて、同日、第三者委員会が設置され
た。

　第三者委員会は4名の委員と1名の補助者から構成されており、調査の目的
は不祥事第三者委員会設置・運営規程に基づき、以下の通りとされた。

① 　本件不正貸付とその隠蔽の実態解明
② 　本件不正貸付とその隠蔽の発生原因及び問題点の調査分析
③ 　内部管理態勢、コンプライアンス、ガバナンス上の問題点の調査分析
④ 　本件不正貸付とその隠蔽に関して責任を負うべき役職員の範囲、責任の
　　所在の解明
⑤ 　類似事案調査の適切性の評価
⑥ 　上記1から3を踏まえた再発防止策の提言

JAおおいたは2020年12月24日、第三者委員会から報告書を受領し、web

---

5) 報告書の22-25頁を中心に整理している。

サイトにて報告書を公表している。報告書は調査の概要、事実関係、原因論、再発防止策、責任論、あとがきから構成されている。

　なお、第三者委員会が調査を進める中、2020 年 12 月 15 日、第三者委員会が報告書を公表する前に JA おおいたは 4 名の委員から構成される悉皆調査委員会も設置している。悉皆調査委員会は過去の不正行為や不適切行為が五月雨式に発覚するという状況が続く限り、新たなスタートを切ることはできないとの認識のもと、まだ発覚していない不正行為や不適切行為を総ざらいすることを目的としている。

　そして JA おおいたは 2021 年 4 月 30 日、悉皆調査委員会から調査報告書を受領して調査手法、調査結果、今後の対応方針を web サイトにて公表した。本調査では、先の不祥事とは別に、新たに、業者からの QUO カードの受領、駐車代金の着服、推進費の私的使用、直販所を巡る不正支出問題が発覚したとしている。さらに、2021 年 11 月 22 日、「悉皆調査委員会における最終報告書受領等についてのお知らせと今後の対応について」として、悉皆調査委員会の最終報告書及び自主点検等によって新たに発覚した不正事例を公表している。

　また、時を前後するが、JA おおいたには 2020 年 10 月 8 日付で大分県より、農業協同組合法 94 条の 2 第 2 項の規定に基づき業務改善命令書（大分県2020）が交付されている。本業務改善命令書の中で、大分県は命令を行う理由として、以下のように説明している。

> 「大分県は大分県農業協同組合に対して、2008 年 6 月 1 日発足以降、不祥事に関して業務改善命令と幾度にもわたる報告徴求を発出してきたところであり、特に 2019 年度は、8 月 7 日および 9 月 17 日に業務上横領等、3 月 25 日には玄米の窃盗に関して三度の報告徴求命令を発出しており、当該組合は、策定した再発防止策による業務の改善取組を進めてきた。そうした中、共済約款貸付に係る貸付金の業務上横領と、当該不祥事について役員が関与した隠蔽が行われたことおよび集金業務における業務上横領が行われたことは、再発防止の取組を無にするものである。
> 　このことは、日常的な内部牽制が機能しておらず、また、事業部に閉鎖性があり同部に対するガバナンスが不足していると言わざるを得ない。

> このため、組合員、利用者の保護と信用秩序の維持、農協系統全体の信頼回復を図るため、かかる不祥事の再発防止に取り組むには、組合内のガバナンスの強化と法令等遵守態勢および内部牽制態勢等を再構築する必要があると判断したものである。」

　以上のように、JAおおいたの度重なる不祥事に対して厳しい論調で批判しており、不祥事の徹底的な原因究明と問題の所在を明らかにした上で、健全な業務運営を確保するために内部管理体制の充実・強化を図ることを要求している。本業務改善命令に対して、JAおおいたは2021年2月8日付で業務改善計画書を提出した旨及び業務改善命令項目に対する対応方針をwebサイトにて公表している（JAおおいた 2021a）。

図表Ⅱ-6-1 ■ 本事例を巡る主な出来事

日付	出来事
2020年7月22日	JAおおいた東部事業部国東支店において不正貸付発覚
7月末	上記支店は不正貸付を隠蔽することを決定
8月6日	本店コンプライアンス統括課に内部通報メール
9月4日	JAおおいたが記者会見を行い不正貸付と隠蔽を公表
10月8日	大分県がJAおおいたに対して業務改善命令
同上	JAおおいたが不祥事第三者委員会の設置を公表
12月15日	JAおおいたが悉皆調査委員会の設置を公表
12月24日	JAおおいたが不祥事第三者委員会の報告書を受理、公表
2021年2月8日	業務改善命令に対する業務改善計画書を提出、公表
4月30日	JAおおいたが悉皆調査委員会の報告書を受理、公表
8月6日	JAおおいたが「内部統制強化プロジェクト」立ち上げを公表
11月22日	JAおおいたが悉皆調査委員会の最終報告書を受理、公表及び自主点検等により新たに判明した不正事例を公表

出所：JAおおいた不祥事第三者委員会（2020）をもとに筆者作成

5. 内部統制の現状と課題

(1) ┃ 内部統制上の問題点

　JAおおいたは設立以来、不祥事が継続して発生しており、様々な組織上の問題があると考えられる。JAおおいたの正式名称は「大分県農業協同組合」であり、農業協同組合法上の農業協同組合である。JAおおいたは2008年6月1日、大分県内の16のJAの合併により発足し、その後に、杵築市農業協同組合と合併して現在に至っているが、これまで常に不祥事が定期的に発生しており、それに対する対応が求められてきた。

　まず、2009年6月、職員が支店の金庫室から現金2,400万円を持ち出し横領し、無断で届出書類を作成するなどして複数の顧客の定期貯金を無断解約し横領していたことが本店の監査により判明した。また、同年、4地域本部（当時）の支店、給油所において、売上金の横領、顧客の貯金からの横領があったことが判明した。そのため、JAおおいたは旧要改善JA「5」（指導区分「5」）に指定された。その後も、職員による葬祭代金の横領が判明したことなどにより、2度にわたり再指定された。

　その後2017年9月には、同年5月に職員が生産者拠出金（被害金額約100万円）を横領し、事業部が隠蔽を図ったこと、同年6月には職員が受託販売品の残渣（被害金額なし）を横領していたことが、それぞれ判明したため、JAおおいたは旧要改善JA「6」（指導区分「6」）に指定された。

　2019年3月には旧要改善JA「6」（指導区分「6」）から旧要改善JA「0」（指導区分「0」）に変更されたが、同年7月に職員が顧客から定期貯金として預かった現金を横領するとともに不正に共済契約を締結したこと、職員が顧客から共済掛金として預かった現金を横領したことが判明したことを受けて、同年8月に再度、旧要改善JA「6」（指導区分「6」）に指定された。前者は、被害総額約2,000万円で、支店長が面談により事実を認識したが発覚まで報告がされず、後者は前者の類似案件調査をする中で発覚した。

　JAおおいたは、2019年8月、旧要改善JA「6」（指導区分「6」）に指定され

ていたが、同年 9 月末の指導区分の廃止に伴い、10 月以降は「要改善 JA」に変更となった。しかし翌 2020 年 3 月、職員が倉庫から 160 トンを超える玄米（被害総額約 3,300 万円）を盗んでいたことが判明し、当該窃盗は、JA おおいたが 2019 年 10 月に要改善 JA に指定されて間もなく発生したものであり、その結果、JA バンク基本方針別紙 2-2「指定基準と経営改善取組内容（業務執行体制）」のレベル格付の指定基準のうちレベル 1 の「（要改善 JA）指定後に策定される再発防止策で定める期間において改善の目処がたたない場合」に該当することから、2020 年 4 月にレベル格付 JA（レベル 1）に指定された。

そして、2020 年 7 月に本不正貸付とその隠蔽が発覚したことから、JA おおいたは、JA バンク基本方針別紙 2-2「指定基準と経営改善取組内容（業務執行体制）」のレベル格付の指定基準のうちレベル 1 の「役員が関与する等 JA のガバナンスに問題ある不祥事件（子会社含む）が発生した場合」に該当するものとされ、さらにレベル格付 JA（レベル 1）に再指定された。また、本不正貸付とその隠蔽が発覚し、さらにその後、JA おおいた南部事業部において、職員がガス料金と器具代金を横領していたことが判明したことを受け、2020 年 10 月、JA おおいたは大分県から業務改善命令を受けることになった。

以上のように、JA おおいたには不正が常に付きまとっており、今般の悉皆調査において新たに不正が発覚するなど、終わりが見えない状況にある。こうした不正の原因は様々な組織上の問題に由来していると解されるが、特に、コンプライアンス意識の欠如やノルマに対するプレッシャーが関連しているであろう。

先述した報告書のアンケートの質問 5 では、「あなたは、今回の東部事業部における共済貸付金の着服事件の原因は何だと思いますか。その原因として感じておられるものはどれですか。あてはまるものに○をつけてください。（複数回答可）」という質問を行っている（49-50 頁）。本質問に対する回答で最も多かったのは、「当該職員に信用事業・共済事業に携わる者としての倫理観が欠けていたから」の 76％であり、「コンプライアンス意識が不十分だから」が 50％、「共済契約獲得等のノルマが厳しく、職員の負担が大きいから」が 48％、「不正を未然に防ぐ仕組みが欠けていたから（やろうと思えば誰でもできる）」が 38％と続いている。一般に不祥事が生じた場合にこのようなアンケートを行う

と、当事者の個人的資質や全体としてのコンプライアンス意識の欠如などが原因として多く挙げられる傾向があり、今回のアンケートでも同様の結果となっているものの、今回のアンケートにおいては、それらに次いでノルマを原因として挙げる者が多いという点が、極めて特徴的であると指摘されている。アンケートの自由記述欄においては、ノルマと不正を関連付ける記述が多くなされており（59-63頁）、不正の動機やプレッシャーがJAおおいた全体に潜んでいる様子がうかがえる。

(2) 求められる対応

　前項で述べたように、JAおおいたでは本事例の前後にも様々な不祥事が明らかになっており、常に改善要求がなされている状況にある。報告書では問題が発生したJAおおいた東部事業部だけでなくJAおおいた全体に対する再発防止策が提示されており、こうした状況において対応すべきことは数多くあると思われるが、特に必要なのは組織の文化、風土の改善といった統制環境に係る事項及び正当な手続を徹底させるモニタリングの強化であろう。

　不祥事に関するアンケートにおいて、「共済契約獲得等のノルマが厳しく、職員の負担が大きいから」、「幹部職員のコンプライアンス意識が低い」、「狭い社会で、何事も内輪で穏便に済ませようとする傾向がある」といった回答が見られることは、組織の文化、風土に関する問題であり、統制環境にも大きな問題があることが指摘できる。こうしたアンケート結果は、問題が発生した東部事業部における特徴といえるが、同様の質問が自分の事業部に当てはまるかという問いに対して、「共済契約獲得等のノルマが厳しく、職員の負担が大きいから」という理由は、JAおおいた全体としては東部事業部の48％より2％多い50％という結果になっている。その他の質問項目は東部事業部と比較してJAおおいた全体としてはすべて低い結果となっていることから、東部事業部は特に問題があった組織とも捉えられるが、共済契約獲得等のノルマが厳しいという動機やプレッシャーはどの事業所にも存在している。こうした状況を変えない限り、不正はなくならないであろう。

　また、本不正貸付の事例では、必要な手続を実施していないことが適時に発

覚しておらず、モニタリングが不十分であったことがうかがえる。前出のアンケートの質問5においても、「不正を未然に防ぐ仕組みが欠けていたから（やろうと思えば誰でもできる）」が38％となっており、内部統制が有効に機能しているか否かを継続的に評価、検証することが必要であろう。

6. おわりに

　2021年8月6日、JAおおいたは組合員に対して「第14回通常総代会の延期と令和3年度臨時総代会の開催について（お詫び）」と題する文章を公表した。これは、本来6月に開催予定であった第14回通常総代会が開催できていないことに関連するものであるが、その中で、7月に各連合会のJA系統組織にもさらなる協力を依頼し、「内部統制強化プロジェクト」を立ち上げ、現場実態に沿った内部統制の仕組みの検討とその定着化を図ることを目的に緊急的な取組みも開始したとしている。一連の対応や改革の成果については、今後の状況を注視していく必要があると思われるが、1つの変化として見られるのは、2022年以降、不祥事に関する情報をwebサイトにて適時に公表している点である。過去に類似の不祥事自体が存在しなかった可能性も否定できないが、webサイトの情報を見る限り、従来こうした情報は公表されていなかったことから、本事例で取り扱ったような隠蔽といった行為、風潮は改善してきているのかもしれない。

　しかし、悉皆調査委員会の最終報告書では、上司と部下の共謀による犯罪や、窃盗や業務上横領に該当する米の横流しや類似行為が伝統的に行われていたことを示唆する記述もあり、組織において根が深い問題が残されている可能性は否定できないと思われる。これまでの状況を見る限り、JAおおいた全職員が当事者意識を持って取り組まなければ、実効性ある有効な内部統制を構築、運用することはできないであろう。

　本事例6ではJAおおいた東部事業部における問題を中心に取り扱ったが、冒頭述べたように、不正が発生しているのはJAおおいただけではない。とりわけ、本事例でも明らかにされたノルマの問題は、JA全体における極めて大きな

問題として指摘されている（窪田　2022）。JA おおいたで露呈した問題は他の全国各地の JA においても潜んでおり、JA おおいたは氷山の一角にすぎない可能性もあるだろう。真の問題解決のためには、JA 全体の見直しが必要かもしれない。

■ 参考文献

大分県（2020）「大分県農業協同組合に対する業務改善命令について」
　　https://www.pref.oita.jp/uploaded/life/2114746_3012633_misc.pdf（2022 年 8 月 31 日閲覧）

窪田新之助（2022）『農協の闇』講談社現代新書

JA おおいた（2020a）「不祥事第三者委員会の設置について」10 月 8 日 https://jaoita.or.jp/important/6306（2022 年 8 月 31 日閲覧）

JA おおいた（2020b）「悉皆（しっかい）調査委員会の設置について」12 月 15 日 https://jaoita.or.jp/important/6851（2021 年 10 月 18 日閲覧）

JA おおいた（2020c）「不祥事第三者委員会の報告書の受領に関するお知らせ」12 月 24 日 https://jaoita.or.jp/important/6951（2021 年 10 月 18 日閲覧）

JA おおいた（2021a）「業務改善計画書の提出について」2 月 8 日 https://jaoita.or.jp/important/7212（2022 年 8 月 31 日閲覧）

JA おおいた（2021b）「悉皆調査委員会における調査報告書の受領についてのお知らせと今後の対応について」2021 年 4 月 30 日 https://jaoita.or.jp/important/7868（2022 年 8 月 31 日閲覧）

JA おおいた（2021c）「第 14 回通常総代会の延期と令和 3 年度臨時総代会の開催について（お詫び）」2021 年 8 月 6 日 https://jaoita.or.jp/important/8562（2022 年 8 月 31 日閲覧）

JA おおいた（2021d）「悉皆調査委員会における最終報告書受領等についてのお知らせと今後の対応について」2021 年 11 月 22 日 https://jaoita.or.jp/important/9816（2022 年 8 月 31 日閲覧）

JA おおいた不祥事第三者委員会（2020）「調査報告書」2020 年 12 月 24 日 https://jaoita.or.jp/wp/wp-content/uploads/2020/12/20201222_tyousahoukoku_zentai_compressed.pdf（2022 年 8 月 31 日閲覧）

日本経済新聞（2020）「共済金不正流用 17 億円に、JA 対馬元職員、6 億円回収困難。」6 月 30 日、西部朝刊 17 頁

米澤勝（2021）「〔会計不正調査報告書を読む〕【第 111 回】大分県農業協同組合（JA おおいた）「不祥事第三者委員会調査報告書（2020 年 12 月 24 日付）」」2021 年 3 月 11 日 https://profession-net.com/professionjournal/internal-control-article-33/（2021 年 10 月 18 日閲覧）

独立行政法人における不正事例

1. はじめに

　国立研究開発法人宇宙航空研究開発機構（以下、JAXA**1)**）は 2020 年 10 月、「機構元役員による収賄事案に関する調査検証チーム報告書」（以下、JAXA 報告書）を公表した。本収賄事案は、文部科学省からの出向者である元理事 K 氏が在任時に理事の地位を利用して、親交のあった医療コンサルタント会社役員 T 氏に対し、同社のコンサルタント業等に関して有利かつ便宜な取計らいを行った見返りとして、合計 21 回、約 147 万円の飲食等の接待及び 6 万円分のタクシーチケットの供与を受けたことで、逮捕・起訴され、2019 年 12 月に実刑判決が下されたものである。

　本事案発覚の経緯を紐解くと、文部科学省の別の幹部職員 S 氏の収賄事案に関する捜査の過程で発覚・逮捕に至ったものであり、広義には文部科学省における一連の汚職事件の一部を構成する収賄事案として整理されるものである。

　しかしながら本事例 7 では、公判で認定された K 氏による収賄事案が JAXA 在任時に行われたものであり、他の汚職事件とは不正が発生した組織が異なる点に着目し、文部科学省の一連の汚職事件全体ではなく不正の舞台となった JAXA に焦点を当てることで、独立行政法人と主務省との関係性に起因したガバナンス構造上の課題により、本件不正の発生を未然に防げなかったのではないかという仮説から本事案を検証することとした。

---

1) JAXAは、政府全体の宇宙開発利用を技術で支える中核的実施機関と位置付けられた、文部科学省が所管する独立行政法人である。

　検証に当たっては、まず、本事案を中心に不正の概要と発覚の経緯の事実確認を行った。次に、JAXA 報告書等を基礎に内部統制の現状と課題について整理するとともに不正の要因分析を実施した。続いて、独立行政法人と主務省との制度上及び実務上の関係について検討し、当該関係が独立行政法人のガバナンス構造に与える影響を検証するとともに、本事案における課題が他の独立行政法人でも存在するものであることを確認している。

2. 不正事案の分析

(1) ▎不正発覚からの経緯

　まず、本収賄事案に関連する公表資料を用いて、事案の概要と事実関係を整理した。不正発覚からの経緯については図表Ⅱ-7-1 でまとめている。

　不正発覚のきっかけは、文部科学省科学技術・学術政策局長 S 氏が医療コンサルタント会社役員 T 氏の仲介で、I 大学理事長等へ私立大学等の支援事業の選定に関する便宜を図った見返りに、I 大学理事長等が S 氏の息子を同大学に合格させるよう入試の点数を加算して不正に合格させたことが、東京地検特捜部の捜査により判明し、2018 年 7 月 4 日に関係者が逮捕されたことにある。当該捜査の過程で T 氏から K 氏に対する本収賄事案が発覚し、同年 7 月 26 日に K 氏が逮捕されたことで、文部科学省の一連の汚職事件及び JAXA における本収賄事案が明るみに出た。

　文部科学省及び JAXA は、それぞれ外部の弁護士を加えた調査・検証チームを設置し、文部科学省においては本収賄事案を含む一連の汚職事件について、JAXA においては本収賄事案について、それぞれ検証を行った。捜査・公判中という制限下において、文部科学省は同年 10 月 16 日に「文部科学省幹部職員の事案等に関する調査報告（中間まとめ）」（以下、文科省中間報告書）を、JAXA は同年 11 月 30 日に JAXA 報告書の中間まとめをそれぞれ公表した。その後、2019 年 12 月 4 日に K 氏に対する東京地裁の有罪判決があり、同年 12 月 19 日に控訴せずに判決が確定したことから、文部科学省及び JAXA それぞれの調

査・検証チームは公判で明らかになった事実を踏まえた追加調査を実施した。
この結果、JAXA は 2020 年 10 月 15 日に JAXA 報告書の最終まとめを、文部
科学省は同年 12 月 8 日に「文部科学省元国際統括官の事案に関する調査報告」

図表Ⅱ-7-1 ■ 不正発覚からの経緯（時系列）

日付	内容
2018年7月4日	東京地検特捜部により、受託収賄の容疑で文部科学省科学技術・学術政策局長S氏が逮捕（医療コンサルタント会社役員T氏も受託収賄幇助の容疑で逮捕）→7月24日起訴
2018年7月26日	（上記捜査の過程で）T氏からの収賄容疑で文部科学省国際統括官（JAXA元理事）K氏を逮捕（T氏も贈賄容疑で再逮捕）→8月15日起訴
2018年8月10日	文部科学省において、省外の弁護士及び有識者を委員とした「機構元役員による収賄事案に関する調査検証チーム」を設置
2018年8月22日	JAXAにおいて、社外の弁護士を委員に加えた「文部科学省幹部職員の事案等に関する調査・検証チーム」を設置
2018年10月16日	文部科学省が「文部科学省幹部職員の事案等に関する調査報告（中間まとめ）」を公表
2018年11月30日	JAXAが「機構元役員による収賄事案に関する調査検証チーム報告書（中間まとめ）」を公表
2018年12月28日	文部科学省が「平成27年8月のJAXA種子島宇宙センターにおけるロケット打上時の視察者対応に係る調査について」を公表
2019年12月4日	東京地裁によるK氏の有罪判決→12月19日確定・失職
2020年6月	JAXAが上記裁判にかかる判決書を入手し、翌月より再検証開始
2020年10月15日	JAXAが「機構元役員による収賄事案に関する調査検証チーム報告書（最終まとめ）」を公表
2020年12月8日	文部科学省が「文部科学省元国際統括官の事案に関する調査報告」を公表

注： 　　　は本収賄事案に関する出来事
出所：JAXA報告書、文科省中間報告書及び文科省事案報告書より著者作成

---

2) 「文部科学省幹部職員の事案等に関する調査・検証チーム」の設置期間は延長が繰り返され、本書執筆時点では2023年3月31日までとされている。但し、同省HPを閲覧した限り、文科省事案報告書を公表した後の公の活動実績は認められない。

（以下、文科省事案報告書）をそれぞれ公表し、本収賄事案についての調査・検証は一応の終了となっている[2]。

(2) ┃ 本収賄事案等の概要

公判において認定された収賄事案は①通信衛星利用検討、②宇宙飛行士講師派遣の2件である。K氏は当該事案に対する便宜を図った見返りに、延べ21回、合計147万9,848円の飲食等の接待及び6万5,250円分のタクシーチケットの供与を収受したことで、収賄罪として実刑判決が下されている。以下、それぞれの事案の概要について確認する。

① 通信衛星利用検討

本件は、T氏の経営する会社の営業相手であるE社がJAXA保有の通信衛星技術を利用できるように、K氏がJAXA理事の地位を利用して便宜を図ったというものである。

具体的には、E社が2016年6月に防災訓練の実施を予定していたところ、当該情報を把握したT氏がK氏に対して、JAXA保有の通信衛星技術をE社の防災訓練に利用できないか検討しているためJAXA担当者を紹介してほしい旨の依頼を行った。当該業務の担当外であったK氏は、通信衛星の運用等に関する業務担当の理事及び衛星利用センター長に対し、T氏から提案された依頼内容を伝えるとともに、K氏自ら日程調整を行うことで同年4月11日にK氏同席の下、同センター長とT氏の打合せが実施された。また、K氏は打合せに当たりあらかじめT氏へ通信衛星の利用に関する助言をしたり、打合せ実施後もK氏が直接の指揮監督権限を有さないJAXA内の担当者に対して本件通信衛星利用に関する契約締結の進捗状況を確認したりする等、T氏の要望実現のための協力を行っていた。しかし、同年4月14日に熊本県で発生した地震[3]の影響でE社の防災訓練が延期となったため、結果的にT氏の要望が実現することはなかった。

---

3) 2016年4月14日に熊本県を中心に発生した最大震度7、マグニチュード6.5の大地震のこと。いわゆる「平成28年（2016年）熊本地震」。

② 宇宙飛行士講師派遣

　本件は、T氏の経営する会社の営業相手であるI大学の創立100周年記念講演会に、JAXAの宇宙飛行士を講師として派遣できるように、K氏がJAXA理事の地位を利用して便宜を図ったというものである。

　具体的には、2014年10月3日に実施されたK氏、T氏、I大学関係者G氏及び国会議員H氏らが参加した会食において、2016年に実施予定のI大学創立100周年記念事業の一環として、宇宙飛行士による講演の実施を希望することがK氏に伝えられたことを契機に、K氏による講師派遣実現に向けた具体的な行動が、便宜を図ったものと認定された。

　宇宙飛行士の講演は広報部の所掌であり、講師派遣の是非はJAXA宇宙飛行士講演活動審査会の審査を経て決定することになっていた。K氏は広報部の担当理事であると同時に、同審査会の構成員でもあった。

　K氏はまず、同月6日にJAXA広報部長へ本件についてI大学から上述の要望があるという報告を行った。また、2015年に入ってからはI大学関係者に対して、講師派遣の申請に関する助言及び指導や口添えを繰り返し行った。

　同審査会の事務担当であるJAXA総務課長に対しては、（政府機関関係者としては断りづらい）国会議員から宇宙飛行士の講師派遣に関する依頼があった旨を伝えることで、自らが国会議員からこの連絡をJAXAとして受け取った形をとり、I大学100周年記念事業について、「いい話だから審査会にあげよう」と提案する等、K氏の総務担当理事という職制上の地位を利用して、講師派遣実現に向けた積極的な働きかけを行った。

　結果としてI大学への講師派遣については同審査会の最優先活動案件候補として付議されることとなり、K氏の目論見通り講師派遣先として選定され、2016年11月20日、I大学100周年記念事業でJAXA派遣宇宙飛行士による記念公演が実現されるに至った。

③ 打上渉外

　JAXA及び文部科学省の調査・検証チームが公表した報告書では、公判でK氏による関与は認められなかったものの、収賄罪として認定された上記①・②事案以外に、同種の事案として結果的にJAXAにおける内部統制の不備が指摘

された事案がある。それが 2015 年 8 月の JAXA 種子島宇宙センターにおける
ロケット打上時の視察者対応（以下、打上渉外）である。

文部科学省の調査・検証チームがまとめた「平成 27 年 8 月の JAXA 種子島
宇宙センターにおけるロケット打上時の視察者対応に係る調査について」（以
下、文科省打上報告書）によると、本件は文部科学省の幹部職員であった S 氏
が、T 氏及び T 氏親族並びに S 氏親族の 3 名をロケット打上時の視察者に含め
るよう働きかけを行っていたというものである。JAXA におけるロケット打上
の視察者受入決定の基準は、基本的にロケット打上業務に関連性のある本人の
みとしており、親族は原則不可とする運用であったところ、結果的に業務関連
性が不明な T 氏及び原則不可となる T 氏親族及び S 氏親族が実際の視察者に含
まれることになった。

ロケット打上の視察候補者リストの提出窓口である文部科学省宇宙開発利用
課の元課長であった S 氏は、当該地位を利用して業務関連性等が不明な上記 3
名を視察者とすることの相談・要請を、同課を通じて JAXA 総務課に行った。
JAXA 側では当初、視察者として受け入れることに難色を示したものの、主務
省の原課からの相談であれば断れないであろうということから、JAXA 内部で
の協議の結果、上記 3 名が視察者として決定されるに至った。

なお、JAXA 報告書では、K 氏が当時 JAXA の総務担当理事であったため、本
件に関して何らかの報告又は相談がなされていた可能性を指摘されているが、
具体的な関連を示すものはなかったという結論が示されているのみであり、本
件への不適切な関与は確認されなかったとしている。

(3) ┃ 内部統制の現状と課題

上記 (2) で確認した各事案から、JAXA における当時の内部統制の現状と課題
について、JAXA 報告書等を基にそれぞれ検討してみる。

① 通信衛星利用検討

JAXA 報告書では、本件の業務結果及びそのプロセスは適正に行われたこと、
判決で指摘された K 氏による積極的な関与についても過度な権限行使の事実や

不適切な関与は認められず、内部統制上の問題について指摘事項はないという評価が示されている。よって、本件における問題はK氏がT氏から賄賂を受領していたという点に尽きるとされている。

　一方、同報告書では、K氏が所管外の部の職員にいきなり電話をしたなどの事実認定を踏まえ、K氏の行動について、少なくとも所管外の部の職員との関係では内部の組織統制上問題なしとすることはできず、当該職員の心理的負担等も考慮する必要があったこと、上位者の言動が職員に与える影響をより深く認識させるべく、役員規定あるいはハラスメント等に関する役職員研修の強化を検討すべきと指摘されている。これは、次の②宇宙飛行士講師派遣の事例にも共通の指摘であり、内部統制の構成要素のうち、統制環境の不備に起因する課題が指摘されているものと考える。すなわち、役員としての職務遂行の在り方について、JAXA内での十分な認識共有が行われていなかったことが指摘できるのではないか。

　しかし、同報告書等からはJAXAの他の役員による不適切な関与や、他の役員による職務遂行の在り方に関する直接的な指摘がされていないことを鑑みると、本件はJAXA役員としての職務遂行の在り方という総花的なものではなく、主務省である文部科学省の現役出向役員の職務遂行の在り方、又はその存在そのものに対する問題ではないかと考える。主務省からの現役出向役員という他の役員とはある種異質な存在に対して、JAXAの他の役職員が心理的な負担を抱いていたことが問題の根底にあったのではないだろうか。この点に関しては、主務省と独立行政法人との関係性から後述したい。

② 宇宙飛行士講師派遣

　JAXA報告書では、本件の業務自体は適正に行われたものの、当時の宇宙飛行士派遣案件の決定プロセスについては内部統制上の不備があることが指摘されている。具体的には、(a)権限を有するものが特定の案件を有利に取り扱う余地があったこと、(b)案件選定についての判断過程とその判断を行う者が事後検証可能な形となっていなかったことである。特に、総務担当理事であったK氏が、国会議員からの紹介案件であることに関する客観的証憑等を提示することなく、組織内で周知の事実として認識させたことは、特定の案件について

有利な取扱いをすることを事実上可能にする専横の危険のある制度となっていた点が指摘されており、本件でK氏が便宜を図るための不当な行為を可能にした一因であると評価されている。

　本件におけるK氏の具体的な権限・裁量の範囲を改めて確認する。K氏は宇宙飛行士の講演業務を所掌する広報部の担当理事、かつ、講師派遣案件の意思決定機関である宇宙飛行士講演活動審査会の構成員である広報部の担当理事であった。また、同審査会に先立って、総務部が最優先活動案件候補の抽出を行うことになっていたが、これには総務担当理事と相談の上、抽出することになっており、K氏は総務担当理事でもあった。このように、K氏には本件に関する意思決定の全プロセスにおいて幅広い権限が与えられており、このことがJAXAの業務プロセスにおける制度上の欠陥であったと認定されていることは妥当な評価であると考える。なお、本事案発生後に関連規程類の制改廃が行われ、総務担当理事の専横の危険性を排除した制度設計に改める等の再発防止策が実施されている。

　同報告書では、一貫して業務プロセスにおける内部統制の不備であるという指摘で完結しており、宇宙飛行士講師派遣の決定結果については妥当なものという評価に終始している。結果の当不当の是非をここで論じるつもりはないが、上記で確認した通り、意思決定プロセスの広範にわたってK氏の関与が認められている点については、①の事案でも触れた通り、役員の職務遂行の在り方に関する指摘を踏まえると、同審査会の制度的欠陥のみならず、K氏が主務省である文部科学省の現役出向役員であったという要素が少なからず影響を及ぼしていたのではないかということが考えられないだろうか。

③ 打上渉外

　JAXA報告書では、本件の業務自体は適正に行われたものの、視察者の受入決定の判断基準が明確ではなく、当該判断の当否について事後検証可能な形になっていないことが、当時の打上渉外での意思決定プロセスにおける内部統制上の不備であることが指摘されている。

　受入決定の判断基準については前述の通り、運用上の判断基準として視察者が業務関連性を有すること、親族は原則不可というものが存在していたが、明

文化されたものではなかった。このこともあり、主務省である文部科学省からの視察者受入依頼に対して、判断基準への適合性に疑義を覚えながらも受け入れに至ったことが問題であると指摘されている。また、視察者決定に関する決裁権限を有する総務部長による決裁文書が一切作成されていなかったという問題も指摘されている。これらは、視察者決定に関する組織としての意思決定が事後的に検証不能な形となっていることを示しており、判断過程や責任の所在が判明しない状況を生み出すことにつながった。

また、問題の視察者3名は通常の視察者とは異なる行程として、当初は種子島宇宙センターの外にある公園での視察を予定していたが、当日は同センター内の駐車場から視察するという視察場所の変更が行われた。上述のように明確な決裁が存在しなかったため、誰がどのような意思決定を行い、このような変更が行われたかについての詳細は明らかにされていないが、結果として立入規制区域に予定外の視察者を立ち入らせるに至ったことは、種子島宇宙センターのセキュリティ上の問題であるとも指摘されている。

このように、打上渉外においては複数の内部統制の不備が指摘されており、これがS氏によるT氏に対する便宜実現を容易にした一因であることは否定できない。加えて、宇宙開発利用課の元課長であるS氏からの働きかけは、JAXAにとってその関係性から抗い難い心理的な影響力があったことも無視できない。S氏の存在はJAXAの内部統制の枠外の存在であるため、JAXAの内部統制の問題として論じることは困難なものの、主務省である文部科学省を含めたJAXAのガバナンスという視点からは検討の余地があると考える。

文科省打上報告書によると、文部科学省内でもS氏からの依頼に対して問題を指摘する職員がいたものの、その声が組織として取り上げられず、また、ロケット打上の視察者について、JAXAに対する要請・相談する場合の明文化した基準がなかった点で、内部統制の不備が指摘されている。直接的にはJAXAの内部統制の不備に起因する事案ではあるが、主務省である文部科学省からの一種のガバナンス上の逸脱行為に対して、所管法人であるJAXA側がどこまで有効なガバナンスを講じることが可能なのかという点については、主務省との関係性に着目した検討の余地があるものと考える。

なお、本件については前述の通り、K氏の明確な関与は認定されておらず、

視察者決定に関する決裁権限も有していなかった。しかし、K氏が担当する総務課の所掌業務であったこと、決裁権限者は総務部長であったことを鑑みると、同じくT氏からの賄賂を受領していたS氏の関与する案件に対して、全く認知・関与していなかったと断定することは難しいのではないかと推察する。少なくとも総務担当理事として何らかの報告・相談を受けていたならば、何らかの疑義を呈する必要があったのではないだろうか。

④ 内部統制上の課題

　上記3つの事案について、内部統制上の課題をまとめてみたい。

　①通信衛星利用検討では、役員としての職務遂行の在り方という統制環境の不備に起因する課題があることに加えて、これは突き詰めると主務省である文部科学省の現役出向役員の存在が本件の不正を生じさせた問題の根底にあったのではないかということを示唆した。

　②宇宙飛行士講師派遣では、派遣案件の意思決定プロセスに関する内部統制の不備に起因する課題があることに加え、主務省である文部科学省の現役出向役員の存在が意思決定に何らかの影響を与えていた可能性を示唆した。

　③打上渉外では、特に視察者受入判断での意思決定プロセスにおける内部統制の不備に起因する課題があることを指摘した。加えて、S氏によって行われた逸脱行為が、文部科学省を含むJAXAのガバナンス構造の問題に起因する課題であることも示唆した。

　これらの共通項として、主務省である文部科学省の幹部職員（現役出向役員）の存在に対して、主務省と独立行政法人との関係を踏まえた適切なガバナンス・内部統制の構築ができなかったことに問題の一端があったのではないかと考える。このことは独立行政法人と主務省、特に幹部職員との関わり方が、独立行政法人のガバナンス及び内部統制を検討する上で重要な要素であることを示唆しているのではないだろうか。この視点から、次項では一連の事案における不正の要因について検討してみたい。

(4) ▌不正の要因

不正の要因について、一般的な不正のトライアングルに基づき検討する。

① 不正の動機

各報告書からは不正の動機について明確な事実は認識できなかったが、K氏もS氏も便宜を図った見返りに便益を受けている以上、（私利私欲という）個人的な動機があったことは否定できないであろう。個人的な動機である以上、究極的には当該動機を阻害する内部統制の構築という検討は難しい。

なお、文科省事案報告書によると、K氏はJAXA在職期間前後[4]においてもT氏に対して他の便宜を図っており、その見返りとして供応接待等の賄賂を受領した事実が確認されている。このことから、JAXAにおける不正事案についてもJAXA役員の地位というよりも、文部科学省の幹部職員の地位を利用したものであったと推察される。

② 不正の機会

S氏及びK氏が便宜を図ることを可能にした機会は、上述の通り、JAXAにおける内部統制の不備が直接的な原因であると考える。これに加えて、K氏は主務省からの現役出向役員、かつ、総務担当理事の立場、S氏は主務省の原課の元課長という立場にあり、それぞれJAXAに対して、特に心理面において強い影響力を行使できる立場にあったことが原因であると考えられる。

本来であれば、このような強い影響力を行使できる存在に対して、不正を抑止するための内部統制やガバナンスが存在すべきであるが、上述の通り業務プロセスや組織環境における不備等が指摘されており、加えて、現役出向役員を含む主務省の幹部職員による権限行使を、所管法人であるJAXA側で抑止できなかった点は、独立行政法人制度における制度上の課題であることを示唆するものと考える。

---

[4] JAXA在職期間は2014年7月25日〜2017年3月31日であり、そのうち2015年3月31日までは参事、同年4月1日からは理事の地位にあった。JAXA出向前は文化庁文化部長、出向後は文部科学省国際統括官であり、T氏とは文化庁文化部長時代の2013年10月頃から面識を持つようになった。

③ 不正の正当化

　K氏もS氏も文部科学省の幹部職員であり、ともにT氏との個人的な関係から各々便宜を図ったことが確認されている。文部科学省の調査・検証チームによると、T氏の関与によってK氏、S氏以外の他の幹部職員も同様に過度な接待等を受けていたことが確認されており、それぞれ文部科学省において必要な処分を行っている。この事実からは、文部科学省の幹部職員間には、他の幹部職員も同様の接待等を受けている事実によって自らに対する接待等を自己正当化するような組織環境が存在していたのではないかと考える。

　上記の不正のトライアングルによる要因分析からは、3つの要因が揃っていたこと、大きく分けて①JAXAにおける内部統制の不備、②文部科学省の幹部職員間での自己を正当化する組織環境の2点が検討対象になることを確認した。

　①については本事案を受けてJAXAの内部統制の見直しが行われたことで、特に業務プロセスにおける内部統制の不備については既に改善されている旨が報告されている。②については本来的には主務省である文部科学省内に要因があるため、今回不正の舞台となったJAXAにおける内部統制及びガバナンスの検討可能な領域を超えた問題であると捉えられる。

　JAXA内部の問題と捉えれば、本事案はこれ以上検討の余地がないとも考えられるが、ここで問題として指摘したいことは、そもそもの独立行政法人制度における主務省を含めた独立行政法人のガバナンス構造の在り方、とりわけ、現役出向役員との関係が本件のような不正事例を生じさせた背景にあるのではないかと考えていることである。そこで次節では、独立行政法人のガバナンス構造における制度上の問題点を指摘することで、本件のような不正を防止する方策について検討してみたい。

3. 独立行政法人におけるガバナンス構造

(1) ▌独立行政法人と主務省との制度上の関係

　独立行政法人制度は、独立行政法人通則法（以下、通則法）と、各個別法人の設置法（以下、個別法）等で規定されている法人制度である。

　同制度では、政策の企画立案部門である主務省と実施部門である独立行政法人という関係にあり、一般事業会社でいうところの親会社である純粋持株会社と事業子会社の関係に近似するものであるというイメージを持つと理解しやすい。しかしながら、一般事業会社とは異なる点も多々あるため、独立行政法人と主務省との制度上の関係について、特徴的な点を確認してみたい。

　独立行政法人には、主務大臣から与えられた明確なミッションの下で、法人の長のリーダーシップに基づく自主的・戦略的な運営を通じて、法人の政策実施機能の最大化を図るとともに、そのために必要となる適切なガバナンスを構築することが求められている。主務大臣の関与事項を法令で限定し、過剰な関与を排除するとともに、法人の長に権限が集中する独任制の機関設計[5]とすることで、法人の長による自主的・戦略的な業務運営を行うことができる構造となっている。

　具体的な主務大臣による関与事項のうち、①PDCAサイクルが機能する目標設定及び評価（通則法35条の4・1項、35条の6・1項他）と②法人の長及び監事の任命権（通則法20条1項、2項）に着目したい。

　主務大臣は独立行政法人に国の政策を実現するための具体的な目標を与え、その達成状況を事後的に評価し、当該評価を反映した次期目標を与えること、また、この一連のPDCAサイクルが機能するために、独立行政法人の業務運営の担い手である法人の長の任命権を有している。加えて、法人の長による業務運営をモニタリングする役割を担う監事の任命権も有している。

　法人の長には、主務大臣から与えられた目標を達成するための具体的な計画

---

[5]　取締役会に相当するような合議体として、多くの独立行政法人には役員会が設置されているが、通則法上、独立行政法人の意思決定機関でなく、任意の会議体でしかない。

の作成及び目標・計画の達成状況を評価することで、主務大臣に業務運営の成果を報告する責任を有している。また、独立行政法人に与えられた目標達成のための適切な業務運営及びガバナンス構築のために、法人の長以外の役員については法人の長が任命することで、具体的な執行体制の構築を法人の長に委ねるという制度設計となっている。

また、独立行政法人と主務省との制度的な関係として、共管法人というものが存在する。これは、独立行政法人の実施業務に対応する政策の所管府省が異なる場合等に、個別法の定めにより、主に所掌する業務に応じて複数の主務大臣が存在する独立行政法人のことであり、同一業務に複数の主務大臣が存在する場合もある。JAXA は文部科学省の他に、内閣府、総務省、経済産業省が主務大臣となる共管法人である。共管法人の場合、主務省との関係は 1 対 1 の単純な構図ではなく、上記で例示した一般事業会社のような単純な親子関係では説明しきれない複雑なものになる。一般事業会社における共同支配企業のイメージに近いだろうか。このような場合、端的にいえば、主務大臣ごとに異なる政策等を掲げられ、それぞれ異なる意向が働く余地が生じる可能性があり、独立行政法人はそれぞれの主務省の意向を踏まえた業務運営が必要となることから、その関係性は複雑化することになると考えられる。

(2) ▎独立行政法人と主務省との実務上の関係

制度的に主務大臣の関与が限定されているとはいえ、実務的には主務省から独立行政法人に対して、様々な物理的・心理的な関与・影響が存在する。一般事業会社における親子会社関係をイメージすれば、仮に非支配株主が存在していたとしても、子会社が親会社の意向を無視することは容易ではないことは想像に難くない。ここでは、特に独立行政法人の役員の選任に関して取り上げてみたい。

独立行政法人の役職員の中には、実務上、主務省の現役職員が独立行政法人に出向する、いわゆる現役出向者が多く存在している。当該出向者は主務省の人事運用の中で決定されることから、事実上、主務省（主務大臣）が当該人事に対する裁量権を有している。その対象は独立行政法人の役員も含まれてお

り、制度上、法人の長が任命権を有するとされている役員であっても、実質的には主務省による裁量の中で任命が行われるという実態がある。制度を盾にすれば、理論的には独立行政法人側に拒否権が存在すると解することもできるが、主務省との関係を鑑みれば、このような拒否権を行使することは事実上不可能であることは明白であろう。

このことは、独任制の機関を標榜する独立行政法人制度における、ある種の矛盾した実態と捉えられる。法人の長には、主務大臣から与えられたミッション達成のために独立行政法人の適切な業務運営が求められているという関係から見れば、主務省により任命された役員が大局的に法人の長の意に反するような行動をとることは基本的に想定しづらい。しかしながら、現役出向役員が法人の長の求める人材として適切な資質や素養を有しているかについては、法人の長自らに任命権がない以上、その検討の余地がなく、必ずしもそうとは言い切れない場合もあるのではないかと考える。特に共管法人の場合、主務省との関係が複雑化するため、法人の長の求める人材とは異なる役員が出向者として任命される可能性が高まるかもしれない。

本来、法人の長が業務運営において適切と考える人材を自ら選任することが、独任制の機関としての自主的・戦略的な業務運営及び適切なガバナンスの構築に資するものであるといえるのではないか。本件のように主務省からの現役出向役員が引き起こした独立行政法人の不正事例を踏まえると、主務省が実質的に一部役員の任命権を有するという運用実態は、少なくともガバナンスの観点からは主務省を含む独立行政法人の適切なガバナンス構造を構築する上での運用上の問題と考えられないだろうか。

(3) ▍現役出向役員の存在意義

主務省を含む独立行政法人の適切なガバナンス構造を検討する上で、主務省からの現役出向役員の存在意義について検討してみたい。

一般事業会社における親会社から子会社に送り込まれた出向取締役の存在が、親会社による子会社へのモニタリング機能の一環として機能することと類似するものであると考えれば、主務省の幹部職員を現役出向役員として送り込

むことは有益な手段であり、存在意義があるといえるであろう。しかし、一般事業会社における出向取締役と独立行政法人における現役出向役員では、出向者の担う（又は期待される）役割に大きな違いがある。

　一般事業会社の場合、出向取締役の多くは非常勤の社外取締役の立場で、子会社の業務執行からは一定の距離を置くことが多いだろう。これは、親会社からの出向取締役に期待される役割が子会社の業務執行を監督する取締役会の構成員として、又は独立した社外取締役として、モニタリング機能を発揮することにあり、直接子会社の業務執行を担うことではないからである。

　一方、独立行政法人の場合、一般事業会社と異なり、現役出向役員が常勤の役員として独立行政法人の特定の業務担当役員となり、業務執行を行うことが通常と考える。これは前述の通り、独立行政法人には制度上、取締役会に相当する監督機関が存在せず、業務執行の監督は主に監事に委ねられており、モニタリング機能を有する非執行役員の存在は基本的に想定されていないことから、すべての役員には等しく法人の長の裁量の下、法人の長の業務運営を補佐することが求められているためであると考える。このため、実務上、現役出向役員には一義的にモニタリング機能を発揮することが求められていない点で、一般事業会社とは期待される役割が異なっていると考えられる。

　それではなぜ、現役出向役員が存在するのだろうか。政府の説明によると、「独立行政法人等への役員出向は、…（中略）…中高年期の職員が公務部門で培ってきた専門的な知識・経験を民間等の他分野で活用するとともに、他分野での勤務を経験することにより公務員のコスト意識・現場感覚を高めることを目的として、大臣の任命権の下で実施するものであり、…（中略）…出向した職員が大臣の意向を踏まえて、出向先の法人の業務の効率化や無駄の排除に取り組むこと」[6]にあるとされている。この説明によれば、現役出向役員に期待される役割は主務大臣の意向を踏まえた業務執行にあり、一般事業会社のようなモニタリング機能の発揮ではないと解することができる。

　政府の説明を改めて確認すると、本来法人の長が任命権を有する役員のうち、現役出向役員については実質的に主務大臣が任命するとされている。この

---

[6]　参議院議員桜内文城君提出国家公務員の退職管理に関する質問に対する答弁書（2010年8月20日）

ことは、法人の長による自主的・戦略的な業務運営を行うために、主務大臣による関与を限定して法人の長に権限が集中する制度設計となっていることと矛盾した運用であると考える。もちろん、現役出向役員の存在意義が出向先の業務の効率化や無駄の排除にあるという点からは、主務大臣から効率的な業務運営を付託されている法人の長とその目的を違えるものではなく、目的論からは実質的な矛盾は生じていないと考えることもできる。そのため、現役出向役員の運用が通則法の定める制度設計と異なっていたとしても、その目的論から実質的に矛盾が生じなければ、主務省を含む独立行政法人のガバナンス構造は適切に構築されるものと考える。

しかし、法人の長に実質的な任命権がない現役出向役員という存在は、法人の長からすれば自らの裁量の外側の存在であるということに変わりはなく、独任制の機関であってもその権限行使に当たっては実務的・心理的な障害が存在するであろうことは想像に難くない。これは例えば、法人の長が求める人材とは異なる者が現役出向者として役員に任命された場合、法人の長に実質的な拒否権がないことから見ても明らかであろう。とはいえ、効率的な業務運営という大局的な目的論から見れば、主務大臣と法人の長の業務執行目的が合致した状態となるため、大きな問題が生じることはないと考える。

ここで問題として指摘したいことは、現役出向役員が担当する業務分野に、本件におけるJAXAのように管理部門が含まれているということである。これは独立行政法人の適切なガバナンス・内部統制を検討する上で、管理部門担当役員の存在が非常に重要だからである。

(4) ▌独立行政法人のガバナンス構造における課題

独立行政法人には通則法28条2項に従い、内部統制システムの構築が求められている。ここでいう内部統制システムは、「役員（監事を除く。）の職務の執行がこの法律、個別法又は他の法令に適合することを確保するための体制」と定義されており、その構築責任は法人の長にある。しかしながら、法人の長が内部統制システムのすべてを1人で構築することは非現実的であるため、その推進部門として、実務上管理部門が重要な役割を果たす。

　三竹（2019）によれば、独立行政法人における内部統制の特徴として、組織内の総務部、企画部、財務部等の管理部門に多くの機能が集中しており、これは3つの防衛線のうち、第2線たる管理部門が組織の内部統制の構築に強い影響力を有するガバナンス構造となっていることを指摘している。独立行政法人国際協力機構（JICA）における内部統制の実例を踏まえ、この指摘は特に規模の大きい独立行政法人に当てはまると推論されているが、JAXAも予算・人員規模、地理的分散等を鑑みても、他の独立行政法人と比較して十分に規模の大きい法人であるといえるため、この推論に当てはまるであろう。また、規模の大小だけではなく、主務省との関係が複雑化する共管法人の場合にも、複数の主務省との調整弁が管理部門に集中するため、同様と考える。これらを踏まえれば、重要な影響力を有する管理部門を統括する管理部門担当役員は、個々の独立行政法人における適切なガバナンス・内部統制システムを構築する上で、実務上、重要な存在であるといえる。

　法人の長が適切と考えるガバナンス・内部統制システムを構築するためには、法人の長の裁量によって管理部門担当役員を任命することが肝要であろう。しかし、管理部門担当役員が主務省からの現役出向役員であった場合、実質的な任命権は主務大臣が有するため、また、現役出向役員は主務大臣の意向を踏まえた業務執行を行うため、法人の長の裁量が十分に発揮されないおそれがある。上述した通り、主務大臣と法人の長の業務執行目的が合致した状態であれば、管理部門担当役員が現役出向役員であっても実質的な問題は生じないだろう。しかし、管理部門担当役員に対して法人の長の裁量が実質的に制限されることは、適切なガバナンスの構築という観点からこれを阻害するものになるのではないだろうか。

　本事例ではJAXAの総務担当役員自らが不正の実行者であった。本来ガバナンス・内部統制システムにおける重要な存在であるはずの総務担当役員の機能不全が、結果的に組織として不正を防止することができなかったといえる。また、文部科学省の幹部役員であったS氏による便宜依頼に対しても、JAXA内で難色を示す声があったにもかかわらず、結果的に当該便宜が受け入れられたことは、総務担当役員が現役出向役員でなければ、文部科学省からの依頼に対して問題提起等の何らかの不正を防止する行為があったかもしれない。また、

仮にＫ氏が現業部門の担当役員であった場合には、別に法人の長の裁量で任命された総務担当役員によって、本件のような不正は防止されたかもしれない。

　このように考えると、少なくとも管理部門担当役員が主務省から独立した立場であることが、有効なガバナンス・内部統制システムを構築する要素になるのではないだろうか。裏を返せば、現役出向役員が担当する業務分野の中に管理部門が含まれているという実務上の運用は、独立行政法人のガバナンス構造における課題になっていると考えられる。また、この課題は少なくとも管理部門がガバナンス構造に強い影響力を持つ規模の大きい独立行政法人や共管法人に共通の課題であるとも考えられる。

4. おわりに

　JAXA 及び文部科学省の調査・検証チームの報告書では、本事案に関する問題は、主に個々の業務プロセスにおける内部統制の不備を指摘するにとどまり、独立行政法人の制度的な問題にまで踏み込んだ議論は行われていない。本事例 7 では、主務省である文部科学省の幹部職員や現役出向役員という存在について、独立行政法人と主務省との制度的・実務的関係という視点から、独立行政法人のガバナンス・内部統制システムにおける構造的な課題を明らかにし、この課題が本不正事例発生の一因ではないかという考察を行った。

　原田（2018）は、かつて主務省からの天下り人事が批判されたことで、代わりに主務省からの現役出向役員が増加していること、役員数の少ない法人等を除く多数の独立行政法人に現役出向役員が存在しており、今日の霞が関においてごくありふれた人事慣行になっているという実態を指摘している。同時に、現役出向役員が独立行政法人による効率化への取組みに与える影響について明確な結論が得られなかったことも述べている。現役出向役員に期待される役割が出向先法人の業務効率化や無駄の排除にあるとする政府の説明に従えば、現在も現役出向役員が活用されている実態からは、少なくともこの効果を期待して、主務省による現役出向役員には一定程度の必要性が存在していると考える。これは、主務大臣が与えたミッションの実現に寄与するという点でも意義

のあることだと理解もできる。しかしながら、現役出向役員の存在意義が独立行政法人におけるガバナンス機能の向上には寄与しないならば、主務省を含む独立行政法人の適切なガバナンスの構築にはむしろマイナスの影響を与える可能性があることを考慮する必要がある。

　すべての現役出向役員の存在を否定するつもりはないが、主務省を含む独立行政法人における適切なガバナンスの構築を行うためには、制度上の要請からも法人の長による強い裁量権が確保されることが必要であり、特にガバナンス・内部統制システムにおける重要な存在である管理部門担当役員については、法人の長自らの裁量で任命し、その意向を踏まえた業務執行が行われることが、主務省とは独立した法人格を有する独立行政法人にとって、有効なガバナンス・内部統制システムの構築に資するものであると考える。

■ 参考文献

国立研究開発法人宇宙航空研究開発機構（2018；2020）「機構元役員による収賄事案に関する調査検証チーム報告書（中間まとめ・最終まとめ）」2018 年 11 月 30 日・2020 年 10 月 15 日

独立行政法人制度研究会（2015）『独立行政法人制度の解説（第 3 版）』第一法規株式会社。

原田久（2018）「天下りの実証分析—独立行政法人における業務の民間委託化を素材にして—」『立教法学』第 98 号、302-320 頁

三竹英一郎（2019）「国際協力機構（JICA）の内部統制」『非営利組織の内部統制に関する現状と課題』（日本内部統制研究学会研究部会報告）、159-193 頁

文部科学省幹部職員の事案等に関する調査・検証チーム（2018）「文部科学省幹部職員の事案等に関する調査報告（中間まとめ）」10 月 16 日

文部科学省幹部職員の事案等に関する調査・検証チーム（2020a）「文部科学省元国際統括官の事案に関する調査報告」12 月 8 日

文部科学省幹部職員の事案等に関する調査・検証チーム（2020b）「平成 27 年 8 月の JAXA 種子島宇宙センターにおけるロケット打上時の視察者対応に係る調査について」12 月 28 日

索　引

【執筆者紹介】（執筆順）

濱本 明（はまもと・あきら）　担当：編者、第5章、事例5
編著者紹介を参照

紺野 卓（こんの・たく）　担当：第1章、第2章、事例1
日本大学商学部教授、博士（法学）筑波大学
〈主な著作〉
「デジタル田園都市国家構想と地方公共団体における住民監査請求の有効性に関する一考察
　―適正な内部統制の整備・運用および住民の監視機能の必要性の視点から―」『商学集
　志』第92巻第2号、2022年
「地方公共団体における『内部監査機能』が果たすべき役割―自治法150条に基づく内部統
　制評価報告書の検討を通じて―」『月刊監査研究』第48巻第5号、2022年

小俣 光文（おまた・みつふみ）　担当：第3章、事例2
明治大学経営学部教授
〈主な著作〉
「AI時代に必要とされる監査人の能力」瀧博編著『テクノロジーの進化と監査―AIと技術
　が拓く新たな監査の可能性―』同文舘出版、2020年
「オリンパス株式会社―歴代3社長が関与した粉飾事件―」八田進二編著『開示不正―その
　実態と防止柵―』白桃書房、2017年

藤沼 亜起（ふじぬま・つぐおき）　担当：第4章
一般社団法人公認不正検査士協会理事長、公認会計士、公認不正検査士（CFE）
〈主な著作〉
『【鼎談】不正―最前線―これまでの不正、これからの不正―』同文舘出版、2019年
『企業不正対策ハンドブック―防止と発見―（第2版）』〔監訳〕第一法規、2009年

八田 進二（はった・しんじ）　担当：第6章、事例3
大原大学院大学会計研究科教授、青山学院大学名誉教授、
博士（プロフェッショナル会計学）青山学院大学
〈主な著作〉
『「第三者委員会」の欺瞞―報告書が示す不祥事の呆れた後始末―』中公新書ラクレ、2020年
『【鼎談】不正―最前線―これまでの不正、これからの不正―』同文舘出版、2019年

田中 智徳（たなか・とものり）　担当：事例4、事例6
駒澤大学経営学部准教授、博士（プロフェッショナル会計学）青山学院大学
〈主な著作〉
「非営利組織の不正事例研究を通じた監査の果たす役割についての考察」梶川融編著『監査
　領域の拡大を巡る問題』同文舘出版、2021年
『不正リスク対応監査』同文舘出版、2020年

水野 泰武（みずの・ひろむ）　担当：事例7
太陽有限責任監査法人、公認会計士
〈主な著作〉
「独立行政法人の事業報告書の現状と考察」梶川融編著『監査領域の拡大を巡る問題』同文
　舘出版、2021年
『独立行政法人会計詳解ハンドブック（第3版）』〔分担執筆〕同文舘出版、2020年

【編著者紹介】

濱本　明（はまもと・あきら）

日本大学商学部教授
青山学院大学大学院会計プロフェッション研究科兼担講師、
国税庁税務大学校講師
日本ガバナンス研究学会理事、日本公認会計士協会税務業務協議会研修企画
出版専門委員会専門委員などを歴任

〈主要著書〉
「非営利法人の開示・監査制度」「非営利法人への寄附金」尾上選哉編著『非営利法
　人の税務論点』中央経済社、2022 年
「社会福祉法人のゴーイング・コンサーン問題」梶川融編著『監査領域の拡大を巡る
　問題』同文舘出版、2021 年
「経営者の倒産申立義務とゴーイング・コンサーン監査」橋本尚編著『現代会計の基
　礎と展開』同文舘出版、2019 年
「仮想通貨の会計・監査・税務」『仮想通貨法の仕組みと実務―逐条解説 / 自主規制団
　体・海外法制 / 会計・監査・税務―』日本加除出版、2018 年
ほか多数

2023 年 1 月 31 日　　初版発行
2023 年 4 月 10 日　　初版 2 刷発行　　　　　　　略称：非営利内部統制

非営利組織の内部統制と不正事例

編著者　　ⓒ 濱　本　　　明

発行者　　　　中　島　豊　彦

発行所　同 文 舘 出 版 株 式 会 社
東京都千代田区神田神保町 1-41　　〒 101-0051
営業　(03) 3294-1801　　編集　(03) 3294-1803
振替 00100-8-42935　　http://www.dobunkan.co.jp

Printed in Japan 2023　　　　　　　　　DTP：マーリンクレイン
　　　　　　　　　　　　　　　　　　印刷・製本：三美印刷
　　　　　　　　　　　　　　　　　　装丁：志岐デザイン事務所

ISBN978-4-495-21044-1